矿产资源节约与高效利用
先进适用技术汇编

主　编　吕振福　武秋杰
参　编　周文雅　丁国峰　吴　彬　曹进成
　　　　张　丽　陈娇娇　张　涛

北　京
冶 金 工 业 出 版 社
2022

内容提要

本书是在自然资源部遴选产生的《矿产资源节约和综合利用先进适用技术目录（2019年版）》基础上，汇集整理了工业和信息化部《国家工业节能技术装备推荐目录（2019）》、国家发展和改革委员会《国家重点节能低碳技术推广目录（2017年本，节能部分）》、原国家煤矿安全监察局《煤矿安全生产先进适用技术装备推广目录（第四批）》等技术目录中涉及矿产资源勘查、开采、选矿及废石、煤矸石、尾矿、废水、煤层气等综合利用相关技术而形成的汇编读本。

本书可供矿山企业、矿产资源开发利用研究、工业设计和矿产资源管理的技术人员、科研设计人员及管理人员阅读，也可供高等院校有关师生参考。

图书在版编目（CIP）数据

矿产资源节约与高效利用先进适用技术汇编／吕振福，武秋杰主编. —北京：冶金工业出版社，2022.2
ISBN 978-7-5024-9048-5

Ⅰ.①矿…　Ⅱ.①吕…　②武…　Ⅲ.①矿产资源—资源利用—技术—中国　Ⅳ.①F426.133

中国版本图书馆 CIP 数据核字（2022）第 019203 号

矿产资源节约与高效利用先进适用技术汇编

出版发行	冶金工业出版社	电　话	(010)64027926
地　址	北京市东城区嵩祝院北巷 39 号	邮　编	100009
网　址	www.mip1953.com	电子信箱	service@ mip1953.com

责任编辑　王　颖　美术编辑　彭子赫　版式设计　郑小利
责任校对　葛新霞　责任印制　禹　蕊
北京虎彩文化传播有限公司印刷
2022 年 2 月第 1 版，2022 年 2 月第 1 次印刷
710mm×1000mm　1/16；19.5 印张；380 千字；294 页
定价 99.90 元

投稿电话　(010)64027932　投稿信箱　tougao@cnmip.com.cn
营销中心电话　(010)64044283
冶金工业出版社天猫旗舰店　yjgycbs.tmall.com
（本书如有印装质量问题，本社营销中心负责退换）

前　　言

近年来，为加快先进、适用、节能、低碳、清洁等不同类型技术、装备的推广普及，引导企业采用新工艺、新技术和新设备，提高资源利用效率，国家各部委先后遴选发布了多批次的技术推广目录。

为推广应用矿产资源节约和综合利用先进适用技术，本书在自然资源部《矿产资源节约和综合利用先进适用技术目录（2019年版）》基础上，汇集整理了工业和信息化部《国家工业节能技术装备推荐目录（2019）》、国家发展和改革委员会《国家重点节能低碳技术推广目录（2017年本，节能部分）》、原国家煤矿安全监察局《煤矿安全生产先进适用技术装备推广目录（第四批）》等目录中涉及矿产资源勘查、开采、选矿、综合利用技术及装备近四百项。为便于查找使用，本书将先进适用技术按矿产资源综合利用勘查、开采、选矿顺序及矿产种类不同，分为勘查技术及装备、油气开采与综合利用技术及装备、煤炭开采与综合利用技术及装备、金属矿产开采与综合利用技术及装备、非金属矿产开采与综合利用技术及装备、通用开采与综合利用技术及装备、煤炭洗选综合利用技术及装备、金属矿选矿及综合利用技术与装备、非金属矿选矿与综合利用技术及装备、固体废弃物处置与综合利用技术及装备、矿山用水处置与综合利用技术及装备几部分。对每项技术的技术类型、适用范围、技术内容、主要技术指标和推广前景等进行了简要介绍。

本书作为矿产资源开发技术简介，可为矿山企业、工业设计、矿山管理人员、技术人员、高校师生及相关技术管理人员提供参考。各项技术均给出了推荐单位和申报单位，便于读者联系获取技术详细信息。

　　本书由吕振福、武秋杰主编，周文雅、丁国峰、吴彬、曹进成、张丽、陈娇娇、张涛参编。

　　本书内容涉及面广，资料来源广，书中不足之处，欢迎广大读者批评指正。

编　者

2021 年 10 月

目　　录

1 勘查技术及装备

1.1 厚覆盖层下有色金属矿多种物探方法耦合定位技术

1.1.1 适用范围

覆盖层下金属矿产勘查。

1.1.2 基本原理

厚覆盖层下有色金属矿多种物探方法耦合定位技术适用于覆盖层下金属矿产勘查，在地质成矿理论指导下，依靠勘查理论创新和探测技术改进构建了"循环渐进式"覆盖区综合找矿模式，提供了"一选三定四阶段反复循环"流程，进行多方法多学科综合找矿，规范勘查流程，建立综合找矿模式指导覆盖区找矿工作。该技术中的关键是有色金属多种物探方法耦合精准定位技术，综合运用"重、磁、CSAMT、CR、测井"等技术，为有色金属矿产资源找矿靶区圈定及工程布置提供依据。

1.1.3 工艺技术或装备

（1）有色金属多种物探方法耦合精准定位技术。

（2）综合运用"重、磁、CSAMT、CR、测井"等技术，为有色金属矿产资源找矿靶区圈定及工程布置提供依据。

1.1.4 推广前景

2010年以来，采用该技术在安徽省覆盖区发现大中型矿床7处，平均每年至少新发现矿床1处，新增资源价值100亿元以上。创建了"前常式铜金矿成矿模式"，发现了新类型杨桥孜铜金矿床，对华北地区找矿具有指导意义。通过在淮北覆盖区应用，找矿钻孔见矿率高达50%。据13个覆盖区找矿项目统计，成功率为23.1%。目前，通过技术推广累计发现大型矿床3处，中型矿床5处，小型矿床2处，折合价值达到2189.8亿元，为全国重要成矿带矿产资源调查评价提供了物探技术支撑，为找矿突破战略行动和老矿山找矿提供了物探关键技术支撑。

推荐单位：安徽省自然资源厅。

申报单位：安徽省勘查技术院。

资料来源：自然资源部《矿产资源节约和综合利用先进适用技术目录（2019年版）》。

1.2 基于大数据思想的综合信息找矿靶区定量预测方法

1.2.1 适用范围

主要成矿区带定量预测，以及生态环境的评估等。

1.2.2 基本原理

借助计算机和相应算法（统计学和机器学习软件），准确查明已知矿床（点）和其他区域在相应信息维度上的相似程度，从而定量优选找矿靶区的研究方法，大幅提高找矿靶区预测的准确程度。

1.2.3 工艺技术或装备

(1)"分类建模，成果融合"工作流程；

(2)"找矿靶区定量优选系列模型"建模方法；

(3)"信息扩维"和"原始数据处理软件"。

1.2.4 推广前景

该技术适用于区域找矿靶区定量优选，具有"简捷、快速、经济"等特点，能够消除物、化探原始数据的系统误差，大幅提高计算精度，有效提升找矿异常靶区发现矿化概率，可推广到生态环境、农业地质、城市地质等领域。

推荐单位：甘肃省自然资源厅。

申报单位：甘肃省地质调查院。

资料来源：自然资源部《矿产资源节约和综合利用先进适用技术目录（2019年版）》。

1.3 不规则网土壤地球化学测量

1.3.1 适用范围

交通不便、地形复杂地区地球化学勘查。

1.3.2 基本原理

在交通不便、地形复杂、地质工作程度低地区，规则测网的布设、样品采集和运输十分困难，采用放稀采样密度的不规则网采集与矿化有关的土壤，测试其中矿化指示元素，圈定地球化学异常，以预测研究区的找矿远景，实现找矿的快速突破。

1.3.3 工艺技术或装备

（1）沿山脊和山沟采样点的布设技术；

（2）采样点随机相对均匀布设；

（3）每个采样点采集组合样；

（4）全球卫星导航定位仪准确定位采样点。

1.3.4 推广前景

该技术适用于水系沉积物测量异常评价和交通不便、地形复杂及地质工作程度低地区。与传统土壤地球化学测量采样方法相比，仅在测网布设、采样密度及采样方法上有差异，具有工作效率高，投资成本小等特点，对西北地区及边远山区具有重要推广意义。

推荐单位：广东省自然资源厅。

申报单位：广东省有色地质勘查院。

资料来源：自然资源部《矿产资源节约和综合利用先进适用技术目录（2019年版）》。

1.4 赣南钻——人力冲击取样钻

1.4.1 适用范围

华南离子型稀土矿床的勘查；或风化壳厚度小于45m，岩石等级Ⅰ～Ⅱ级的风化壳型矿床。

1.4.2 基本原理

通过钻进使施工深度能揭穿全风化层，进入半风化层0.5～1m以上，矿体揭穿率达到90%以上，使用岩心防掉器保证施工过程中不掉样、不混样，进而替代小圆井和钻探、取样钻。

1.4.3 工艺技术或装备

（1）关键装备：钻头、岩心防掉器、钻杆、接手、操纵杆；

（2）施工工艺：钻定孔位→简易平整场地→准备阶段→开孔钻进→岩矿心整理→缩分取样→终孔→校正孔深→封孔→验收。

1.4.4 推广前景

该技术适用于风化壳离子型稀土等以全风化层为目标的矿床勘查，替代小圆井、浅井及部分浅钻，对提高风化壳型矿床的勘查进度、降低勘查成本、减少安全隐患效果显著。

推荐单位：江西省自然资源厅。

申报单位：江西省地质矿产勘查开发局赣南地质调查大队。

资料来源：自然资源部《矿产资源节约和综合利用先进适用技术目录（2019年版)》。

1.5 纳米镀金膜土壤汞气测量

1.5.1 适用范围

矿床勘查、构造地质填图、地热勘查、地震预报、考古和环境质量评价等领域。

1.5.2 基本原理

通过测试和研究被吸附在土壤颗粒表面的汞蒸气或由其衍生出的化合物形成的汞异常及其分布分散特征，用以预测深部地质体（隐伏矿体、小岩体）赋存深度、规模、产状，确定其地质意义；监测断裂活动性和环境质量状况。

1.5.3 工艺技术或装备

（1）纳米镀金膜石英捕汞管；

（2）专用热释炉；

（3）恒温控制仪；

（4）配套自动测汞仪。

1.5.4 推广前景

该仪器设备灵敏度、稳定性、测量范围均优于常用捕汞试管，具有轻便、快捷等特点，可广泛用于矿床勘查、构造地质填图等领域，特别是对于金矿和其他金属硫化物矿床深部和厚覆盖区找矿效果显著。

推荐单位：江西省自然资源厅。

申报单位：江西省地矿资源勘查开发有限公司。

资料来源：自然资源部《矿产资源节约和综合利用先进适用技术目录（2019年版)》。

1.6 川西北高原复杂地层绿色钻探技术

1.6.1 适用范围

高原生态脆弱区地质岩心钻探。

1.6.2 基本原理

采用多分支孔定向钻进技术，占地面积小、生态破坏小，便于高原植被恢复；采用套管钻进技术防止孔壁坍塌；采用抑制性好、无污染的泥浆体系保证强水敏性地层孔壁稳定性；从草种选择到草种撒布多方面入手，形成简单易行的高原草地恢复方法。

1.6.3 工艺技术或装备

（1）定向钻进技术；
（2）套管钻进护壁技术；
（3）复杂地层泥浆体系；
（4）钻探场地复绿技术。

1.6.4 推广前景

该技术集成了多项钻探技术方法，使钻探工作部署更有针对性、见矿靶点更加准确，有效降低勘查成本，实现了高原生态脆弱区复杂地层绿色钻探，对该类地区具有推广示范意义。

推荐单位：四川省自然资源厅。

申报单位：四川省金核地质勘查工程有限公司。

资料来源：自然资源部《矿产资源节约和综合利用先进适用技术目录（2019年版）》。

1.7 AGS-863航磁全轴梯度勘查系统

1.7.1 适用范围

区域地质调查、能源金属矿产勘查、水工环地质调查等。

1.7.2 基本原理

通过在飞机上安置具有一定间距的两台或两台以上磁力仪，测量地磁场的差值来获取磁异常梯度。通过磁场变化率的解释，达到解决地质、矿产或水工环调查问题的目的。

1.7.3 工艺技术或装备

（1）航空氦光泵磁梯度仪；
（2）多通道数字航磁补偿仪；
（3）数据收录系统。

1.7.4 推广前景

该技术通过梯度测量获取更为丰富的磁异常细节，提升航磁应用效果，可应用于基础地质调查、水工环调查及矿产精细勘查等领域。

推荐单位：中国地质调查局。

申报单位：中国自然资源航空物探遥感中心。

资料来源：自然资源部《矿产资源节约和综合利用先进适用技术目录（2019年版）》。

1.8 分布式多参数电磁探测技术

1.8.1 适用范围

区域地质调查、能源金属矿产勘查、水工环地质调查等。

1.8.2 基本原理

利用岩（矿）石的电化学特征和电磁波趋肤效应原理，研发了多频率大功率发射机，通过接地电极或不接地回线发射不同频率的电流信号，形成了包括时间域激发极化法（TDIP）、频率域激发极化法（FDIP）、人工源可控源音频大地电测深法（CSAMT）、全区多源电磁测深法（MSEM）、天然源音频大地电磁测深法（AMT）和大地电磁测深法（MT）等多参数电磁法信号发射技术。采用高精度 GPS 与恒稳晶体混合时间同步技术，实现了多测站多参数三维分布式电磁数据接收。通过对获得电磁数据的反演和地质解释，可获得地下电性结构，解决地质与找矿问题。

1.8.3 工艺技术或装备

（1）高精度 GPS 与恒稳晶体混合同步技术；

（2）无线数据中继和双 24 位 AD 大动态转换技术；

（3）发电机励磁调压技术；

（4）感应式磁场传感器；

（5）DEM 系统电磁多参量数据信息获取与处理技术；

（6）TDIP、FDIP、CSAMT、MSEM、AMT/MT 等电磁法正反演软件系统；

（7）分布式多参数电磁探测系统。

1.8.4 推广前景

该技术利用地下资源能源与围岩间的电性差异，采用大功率的发射技术、分布式的抗干扰接收技术，从不同侧面来获取高分辨的信息，实现对地下资源能源的直接或间接勘查，可用于矿产资源探测，为地质工作提供技术支撑。

推荐单位：中国地质调查局。

申报单位：中国地质科学院地球物理地球化学勘查研究所。

资料来源：自然资源部《矿产资源节约和综合利用先进适用技术目录（2019年版)》。

1.9 覆盖区地球化学填图技术

1.9.1 适用范围

覆盖区矿产勘查。

1.9.2 基本原理

根据不同地理景观和覆盖区特点以及元素迁移机理和赋存形式，采用高精度实验室分析技术，分析金、铀、稀土等关键元素含量，绘制各种比例尺地球化学图，圈定地球化学异常，实现快速找矿。

1.9.3 工艺技术或装备

利用研制的技术装置分离、采集矿区和背景区地气、土壤、地下水、断层泥以及构造裂隙等样品，结合矿区钻孔完成系统采样。采用活动态提取技术、纳米微粒分离技术和原位观测技术，通过含量分析与金属颗粒特征观测，建立矿床立体地球化学模型，用于覆盖区地球化学填图和深部矿床找矿。

1.9.4 推广前景

该技术是一种覆盖区找矿的有效技术方法，可以快速有效圈定异常靶区，在东部矿山深部和外围找矿、西部大面积覆盖区地质调查等方面具有重要推广意义。

推荐单位：中国地质调查局。

申报单位：中国地质科学院地球物理地球化学勘查研究所。

资料来源：自然资源部《矿产资源节约和综合利用先进适用技术目录（2019年版)》。

1.10 离子吸附型稀土分量野外现场快速定性定量测试技术

1.10.1 适用范围

离子吸附型稀土野外快速测试。

1.10.2 基本原理

一是针对"离子吸附型"稀土元素吸附于黏土矿物，易被强电解质交换而转入溶液中的特点，在野外现场，以 2.5% 的硫酸铵浸泡样品，浸泡液加入草酸以产生乳白色沉淀后，用便携式 X 射线荧光仪测试，定性判断是否为离子吸附型稀土样品；二是通过建立稀土样品浸泡液浓度与样品离子相稀土元素含量之间的对应关系，快速测定原矿轻重稀土各分量的含量。

1.10.3 工艺技术或装备

（1）野外现场稀土元素的分离；

（2）实验室内制备一套定量校准的包括钇等 15 个轻重稀土元素含量的标准测试膜；

（3）便携式 X 射线荧光光谱仪及野外车辆。

1.10.4 推广前景

该技术实现了野外现场离子吸附型稀土的快速测定，具有操作简单、节能环保、高效快捷等特点，有效降低了勘查成本，可在离子吸附型稀土野外勘查中推广应用。

推荐单位：中国地质调查局。

申报单位：国家地质实验测试中心。

资料来源：自然资源部《矿产资源节约和综合利用先进适用技术目录（2019年版）》。

1.11 液动冲击回转钻探技术

1.11.1 适用范围

地质岩心钻探、石油钻井、水文地质钻井和干热岩钻井等。

1.11.2 基本原理

液动冲击器以高压冲洗液为工作介质，驱动冲击器中的活塞和冲锤往复运动，撞击铁砧，将一定频率的轴向冲击能量传递给钻头，形成"回转+轴向冲击"的一种复合钻进技术。液动冲击器通常连接在钻头或取心钻具与钻铤、其他孔底动力机具或钻杆之间，能量传递损耗小、效率高。液动冲击回转钻探技术具有提高钻进效率，防止钻孔弯曲、减轻岩心堵塞、增加回次进尺长度等优点。

1.11.3 工艺技术或装备

（1）液动锤结构优化；

（2）表面处理技术和结构参数优选；

（3）背压影响机理分析；

（4）水力学模型建立和参数匹配。

1.11.4　推广前景

该设备有效解决坚硬岩层或复杂岩层钻探效率低、钻孔质量差等问题，显著提高钻头寿命。可广泛应用于地质、石油、水文水井、新能源和科学钻探等领域。

推荐单位：中国地质调查局。

申报单位：中国地质科学院勘探技术研究所。

资料来源：自然资源部《矿产资源节约和综合利用先进适用技术目录（2019年版）》。

1.12　铀矿伽马能谱测井技术

1.12.1　适用范围

铀-多金属矿勘查中的伽马能谱测井。

1.12.2　基本原理

伽马能谱测井采集铀系、钍系和钾放射性元素的混合谱，通过解谱计算三种放射性元素的含量。基于平衡放射性状态下原子核数固定的比例关系识别不同元素系中的特征元素。在能谱校准后，确定特征元素的能谱，解析特征元素含量。

1.12.3　工艺技术或装备

（1）伽马能谱测井仪数据采集方法；

（2）伽马能谱测井仪自动稳谱方法；

（3）伽马能谱测井仪校正方法。

1.12.4　推广前景

该设备具有探测效率高、自动稳定、谱系统抗辐射干扰能力强等特点，能够准确测定矿层中铀、钍含量，有效降低岩心化学分析费用，提高测井效率，在我国钍资源评价等方面具有推广意义。

推荐单位：中国核工业集团有限公司。

申报单位：核工业北京地质研究院。

资料来源：自然资源部《矿产资源节约和综合利用先进适用技术目录（2019年版）》。

1.13 钻孔岩心成像光谱扫描与信息识别技术

1.13.1 适用范围

油气、黑色金属、有色金属、稀有金属及非金属矿产钻孔岩心的扫描工作和蚀变矿物识别。

1.13.2 基本原理

以平移和旋转机械结构为平台，搭载成像光谱传感器，获取岩心成像光谱数据，利用不同类型岩石矿物的光谱特征，及其与岩石矿物物理化学属性之间的关系，进行钻孔矿物及岩性信息识别。

1.13.3 工艺技术或装备

（1）岩心成像光谱数据获取技术；
（2）成像光谱信息识别技术。

1.13.4 推广前景

该技术能够为矿山数字化、深部蚀变信息识别与编录提供技术支持，能够实现钻孔岩心数据"永久"保存，为深部成矿预测和成矿潜力评价提供参考。

推荐单位：中国核工业集团有限公司。

申报单位：核工业北京地质研究院。

资料来源：自然资源部《矿产资源节约和综合利用先进适用技术目录（2019年版)》。

1.14 煤矿井下大功率定向钻进技术与装备

1.14.1 适用范围

煤矿井下瓦斯抽采、水害防治、隐蔽致灾因素探查等近水平定向钻孔工程。

1.14.2 基本原理

采用随钻测量技术实时测量钻孔轨迹，通过大功率全液压定向钻机在孔口调整工具面，利用泥浆泵泵送冲洗液驱动孔底螺杆马达带动钻头碎岩（滑动钻进3m），实现钻孔轨迹方向的改变；采用钻机动力头回转+孔底螺杆马达回转带动钻头碎岩（复合钻进3m），保持钻孔轨迹方向不变，完成导孔施工。

1.14.3 工艺技术或装备

（1）煤矿井下大功率定向钻机和泥浆泵系统；
（2）煤矿井下防爆无线或有线随钻测量装置；
（3）φ89mm 中心通缆钻具与整体螺旋无缆定向钻具；
（4）煤矿井下近水平复合定向钻进工艺技术；
（5）煤矿井下定向钻孔事故处理钻具及配套工艺技术。

1.14.4 推广前景

该技术极大地提高了井下定向钻孔施工能力，解决复杂破碎地层定向钻进成孔难题，在高瓦斯、煤与瓦斯突出和受水患威胁的中大型矿井具有广阔的应用前景，还可用于煤矿井下大直径工程钻孔、煤层定点密闭取心钻孔、救援钻孔、公路隧道和铁路隧道超前勘探钻孔施工等方面。

推荐单位：中国煤炭科工集团。

申报单位：中煤科工集团西安研究院有限公司。

资料来源：自然资源部《矿产资源节约和综合利用先进适用技术目录（2019年版)》。

1.15 地球化学数据元素序结构分析技术

1.15.1 适用范围

各种比例尺的地球化学数据处理及异常筛选评价。

1.15.2 基本原理

不同岩组、矿体和构造等地质体都有一定的元素组合规律和空间分布特征，具有特定的地球化学元素序列和序结构特征。本项技术应用地球化学系统和复杂系统有序性原理，进行不同类型地质单元的地球化学元素序结构分析，从而提取出地球化学异常，进行矿产预测。

1.15.3 工艺技术或装备

（1）地球化学元素最佳排序与基因谱曲线生成技术；
（2）元素基因谱曲线最优集群动态分类技术；
（3）元素序结构分析技术；
（4）综合式地球化学数据预处理方法；
（5）地球化学序结构填图与成图技术；
（6）多元地学信息综合处理与分析系统（RSIE）。

1.15.4　推广前景

采用该技术既能够反映成岩元素和成矿元素信息，又能充分揭示成岩元素与成矿元素之间的关系、成岩作用对成矿作用的贡献与影响，还可以对不同的地球化学单元和异常区进行精细的地球化学填图、解释推断地质成矿作用等，可广泛应用于地球化学地质填图、矿床地球化学类型划分、成矿序列演化研究、岩浆岩演化与成矿关系研究、岩石地球化学，以及地质找矿分析等多个研究领域。

推荐单位：中国有色金属工业协会。

申报单位：有色金属矿产地质调查中心。

资料来源：自然资源部《矿产资源节约和综合利用先进适用技术目录（2019年版）》。

1.16　高光谱遥感岩相矿物填图技术

1.16.1　适用范围

区域地质调查和矿产地质调查的高光谱数据处理与解释。

1.16.2　基本原理

高光谱数据具有图谱合一的特点，特别是航空高光谱数据兼具高空间分辨率和高光谱分辨率，能够实现典型矿物的精细识别和定量提取，进一步判别不同的岩性（组合）和蚀变类型，进行岩相-岩性、蚀变矿物填图，为区域（矿产）地质调查提供基本信息。利用自动化、智能化的遥感信息处理技术，能够极大地提高地质填图效率，实现矿产资源的快速、经济、绿色勘查评价。

1.16.3　工艺技术或装备

（1）基于波段序结构分析的蚀变矿物检测；

（2）多目标遥感地质信息智能化提取；

（3）分类信息图谱一体化识别；

（4）高光谱蚀变信息提取软件系统（otPlatForm）；

（5）多元地学信息综合处理与分析系统（RSIE）。

1.16.4　推广前景

该项技术适用于岩石裸露或植被稀少地区的区域地质调查和矿产地质调查工作。随着我国卫星高光谱数据（高分5号）的广泛实验性应用，高分卫星技术和数据处理技术进一步成熟，其在大比例尺矿产资源调查等方面具有较大的推广潜力。

推荐单位：中国有色金属工业协会。

申报单位：有色金属矿产地质调查中心。

资料来源：自然资源部《矿产资源节约和综合利用先进适用技术目录（2019年版）》。

1.17 模块化便携岩芯钻机

1.17.1 适用范围

矿产勘查、工程地质勘查。

1.17.2 基本原理

该装备主要由动力单元、控制单元和钻进单元三部分组成。工作原理是：柴油机组提供动力驱动液压泵产生液压力，液压力再经控制单元分配传递大钻进单元，驱动液压动力头和油缸，从而带动钻具旋转和钻进。钻具钻取的岩芯再由卷扬机经钻杆内孔提升出来从而完成地质钻探取芯工作。

1.17.3 工艺技术或装备

（1）便携式绳索取芯钻机，主机采用模块化设计，全液压驱动，便于搬运，占地面积小，钻进效率高；

（2）功能模块化工业设计，对岩心钻探的整体结构外观进行结构模块化设计，解决深孔造成的摆动幅度大、塌孔、泥沙卡紧岩杆、工作效率低等问题。

1.17.4 推广前景

与传统的立柱式钻机相比，ROCK-600钻机钻进深度大，钻进效率高，易于拆卸和安装，对于一般的破碎地层适应性较好，不易出现垮孔等孔内事故，从各项经济效益指标分析，比常规钻机可节约成本20%～30%，具有较大推广前景。

推荐单位：四川省矿业协会。

申报单位：四川诺克钻探机械有限公司。

资料来源：自然资源部《矿产资源节约和综合利用先进适用技术目录（2019年版）》。

2 油气开采与综合利用技术及装备

2.1 特超稠油油藏有效开发动用技术

2.1.1 适用范围

特超稠油油藏。

2.1.2 基本原理

采用高效油溶性复合降黏剂（D）和二氧化碳（C）辅助水平井（H）蒸汽（S）吞吐，简称 HDCS，利用其滚动接替降黏、热动量传递及增能助排作用，降低注汽压力，扩大蒸汽波及范围，实现了特超稠油油藏的有效动用。

2.1.3 工艺技术或装备

（1）特超稠油非达西渗流机理；
（2）HDCS 复合作用机理与机制；
（3）HDCS 各要素配置的技术政策界限。

2.1.4 推广前景

该技术应用前景广阔，可使全国 2.8 亿吨的特超稠油油藏储量得到有效动用，可减排 CO_2 约 365 万吨（注入油层），减少了大气污染，具有较好的经济环境效益。

推荐单位：中国石油化工股份有限公司。
申报单位：中国石油化工股份有限公司胜利油田分公司。
资料来源：自然资源部《矿产资源节约和综合利用先进适用技术目录（2019年版）》。

2.2 砾岩油藏提高采收率技术

2.2.1 适用范围

新疆砾岩注水开发油藏。

2.2.2 基本原理

使用水溶性高分子聚合物作为添加剂，将其作为油田开发的注入剂，增加注入水的黏度，降低水相渗透率，大大地降低水油流度比，提高平面波及效率。

2.2.3 工艺技术或装备

（1）基于砾岩储层复模态结构的聚合物驱分级调剖技术；
（2）砾岩油藏方案优化及数值模拟技术；
（3）砾岩储层油藏精细描述技术；
（4）注入及采出液监测技术；
（5）基于砾岩储层物性和流体性质的产品性能及配方评价技术；
（6）砾岩油藏聚合物驱油机理研究技术；
（7）砾岩油藏配套注采工艺技术；
（8）配制、注入工艺技术；
（9）砾岩油藏跟踪调整及效果评价技术。

2.2.4 推广前景

该技术能够提高采收率、降低开发成本和循环利用采出水，经济效益和环境效益显著。

推荐单位：中国石油天然气股份有限公司。

申报单位：中国石油天然气股份有限公司新疆油田分公司。

资料来源：自然资源部《矿产资源节约和综合利用先进适用技术目录（2019年版)》。

2.3 特高含水油藏二元复合驱大幅度提高采收率技术

2.3.1 适用范围

水驱后仍有丰富剩余油和较大开发潜力的需要进一步提高采收率的中高渗油藏。

2.3.2 基本原理

选择非离子型表面活性剂与石油磺酸盐复配，提高洗油效率；通过活性剂与聚合物协同作用形成高效二元复合驱油体系，达到聚表抑制分离和增大波及体积作用，提高驱油效率。

2.3.3 工艺技术或装备

（1）驱油体系设计技术；
（2）驱油剂跟踪分析技术；
（3）二元复合驱数值模拟技术；
（4）开采动态评价技术。

2.3.4 推广前景

该技术大幅度提高了油田采收率，降水增油效果显著，对油田原油稳产和三次采油可持续发展具有重要作用，对保障我国能源安全意义深远。

推荐单位：中国石油化工股份有限公司。

申报单位：中国石油化工股份有限公司胜利油田分公司孤东油田。

资料来源：自然资源部《矿产资源节约和综合利用先进适用技术目录（2019年版）》。

2.4 稠油或堵塞油层层内自生热解堵技术

2.4.1 适用范围

稠油油田，油层存在堵塞、常规解堵措施无效井。

2.4.2 基本原理

自生热解堵液高温熔化蜡、胶质、沥青等有机物，提高近井油层压力，提高返排能力，利用相似相溶原理，使油垢溶解并随有机相流动，溶蚀无机垢，参与热反应。

2.4.3 工艺技术或装备

自生热解堵体系选择。

2.4.4 推广前景

该技术可有效高温熔化蜡、胶质、沥青等有机物，实现了解堵，对稠油资源的有效动用具有重要意义。5 个稠油油田累计实现增油 15 万立方米，在稠油油田具有广泛的推广价值。

推荐单位：中国海洋石油集团有限公司。

申报单位：中海石油（中国）有限公司天津分公司埠北油田。

资料来源：自然资源部《矿产资源节约和综合利用先进适用技术目录（2019年版）》。

2.5 深层低渗低品位储层改造开采技术

2.5.1 适用范围

深层低渗、特低渗油气藏，薄油藏，边水油藏，非常规油气藏。

2.5.2 基本原理

改变渗流模式，改善地层渗流条件，降低渗流阻力，提高储层产能，实现低品位储层有效动用。

2.5.3 工艺技术或装备

（1）缝高控制技术；

（2）多段压裂技术。

2.5.4 推广前景

该技术在多个油田推广应用，采收率提高 0.6%，累计增油 7 万多吨，实现了低品位储量升级应用，具有广泛的推广应用前景。

推荐单位：中国石油化工股份有限公司。

申报单位：中国石油化工股份有限公司中原油田分公司。

资料来源：自然资源部《矿产资源节约和综合利用先进适用技术目录（2019年版)》。

2.6 特低渗透油藏 CO_2 驱大幅度提高采收率技术

2.6.1 适用范围

特低渗透油藏二次采油和低渗透油藏注水后三次采油。

2.6.2 基本原理

烟道气 CO_2 捕集纯化工艺采用以 MEA 为主体的复合胺吸收溶剂的化学吸收法；CO_2 驱采用混相驱机理。利用吸附剂对不同气体组分的吸附量随压力变化的特性，加压吸附部分组分，降压解吸这些组分，从而使不同气体得到分离。

2.6.3 工艺技术或装备

（1）CO_2 驱提高采收率油藏适应性评价技术；

（2）CO_2 驱室内系统评价技术；

（3）CO_2 驱油藏工程方案优化设计技术；

（4）CO_2 驱采油工程技术；

（5）CO_2 驱地面工程技术；

（6）电厂烟道气中 CO_2 捕集纯化技术。

2.6.4 推广前景

该技术实现了特低渗透油的高效开采，能有效提高原油采收率。应用以来，累计增产原油 7 万吨，封存 CO_2 18 万吨，经济环境效益显著。

推荐单位：中国石油化工股份有限公司。

申报单位：中国石油化工股份有限公司胜利油田分公司纯梁采油厂。

资料来源：自然资源部《矿产资源节约和综合利用先进适用技术目录（2019年版)》。

2.7 底水油藏化学与机械联合堵水技术

2.7.1 适用范围

底水油藏且采用砾石充填完井的油井。

2.7.2 基本原理

通过下入带有封隔器的堵水管柱，在筛管内封隔上部未水淹层，在油套环空注入暂堵剂，在筛管外保护未水淹层，然后从油管向地层注入堵剂，在地层形成化学隔板，起到化学堵水作用，施工后堵水管柱脱手留在井下，起到机械堵水的作用。

2.7.3 工艺技术或装备

（1）环空暂堵技术；

（2）筛管内小尺寸长井段封隔技术；

（3）选择性化学堵剂技术。

2.7.4 推广前景

该技术针对局部水淹严重的防砂老井，可在不进行二次防砂完井的情况下，对单井实现有效的分段堵水作业，弥补了完井阶段未下入封隔器带来的后期堵水难题，在增加原油产量和减少污水处理方面成效显著。

推荐单位：中国海洋石油集团有限公司。

申报单位：中海石油（中国）有限公司湛江分公司涠洲油田。

资料来源：自然资源部《矿产资源节约和综合利用先进适用技术目录（2019年版)》。

2.8 复杂地形油田开发集成模块化撬装技术

2.8.1 适用范围

特低渗透油藏。

2.8.2 基本原理

以大井组、撬装站场、井站共建、多站合建为主要建设方式，通过井组单管不加热密闭集输、站点混输、井站串接等手段，实现从井场—联合站的全密闭油气混合输送工艺技术。

2.8.3 工艺技术或装备

（1）数字化一体装置；
（2）井站合一布局；
（3）油气全密闭混输工艺。

2.8.4 推广前景

该技术的成功应用实现了特低渗透油藏的规模、快速和效益开发，在节约土地资源、降低建设投资、提高系统效率和资源综合利用率等方面具有显著优势，对我国同类油气藏的开发建设具有重要意义。

推荐单位：中国石油天然气股份有限公司。

申报单位：中国石油天然气股份有限公司长庆油田分公司姬塬油田。

资料来源：自然资源部《矿产资源节约和综合利用先进适用技术目录（2019年版）》。

2.9 油页岩综合利用集成技术

2.9.1 适用范围

油页岩工业化开采矿区。

2.9.2 基本原理

首先采用低温干馏工艺对油页岩进行干馏炼油；油页岩放出页岩油后变成页岩半焦，与次煤混合后供电厂作燃料发电；干馏过程中产生的剩余瓦斯气经净化后供燃气发电机组发电；燃气发电机组排放的高温尾气经过余热锅炉产生蒸汽，供炼油装置生产及厂区生活用。

2.9.3 工艺技术或装备

(1) 大颗粒油页岩炼油;
(2) 剩余瓦斯发电;
(3) 中颗粒油页岩炼油。

2.9.4 推广前景

该技术实现了油页岩生产环节无固体、液体废物排放,具有良好的经济环境效益。同时,通过油页岩综合开发利用,进一步延长了油页岩开发的产业链,极大地提高了油页岩开发利用的附加值,推广应用前景广阔。

推荐单位:山东省自然资源厅。
申报单位:山东龙福油页岩综合利用有限公司。
资料来源:自然资源部《矿产资源节约和综合利用先进适用技术目录(2019年版)》。

2.10 特低渗透油藏生物活性复合调驱提高采收率技术

2.10.1 适用范围

在常规注水开发中。

2.10.2 基本原理

在筛选驯化出本源微生物菌种基础上,研制了微生物菌液中试发酵装置,研发了具有超微尺度、超低界面张力、中性润湿反转、降解、环保、廉价等特点的生物活性复合驱油剂及抗温、抗盐、抗剪切性、成胶时间可控的耐盐长效生物弱凝胶调堵剂体系,形成了特(超)低渗油藏生物活性复合调驱提高采收率技术。

2.10.3 工艺技术或装备

(1) 特低渗透油藏生物活性复合驱油剂研制技术;
(2) 特低渗透油藏生物弱凝胶调堵剂的研制技术;
(3) 特低渗透油藏生物活性复合调驱地面配套工艺技术。

2.10.4 推广前景

该技术具有效果好、成本低、施工简便、不伤害油层、不污染环境等特点,对陕北地区石油资源高效开发与生态环境保护具有重要意义,对同类油田的高效开发与生态环境的协调发展具有重要的借鉴与示范作用。

推荐单位：陕西省自然资源厅。

申报单位：延长油田股份有限公司。

资料来源：自然资源部《矿产资源节约和综合利用先进适用技术目录（2019年版）》。

2.11 高含水期聚合物驱油开发技术

2.11.1 适用范围

低温低矿化度砂岩油藏三次采油开发。

2.11.2 基本原理

聚合物驱油技术是在注入水中加入聚合物，提高注入水的黏度，改善油水流度比，扩大驱替液在油层中的波及体积，提高原油采收率。

2.11.3 工艺技术或装备

（1）聚合物黏弹性提高微观驱油效率理论；

（2）聚合物驱油藏工程技术；

（3）简单高效的地面工艺模式；

（4）先进高效的聚合物分层注入和举升采油工艺技术；

（5）聚合物驱油注入/产出剖面测井技术。

2.11.4 推广前景

该技术维护了国家能源安全，推动了我国石油开采、化工、机械制造等行业的技术进步，资源、经济、社会效益显著，为能源开采型城市转型和东北老工业基地振兴做出了巨大贡献。同时，该技术已在苏丹、哈萨克斯坦、印度尼西亚等国家得到应用，推广前景广阔。

推荐单位：中国石油天然气股份有限公司。

申报单位：中国石油天然气股份有限公司大庆油田分公司。

资料来源：自然资源部《矿产资源节约和综合利用先进适用技术目录（2019年版）》。

2.12 致密油有效开发利用技术

2.12.1 适用范围

致密油。

2.12.2　基本原理

集成应用"水平井、体积压裂、注采井网及精细超前分层注水"等主要手段，通过增加原油流动通道，提高泄油体积，建立有效驱替压力系统，提高致密油单井产量，实现致密油的有效开发利用。

2.12.3　工艺技术或装备

（1）水平井开发技术；
（2）"体积压裂"技术；
（3）致密油水平井注采井网优化技术。

2.12.4　推广前景

采用该技术可有效盘活大批低品位储量，使以前没有效益或效益较差的低效资源转化为优质可采储量，为致密油提供了技术路径，该技术应用前景广阔。

推荐单位：中国石油天然气股份有限公司。

申报单位：中国石油天然气股份有限公司长庆油田分公司。

资料来源：自然资源部《矿产资源节约和综合利用先进适用技术目录（2019年版）》。

2.13　复杂断块油藏立体开发技术

2.13.1　适用范围

特高含水期复杂断块油藏，特别是针对厚层断块、多油层断块以及复杂小断块三类中高渗断块油藏。

2.13.2　基本原理

针对断裂系统复杂、断块小、油层多、井段长、非均质强、油水关系复杂的地质体，在精细地质研究、三维地质建模及剩余油分布、水驱油规律研究的基础上，精细划分油藏类型，分析不同类型油藏的地质、开发、剩余油特点与差异，集成地质、油藏、钻井、采油多学科技术，综合应用层系、井网和先进的复杂结构井技术立体组合，优化投资，最大限度地提高水驱控制和动用程度，达到均匀水驱和大幅度提高采收率的目的，是多种开发方式和开发方法的综合应用及优化过程。

2.13.3　工艺技术或装备

（1）五级以下低序级断层描述组合技术；

　（2）断块油藏剩余油描述关键技术；

　（3）断棱精细刻画技术；

　（4）人工边水驱技术；

　（5）三级细分开发技术；

　（6）矢量化井网优化技术；

　（7）复杂结构井优化设计技术；

　（8）复杂结构井轨迹跟踪控制技术；

　（9）复杂结构井钻完井配套技术。

2.13.4 推广前景

　　该技术已先后在胜利油区等油田进行了推广应用，资源和经济效益十分突出，可在复杂断块油田推广应用。

　　推荐单位：中国石油化工股份有限公司。

　　申报单位：中国石油化工股份有限公司胜利油田分公司。

　　资料来源：自然资源部《矿产资源节约和综合利用先进适用技术目录（2019年版）》。

2.14 浅层超稠油油藏双水平井SAGD开发技术

2.14.1 适用范围

　　适用于浅层超稠油油藏开发、油砂矿开发。

2.14.2 基本原理

　　在靠近油藏底部钻一对（2口）上下平行的水平井，上水平井注汽，下水平井采油。注入的蒸汽向上及侧面扩展，在地层中形成蒸汽腔，被蒸汽加热的原油和蒸汽冷凝水在重力作用泄至下部的生产井中产出。

2.14.3 工艺技术或装备

　（1）SAGD开发储层描述及隔、夹层精细刻画技术；

　（2）双水平井SAGD油藏工程关键参数设计技术；

　（3）双水平井SAGD水平段地质设计技术；

　（4）浅层双水平井SAGD磁定位钻井轨迹控制技术；

　（5）浅层双水平井SAGD高温大排量有杆泵举升技术；

　（6）浅层双水平井SAGD高温采出液处理技术；

　（7）双水平井SAGD开发动态监测技术；

　（8）双水平井SAGD预热启动技术；

（9）双水平井 SAGD 生产阶段跟踪优化及调控技术；

（10）过热注汽锅炉技术。

2.14.4　推广前景

该技术已在新疆油田风城油田得到应用，实现了常规注蒸汽难采储量的有效动用，为风城油田全生命周期开发的稳步推进提供支撑，为油田稳产上产提供了技术保障。

盘活超稠油地质储量 1.21 亿吨，在国内外超稠油资源的开发应用上有重要的推广价值。

推荐单位：中国石油天然气股份有限公司。

申报单位：中国石油天然气股份有限公司新疆油田分公司。

资料来源：自然资源部《矿产资源节约和综合利用先进适用技术目录（2019年版）》。

2.15　CO_2 驱油与埋存技术

2.15.1　适用范围

高温高矿化度砂岩特高含水油藏三次采油开发。

2.15.2　基本原理

通过催化裂化装置在炼油厂及化肥厂尾气中捕集 CO_2，在特高含水油藏交替注入 CO_2、水，增加驱替阻力，扩大驱替液波及体积；膨胀地层原油体积，降低原油黏度，降低 CO_2 与原油界面张力，提高驱油效率，达到大幅提高原油采收率目的。

2.15.3　工艺技术或装备

（1）CO_2 捕集技术；

（2）特高含水油藏微观剩余油可视化、量化技术；

（3）特高含水油藏 CO_2/水交替驱提高采收率机理体系；

（4）CO_2 在油水两相多孔介质中的溶解扩散规律技术；

（5）CO_2/水交替驱流度控制技术；

（6）特高含水油藏 CO_2 复合防腐技术；

（7）CO_2/水交替驱分层注气及吸气剖面监测技术；

（8）产出 CO_2 回收循环回注技术；

（9）CO_2/水交替驱产出污水回收技术。

2.15.4 推广前景

该技术可有效指导中原油田中高含水油藏 CO_2 驱三次采油和低渗注水困难油藏 CO_2 驱生产，对于我国东部老油田高含水开发后期以及低渗注水困难油藏开展提高采收率探索，缓解东部老油田严峻的开发形势具有重要意义。

推荐单位：中国石油化工股份有限公司。

申报单位：中石化中原油田分公司。

资料来源：自然资源部《矿产资源节约和综合利用先进适用技术目录（2019年版)》。

2.16 海上薄层油藏自流注水技术

2.16.1 适用范围

海上薄层砂岩油藏。

2.16.2 基本原理

利用不同层系天然能量差异，通过井筒将高压层（水层）引注到压力相较低的油层，形成自然注水增加油藏压力，达到注水驱油效果，减少污水排放，提高油田原油采收率，无设备投资、能耗。

2.16.3 工艺技术或装备

（1）对超薄岩性储层的油藏描述；

（2）利用地震反演结果直接实现定量地质建模；

（3）应用 Stethoscope 随钻测量静态压力；

（4）利用示踪剂验证油井产水的来源并测量注入水的流动速度；

（5）利用试井技术，验证注入水的位置。

2.16.4 推广前景

该技术对开发成本高、经济效益差、天然能量不足的海上油田开发具有较强的实用性，达到注水驱油、提高采收率的效果。特别是平台空间受限的海上油田，如南海东部海域的惠州 25-8、惠州 19-2/1、陆丰 13-1 等具有弱弹性或弱边水驱油藏，对其具有极好的参考、推广价值，应用前景广阔，提高油田采收率 20%，经济效益好。为海上油田中后期挖潜以及低丰度、难动用储量的有效开发探索出一条新的途径。

推荐单位：中国海洋石油集团有限公司。

申报单位：中海石油（中国）有限公司深圳分公司。

资料来源：自然资源部《矿产资源节约和综合利用先进适用技术目录（2019年版）》。

2.17 空气泡沫驱提高采收率技术

2.17.1 适用范围

高温高盐、不同含水开发阶段严重非均质的中高渗油藏。

2.17.2 基本原理

（1）原油与氧气的低温氧化反应原理。

（2）泡沫体系具有一定的乳化和润湿性，能有效降低油水界面张力，进一步提高采收率。

2.17.3 工艺技术或装备

（1）空气泡沫驱提高采收率技术，耐温抗盐发泡体系的配方、注空气安全技术、注空气防腐技术、空气泡沫复合驱工艺技术；

（2）空气泡沫表面活性剂复合驱提高采收率技术，发泡剂性能改进、表面活性剂性能、复合驱性能评价、注空气防腐技术深化、表面活性剂产出检测方法、复合驱评价体系。

2.17.4 推广前景

该技术克服了高温高盐高钙镁离子的影响，主要设备国产化，气源易得，注入剂性能稳定，经济效益好，便于推广。同时，在中原油田大部分油藏都可以应用，覆盖储量约2.8亿吨，在其他地区同类型油藏也可以推广。

推荐单位：中国石油化工股份有限公司。

申报单位：中国石油化工股份有限公司中原油田分公司。

资料来源：自然资源部《矿产资源节约和综合利用先进适用技术目录（2019年版）》。

2.18 煤层气"三低"集气技术及应用

2.18.1 适用范围

煤层气开发低压集输领域。

2.18.2 基本原理

通过课题研究和现场实践建立"井口计量、井间串接、低压集气、逐级增压、集中处理"的煤层气总体集气工艺模式，整套工艺以低产、低压为出发点，以低成本为落脚点，简称"三低"集输模式。

2.18.3 工艺技术或装备

（1）煤层气地面集输工艺优化研究；
（2）煤层气地面集输管网动态数字仿真及调度技术研究；
（3）地面集输系统粉煤灰防治技术研究；
（4）煤层气田采出水处理及利用技术研究；
（5）煤层气田地面集输标准化设计研究；
（6）低成本地面集输设备及管材选型。

2.18.4 推广前景

该技术为我国煤层气开发提供了技术支撑，可广泛应用于煤层气集输系统优化，应用前景广阔。

推荐单位：中国石油天然气股份有限公司。

申报单位：中国石油天然气股份有限公司华北油田分公司。

资料来源：自然资源部《矿产资源节约和综合利用先进适用技术目录（2019年版）》。

2.19 复杂碳酸盐岩缝洞体雕刻及勘探开发技术

2.19.1 适用范围

缝洞型碳酸盐岩油气藏。

2.19.2 基本原理

利用缝洞体地震几何属性信息进行地震地质建模的基础上，结合单井测井相建模、构造信息、反演波组抗信息，求取缝洞连通体有效孔隙度，然后雕刻有效孔隙度体，计算出有效储集空间。依据缝洞体雕刻结果开展井位部署、储量计算、开发方案编制、开发技术政策研究等工作，实现复杂缝洞型碳酸盐岩油气藏规模效益开发。

2.19.3 工艺技术或装备

（1）复杂碳酸盐岩缝洞体量化雕刻技术；
（2）碳酸盐岩缝洞带、缝洞系统、缝洞单元划分与评价技术；
（3）碳酸盐岩"大型缝洞集合体"描述及刻画技术；
（4）缝洞型碳酸盐岩油气藏不规则井网布井技术；

（5）缝洞型碳酸盐岩油气藏容积法储量评估技术；

（6）碳酸盐岩缝洞连通性分析及注采井网设计技术。

2.19.4　推广前景

该技术能够立体显示储集体的内部结构特征，为缝洞体连通性分析提供了静态资料，对储层的定量评价、储量研究、井位部署等均具有重要指导作用。对塔里木盆地、四川盆地等碳酸盐岩分布广泛地区的油气藏开采具有推广意义，同时也可为具有类似储层发育区油气勘探开发研究提供借鉴。

推荐单位：中国石油天然气股份有限公司。

申报单位：塔里木油田分公司。

资料来源：自然资源部《矿产资源节约和综合利用先进适用技术目录（2019年版）》。

2.20　涪陵页岩气田"井工厂"开发技术

2.20.1　适用范围

国内页岩气田开发。

2.20.2　基本原理

在同一地区结合地质、工程、地面条件、经济效益，综合论证优化，部署大批平台，每个平台集中部署若干口相似水平井，使用一台或多台钻井（压裂机组），应用标准化的装备、程序，以流水线作业的方式进行钻井、完井、地面工程建设，是一种高效低成本作业模式。

2.20.3　工艺技术或装备

（1）"井工厂"钻井、试气、地面建设作业标准规范；

（2）"井工厂"钻井、试气、地面建设生产组织、管理模式；

（3）快移钻机，高压管汇、压裂液连续混配装备等。

2.20.4　推广前景

该技术可降低完井周期、单井土地使用面积，节约单井水基钻井液，有助于非常规页岩气产业降本增效、加快推动我国非常规页岩气开发，具有广阔推广前景。

推荐单位：中国石油化工股份有限公司。

申报单位：中国石油化工股份有限公司江汉油田分公司。

资料来源：自然资源部《矿产资源节约和综合利用先进适用技术目录（2019年版）》。

2.21 低渗透油藏仿水井注水开发技术

2.21.1 适用范围

低渗透、特低渗透油藏注水开发。

2.21.2 基本原理

通过直井压裂造长缝"仿"水平井，扩大泄油面积；注采井距"转"注采排距，建立有效驱替；裂缝适配井网，提高波及体积。

2.21.3 工艺技术或装备

(1) 相控非均质地应力预测技术；
(2) 裂缝井网适配优化设计技术；
(3) 定向长缝压裂技术；
(4) 高压精细注水技术。

2.21.4 推广前景

该技术为胜利油田低渗透探明未动用储量中5980万吨储量提供了技术支撑。该技术适用范围较宽，可注水开发的低渗透油藏基本上均可采用，推广前景广阔。

推荐单位：中国石油化工股份有限公司。

申报单位：中国石油化工股份有限公司胜利油田分公司。

资料来源：自然资源部《矿产资源节约和综合利用先进适用技术目录（2019年版）》。

2.22 气田废弃物综合利用技术

2.22.1 适用范围

国内致密气及页岩气田。

2.22.2 基本原理

利用分子重构和二次交联技术、特效增容及低温多效蒸馏等基本原理综合利用气田废水；利用废弃物排放系数控制与信息动态管理相结合，循环利用废弃钻井液；利用高温烧结与相变基本原理，利用气井泥质钻屑烧结制砖。

2.22.3 工艺技术或装备

（1）分子重构和二次交联技术；
（2）中胍胶特效增容剂并优化钙镁离子去除工艺技术；
（3）研制新型优质高抗盐降阻剂；
（4）高矿化度地层水（高氯废水）低温多效蒸馏工艺技术；
（5）排放系数控制与动态管理信息系统建设技术；
（6）气井泥质钻屑烧结制砖无害化技术。

2.22.4 推广前景

该技术可以节约水资源和土地资源，有效缩短施工作业时间，减少废弃物排放，尤其针对水源不足的干旱（沙漠）地区、大规模的水平井或页岩气井压裂施工区块、污水回注工艺受限地区以及人口稠密环境敏感地区具有更大的环保与经济价值。

推荐单位：中国石油企业协会。

申报单位：中国石油化工股份有限公司西南油气分公司。

资料来源：自然资源部《矿产资源节约和综合利用先进适用技术目录（2019年版）》。

2.23 疏松砂岩气藏防砂开发技术

2.23.1 适用范围

疏松砂岩气藏。

2.23.2 基本原理

在井筒内对准目的井段下入内外通径的割缝管防砂管柱，对目的地层进行大砂量、高砂比压裂填砂，采用端部脱砂技术在地层深部、近井带、射孔孔道、筛套环空形成均匀、密实、稳定的高渗透滤砂屏障，改善近井带导流能力，从而达到既防砂又增产的目的。

2.23.3 工艺技术或装备

割缝管压裂充填防砂技术。

2.23.4 推广前景

该技术具有充填完整、强度高、能有效解除近井地带的堵塞及穿透深部污染带，而且不受井温限制的特点，对疏松砂岩气藏防砂，提高气田最终采收率有显著作用。

推荐单位：中国石油天然气股份有限公司。

申报单位：中国石油天然气股份有限公司青海油田分公司。

资料来源：自然资源部《矿产资源节约和综合利用先进适用技术目录（2019年版）》。

2. 24　山区煤层气田数字化技术的研究与应用

2. 24. 1　适用范围

适合地面油气田建设。

2. 24. 2　基本原理

利用 3G 无线为主干通信网络，集成数据采集、视频传输、单井智能控制、数据挖掘为一体的智能化控制系统。

2. 24. 3　工艺技术或装备

（1）山区 3G 网络建设；

（2）"双环三控"煤层气井智能控制技术；

（3）程序干预式单井间抽控制技术；

（4）3D-GIS 与自动化数据结合。

2. 24. 4　推广前景

该技术能提高单井管控水平，节省人工成本，实现企业较高的经济效益，可以在煤层气生产企业应用，也可以在一般油气生产单位使用。

推荐单位：中国石油天然气股份有限公司。

申报单位：中国石油天然气股份有限公司山西煤层气勘探开发分公司。

资料来源：自然资源部《矿产资源节约和综合利用先进适用技术目录（2019年版）》。

2. 25　异常高压特低渗透油藏天然气驱提高采收率技术

2. 25. 1　适用范围

高压低渗注水开发困难的油气藏。

2. 25. 2　基本原理

异常高压特低渗油藏衰竭开发后储层中存在油气水三相流动，渗流阻力大，注水困难且效果差，通过注入黏度小、能力强的天然气，实现地层能量的有效补充；同时注入天然气可萃取原油中的轻烃，膨胀原油体积，降低原油的黏度，增强原油在地层中的流动能力，从而实现提高异常高压特低渗油藏原油采收率的目的。

2.25.3 工艺技术或装备

（1）天然气驱提高采收率机理；
（2）天然气驱组分数值模拟模型及注采参数优化技术；
（3）天然气驱特高压注入配套工艺技术。

2.25.4 推广前景

该技术可有效提高油藏采收率，有效改善此类油藏开发效果，可在我国东部老油田低渗注水困难油藏推广应用。

推荐单位：中国石油企业协会。

申报单位：中国石油化工股份有限公司中原油田分公司。

资料来源：自然资源部《矿产资源节约和综合利用先进适用技术目录（2019年版）》。

2.26 高含硫气田安全高效开采技术

2.26.1 适用范围

高含硫气田开发。

2.26.2 基本原理

高含硫化氢天然气剧毒、腐蚀性强，安全风险高，对于超深高含硫化氢气田开发国内外尚无成功先例，是公认的世界级难题。有效利用高含硫化氢天然气资源，关键是攻克气田开发面临的所有重大技术难题。通过项目攻关和现场试验，创新形成高含硫化氢气田高产高效开发、腐蚀防护、天然气深度净化和安全控制等核心技术，研发关键抗硫管材及装备，实现安全高效开发特大型高含硫化氢气田。

2.26.3 工艺技术或装备

（1）特大型超深高含硫化氢气田高产高效开发技术；
（2）特大型高含硫化氢气田腐蚀防护技术；
（3）高含硫化氢天然气超大规模深度净化技术；
（4）特大型高含硫化氢气田安全控制技术。

2.26.4 推广前景

该技术已推广应用到中原油田分公司大湾、西南油气田分公司元坝、江汉油田分公司兴隆等高含硫气田，极大推动我国高含硫化氢气田的安全高效开发和利用。我国高含硫化氢天然气资源十分丰富，资源量超过 4 万亿立方米，探明储量近 1 万亿立方米，技术推广前景广阔。

推荐单位：中国石油化工股份有限公司。

申报单位：中国石油化工股份有限公司中原油田分公司。

资料来源：自然资源部《矿产资源节约和综合利用先进适用技术目录（2019 年版）》。

2.27 超深生物礁滩气藏精细刻画及高效开发技术

2.27.1 适用范围

超深层复杂油气藏。

2.27.2 基本原理

利用超深复杂生物礁气藏精细描述成果指导小礁体水平井部署以提高储量动用程度，超深井全井段安全优快钻井及水平段轨迹调整控制提高钻井成功率和储层钻遇率，长水平段多级暂堵分流酸化提高单井产能；提升井控安全、腐蚀防护及智能控制等保障气田安全高效生产；实现涉酸关键设备及管材国产化，降低成本、提高效益。

2.27.3 工艺技术或装备

（1）超深复杂生物礁气藏精细描述技术；

（2）小礁体水平井部署及超深层水平井钻完井技术；

（3）高含硫气田安全高效生产控制技术；

（4）涉酸关键设备及管材国产化技术。

2.27.4 推广前景

该技术在元坝气田长兴组气藏试采区 17 亿立方米净化气/年产能建设和元坝气田长兴组气藏滚动区 17 亿立方米净化气/年产能建设中得到了广泛的应用，支撑了元坝气田 40 亿立方米混合气/年（净化气 34 亿立方米/年）产能建设的顺利实施，保障了元坝气田长兴组气藏的高效开发。同时，随着我国能源企业走出去而在诸如土库曼斯坦阿姆河右岸萨曼杰佩等地发现大型高含硫气田，该技术成果推广应用前景广阔。

推荐单位：中国石油化工股份有限公司。

申报单位：中国石油化工股份有限公司西南油田分公司。

资料来源：自然资源部《矿产资源节约和综合利用先进适用技术目录（2019年版）》。

2.28 特大型致密气藏大井组集约化开发技术

2.28.1 适用范围

致密气藏开发。

2.28.2 基本原理

针对鄂尔多斯盆地特大型致密气藏苏里格气田储层致密、埋藏深、非均质性强且局部含水等问题，通过提高富集区预测精度及井位优选确保有效储层钻遇率，提高中、高产井比例；针对多层系含气、储层连通性差、单井产量低的特点，创立水平井开发技术提高单井产量，通过优化井网、井型，增大不同含气层系的储量动用程度，提高采收率。

通过"大井组、集群化、立体式"开发，缓解矿权矛盾、节约土地资源，同时降低开发成本、提升开发效益，助推气田开发"降本增效"；通过引进和创新"工厂化作业"模式，实现大井组快速钻井、流水线压裂作业、移动式集中供水、液体重复利用，保护气区生态环境。

2.28.3 工艺技术或装备

（1）大型致密砂岩气藏的富集区预测及井位优选技术，水平井储层钻遇率超过80%，直井和定向井高产比例达82%。

（2）低渗碳酸盐岩气藏有利目标区预测技术。

（3）致密气藏水平井开发配套技术。水平井地质导向技术，水平井水力喷射和裸眼封隔分段压裂技术。

（4）"大井组、集群化、立体化"开发技术。

2.28.4 推广前景

该项技术的应用使苏里格气田具备年产230亿方天然气的生产能力，进入全面稳产阶段。在稳产阶段，由于单井产量低，气田综合递减率达到23.8%，每年弥补递减产能超过50亿立方米，该技术的应用在气田长期稳产中将发挥重要的意义，在矿产资源节约与综合利用方面前景可观。同样为致密强非均质砂岩气藏、含水气藏等非常规气藏的有效开发提供了借鉴，应用前景广阔。

推荐单位：中国石油企业协会。

申报单位：苏里格气田研究中心。

资料来源：自然资源部《矿产资源节约和综合利用先进适用技术目录（2019年版）》。

2.29　有杆泵抽油系统高效节能设计技术

2.29.1　适用范围

有杆泵抽油机井。

2.29.2　基本原理

应用本项目组研发的有杆泵抽油系统输入功率计算理论，计算抽油机井采油过程中的各种能耗，应用本项目组发明的能耗最低机采系统设计方法，找出能够生产目标产量的所有参数组合并计算出每一种组合的输入功率，以输入功率最低者作为生产参数，由此实现抽油机井大幅度节能降耗。同时应用抽油机节能潜力评价技术掌握所有井节能潜力，有的放矢，实现油田规模推广。

2.29.3　工艺技术或装备

（1）自己研发的有杆泵抽油系统输入功率计算理论；

（2）自主发明的能耗最低机采系统设计方法；

（3）自主研发的抽油机井节能潜力评级技术。

2.29.4　推广前景

中石油、中石化约有抽油机井17万口，若全面应用本技术，预计年创经济效益63亿元；目前中石油、中石化近5万口抽油机井应用了该技术，还有12万口抽油机井尚未推广，推广应用前景潜力巨大。

推荐单位：中国石油化工股份有限公司。

申报单位：中国石油化工股份有限公司江苏油田分公司。

资料来源：自然资源部《矿产资源节约和综合利用先进适用技术目录（2019年版）》。

2.30　高含硫化氢原油净化提质技术

2.30.1　适用范围

高含硫化氢原油的脱硫稳定及提质。

2.30.2　基本原理

根据气液平衡原理，降低原油中硫化氢及轻组分的分压，从而实现与原油轻重组分的分离；同时，根据相似相溶原理，向原油中通入天然气，硫化氢气体更容易溶于天然气中，从而进一步增加硫化氢从原油中脱除能力。

2.30.3 工艺技术或装备

采用负压气提油脱除高含硫化氢原油中的硫化氢，实现了原油脱硫、稳定和提质，达到商品原油要求，实施后可降低高含硫化氢原油中硫化氢含量到 15mg/t 以下，原油脱硫成本降低 70%。

2.30.4 推广前景

该技术已在塔河油田 6 座大中型站场推广应用，经济效益显著。解决了困扰塔河油田高含硫化氢原油的净化提质难题。还可推广应用到国内外含硫化氢原油区块，实现含硫原油的低成本脱硫和高附加值的效益开发。

推荐单位：中国石油化工股份有限公司。

申报单位：中国石油化工股份有限公司西北油田分公司。

资料来源：自然资源部《矿产资源节约和综合利用先进适用技术目录（2019 年版)》。

2.31 被污原油超声-高频电处理利用技术

2.31.1 适用范围

油田作业污染原油的脱水处理。

2.31.2 基本原理

利用超声波处理技术和高频电处理技术，在处理工艺中将被酸性水、化学残留物、泥浆等物质污染的强乳化原油利用超声的热作用、空化作用、振动作用进行处理，使乳状液中的水滴及杂质不断向波腹或波节移动、聚集/碰撞，生成直径较大的液滴，促进被污染原油的快速破乳脱水。经超声处理后，含水降低的原油采用高频电处理技术，利用高频电形成的脉冲电场，将被污染原油中的微小水滴静电极化，在静电引力作用下加速微小水滴的聚集。

2.31.3 工艺技术或装备

利用超声波-高频电组合对油田作业中被污染的原油进行脱水、破乳处理。采用此方法可将含水降低到 0.5% 以下，破乳剂加量降低 30%。

2.31.4 推广前景

该技术采用超声波、高频电处理技术，能解决被污染原油脱水处理技术难题，实现了被污原油的经济处理和资源高效利用。随着国内油田开发的推进，采取措施作业的油井越来越多，特别是稠油油田采取措施作业后形成的被污原油处理更加困难，采用该技术能很好地解决各类被污染原油经济处理难题，在国内其他油田都具有很好的应用前景。

推荐单位：中国石油化工股份有限公司。

申报单位：中国石油化工股份有限公司西北油田分公司。

资料来源：自然资源部《矿产资源节约和综合利用先进适用技术目录（2019年版)》。

2.32 定向井井眼抽油井管杆防偏磨技术

2.32.1 适用范围

定向井、水平井。

2.32.2 基本原理

油田定向井机抽生产中，油管和抽油杆之间会产生摩擦损坏。该技术通过改变抽油杆和油管之间的摩擦副和摩擦材料，以减小摩擦系数，并优化杆柱组合以减少抽油杆与油管之间的点接触或面接触，尽可能避免抽油杆柱的受压变形以减小正压力，从而降低抽油杆和油管之间的摩擦损坏。

2.32.3 工艺技术或装备

（1）抽油杆柱井下应力检测技术；

（2）抽油杆柱三维力学分析与优化设计技术；

（3）系列新型防偏磨工具。

2.32.4 推广前景

该技术在实际应用中取得了很好的效果，全面推广后，必将很大程度地减少因管、杆偏磨造成的经济损失，并有利于推动有杆泵抽油技术的进步和发展。目前中石化股份有限公司共有机械采油井 3 万多口，油井普遍存在管杆偏磨现象，如果在各油田全面推广防偏磨新技术，每年将减少维护作业费用和管杆更换费用约 7 亿元，将产生巨大的经济效益，具有广泛的推广应用价值。

推荐单位：中国石油化工股份有限公司。

申报单位：中石化江苏油田分公司。

资料来源：自然资源部《矿产资源节约和综合利用先进适用技术目录（2019年版）》。

2.33 注水井测调一体化工艺技术

2.33.1 适用范围

埋深大，煤层底板高压，且强富水含水层的区域超前治理。

2.33.2 基本原理

通过绞车把集中了测试仪（流量、压力、温度）、定位装置和动力系统的测调仪器，与注水井可调配水器相互配合，利用电子控制技术地面控制可实时显示注水井测调、验封过程，实现注水井同时测试、精确调配且分层级数不受限制。

2.33.3 工艺技术或装备

（1）分层级数不受限制的同心可调配水技术；

（2）在线边测边调一体化测调技术；

（3）安全便捷的防喷装置及快速安装技术。

2.33.4 推广前景

该技术可有效解决注水井分注率低、层段注水合格率低以及测调工艺烦琐、工作量大的技术难题，相比常规分层注水工艺，平均单井年节约测调时间约55h，年可节支测调费用2万元/口井，分注率、层段合格率分别提高10个百分点，在国内油田开发中均具有良好的推广应用前景。

推荐单位：中国石油化工股份有限公司。

申报单位：中国石油化工股份有限公司胜利油田分公司。

资料来源：自然资源部《矿产资源节约和综合利用先进适用技术目录（2019年版）》。

2.34 一种污水回收再利用的自动化系统

2.34.1 适用范围

油田等野外生活污水处理。

2.34.2 基本原理

利用高效 MBR 膜分离技术与活性污泥法相结合的新型污水处理技术，可用于有机物含量较高的市政污水或工业废水处理。利用膜组件进行的固液分离过程取代了传统的沉降过程，能有效去除固体悬浮物颗粒和有机颗粒。与传统工艺相比，MBR 工艺可以使活性污泥具有很高的 MLSS 值，延长其在反应器中等停留时间，提高氮的去除率和有机物的降解，同时极大地减少了污水处理过程中的污泥量。过滤后的水质直接达到（优于）排放标准一级 A 的水平。

2.34.3　工艺技术或装备

（1）利用 MBR 膜分离技术与活性污泥法相结合处理生活污水，达到了排放标准。

（2）主要贡献：MBR 平板膜生物反应器。

2.34.4　推广前景

该技术能够对不能纳入城市生活污水处理系统的生活污水进行处理，实现了环保、节能、保护地表水及节约土地资源等方面的综合效益，具有一定的推广价值和应用前景。

推荐单位：中国石油企业协会。

申报单位：长庆油田长庆实业集团有限公司。

资料来源：自然资源部《矿产资源节约和综合利用先进适用技术目录（2019年版）》。

2.35　低渗致密油气藏 CO_2 压裂改造技术

2.35.1　适用范围

低渗致密油气井增产改造。

2.35.2　基本原理

用 CO_2 全部或部分替代水作为压裂改造液体，进行油气藏增产改造。

2.35.3　工艺技术或装备

（1）与 CO_2 配伍的低伤害清洁压裂液体系；

（2）CO_2 前置增能、泡沫、干法压裂工艺；

（3）CO_2 压裂方案设计优化技术；

（4）CO_2 密闭混砂装置。

2.35.4　推广前景

该技术提高了返排率，有利于保护地层，减少储层污染，可实现较为准确的评价储层产能，为延长天然气上产、上规模提供重要技术保障，在低渗致密油气藏开发方面具有较好的推广前景。

推荐单位：陕西省自然资源厅。

申报单位：陕西延长石油（集团）有限责任公司研究院。

资料来源：自然资源部《矿产资源节约和综合利用先进适用技术目录（2019年版）》。

2.36　埋地油气管道非开挖原位换管技术

2.36.1　适用范围

油气管道集输技术。

2.36.2　基本原理

以待更换的旧管道为通道，通过胀管头的径向力挤压破碎旧管道，旧管道碎屑被外挤压到周围的土壤中，形成空腔通道，同时拉入一条新管道的换管技术。

2.36.3　工艺技术或装备

（1）胀管头力学分析及施工参数设计技术；

（2）复合型胀管头和防滑脱钻杆；

（3）高轴向拉伸弧度的柔性复合输送管。

2.36.4　推广前景

该技术拓展了管道非开挖技术应用领域，适用于油气田 DN50～DN500 管道非开挖原位更新。塔河油田非金属管道 1270km 应用该技术，随着管道长度越来越长、材质规格越来越多、管道修复和更新的数量也将日趋增加，该技术为不破坏地面植被和建筑物，节约开挖施工时间，减少管输损失，降低工程造价提供了一种绿色施工技术，在塔河油田具有广阔的推广应用前景，同时为国内外同类失效非金属管道更新建设提供了经验借鉴与支撑。

推荐单位：中国石油化工股份有限公司。

申报单位：中国石油化工股份有限公司西北油田分公司。

资料来源：自然资源部《矿产资源节约和综合利用先进适用技术目录（2019年版）》。

2.37　钻机"油改电"技术

2.37.1　适用范围

石油钻机。

2.37.2 基本原理

放弃此前国内外钻机众多的驱动方式，采用多台高压电动机加调速液力耦合器，通过皮带或链条并车，高压电控系统控制，联合驱动钻机。

2.37.3 工艺技术或装备

（1）采用多台高压电机加调速液力耦合器，高压电控系统调控，代替柴油发电机驱动钻机；

（2）研发了多台交流高压电动机并车驱动钻机的装置。

2.37.4 推广前景

由于目前各油田大部分钻机依然采用柴油机驱动方式，而且各油田随着工业电网的不断发展，油田电网密布，不存在电力不足的因素。而石油资源愈加紧张，节能减排的压力越来越大，企业降本增效的要求越来越强烈。因此，为了提高钻机工作的可靠性、先进性和经济性，降低钻井成本和工人的劳动强度，降低噪声、减少污染，对使用柴油机驱动的钻机进行"油改电"技术改造已成必然趋势，推广应用前景非常广泛。中国石油集团西部钻探工程有限公司钻机"油改电"在甘肃、青海、内蒙古、陕西和新疆全区域得到广泛应用和大面积推广，中石油、中石化所属的各钻探公司也相继大面积推广应用。

推荐单位：中国石油企业协会。

申报单位：中国石油天然气股份有限公司西部钻探工程有限公司。

资料来源：自然资源部《矿产资源节约和综合利用先进适用技术目录（2019年版）》。

2.38 聚合物驱后油藏非均相复合驱提高采收率技术

2.38.1 适用范围

油气开发。

2.38.2 基本原理

非均相复合驱油体系由 PPG、聚合物、表面活性剂组成。一方面，PPG 具有液流转向、变形通过能力，与聚合物复配可实现均衡驱替、进一步扩大波及体积的作用；另一方面，发挥表面活性剂大幅度降低油-水界面张力的作用，提高洗油效率；同时通过 PPG、聚合物、表面活性剂三者协同作用，大幅度提高原油采收率。

2.38.3　工艺技术或装备

（1）黏弹性颗粒驱油剂合成技术；
（2）非均相复合驱油体系设计技术；
（3）非均相复合驱模拟技术；
（4）非均相复合驱矿场见效评价技术。

2.38.4　推广前景

该研究成果突破了高含水、高采出程度油藏难以大幅度提高采收率技术瓶颈，已在聚合物驱后油藏推广地质储量 1.04 亿吨，增加可采储量 869 万吨，提高采收率 8.3 个百分点，资源化利用污水 1.2 亿立方米，实现污水零排放。适合于非均相复合驱的资源量 15 亿吨，可进一步提高采收率 8 个百分点，可增加可采储量 1.2 亿吨，具有广阔的推广应用前景。

推荐单位：中国石油企业协会。

申报单位：中国石油化工股份有限公司胜利油田分公司。

资料来源：自然资源部《矿产资源节约和综合利用先进适用技术目录（2019年版）》。

2.39　IWD 一体化智能随钻决策技术

2.39.1　适用范围

油气钻采。

2.39.2　基本原理

（1）地震反演构造地质体导向原理。通过建立二维时间域的地质导向模型，研究随钻测井曲线、地震剖面和地质导向模型，区分储层与非储层的相关性，结合高分辨率的地震数据，把控地震剖面，分析目的层构造趋势与区域倾角，为地质导向决策提供依据。

（2）模拟—对比—模型更新原理。基于建立的地层模型和井眼轨迹在模型中的模拟曲线响应，通过与实钻数据的对比模拟，更新模型以使两者匹配，更新后的模型被认为是地下实际构造的表征，依据此模型进行导向决策。

（3）方向性测量导向原理。利用方向性测井数据识别井眼轨迹是否接近储层边界，判断井眼轨迹是否接近上边界、下边界或横向物性变化，从而更准确地对导向进行决策。

2.39.3 工艺技术或装备

（1）综合多学科一体化研究技术；

（2）地震导向和地质导向同步技术；

（3）井场实时数据解析接入技术；

（4）深度域和时间域同步地层对比技术；

（5）真垂厚和视垂厚的地层对比技术；

（6）高精度井轨迹参数计算技术；

（7）钻井工程防碰和轨迹防偏预警技术。

2.39.4 推广前景

采用该技术进行水平井随钻决策，每口井可缩短钻井周期 2~3 天，节约作业成本 20 万~30 万元。若推广到国内整个石油行业，全国约有 30 个油气田单位，各单位平均每年按 200 口井计算，每年可有 6000 口现场实施，按市场应用率 30%计算，预计全年可以节约钻井成本 3 亿~5 亿元。该技术打破了国外服务商对国内的技术垄断，维护了国家能源信息安全，推动了我国油气田勘探开发领域的技术进步，具有广阔的推广前景。

推荐单位：湖北省自然资源厅。

申报单位：武汉时代地智科技股份有限公司。

资料来源：自然资源部《矿产资源节约和综合利用先进适用技术目录（2019年版）》。

2.40 数字化煤层气高效抽采技术

2.40.1 适用范围

煤层气及油气开发钻井。

2.40.2 基本原理

在液压式煤层气钻机中引入信息技术，采用电液比例阀、各类传感器、PLC电气控制系统，形成机械（液压）技术与信息技术、机液产品与电子信息产品深度融合，研发设计出机、电、液与信息一体化的数字化煤层气高效抽采技术。

2.40.3 工艺技术或装备

（1）机、电、液与信息一体化数字煤层气液压钻机；

（2）轻型液压顶驱齿轮润滑与密封装置；

（3）浮动缓冲接头和钻柱防松装置；

（4）数据采集及处理软件；

（5）钻井操作控制系统；

（6）桅杆井架垂直度自动检测及预警装置。

2.40.4 推广前景

该装备优于同类进口机，价格比进口设备低三分之一，钻机核心部件顶驱动力头为企业自主设计制造的产品，常用的 12 种易损件全部国产化，解决了维修配件供应困难问题。数字化煤层气钻机大大提高钻机的信息化、自动化水平，有利于提高钻井速度，提高钻井质量，减少各种安全事故，降低钻井成本，极大减轻工人劳动强度，改善劳动条件，改变煤层气钻机的生产面貌。

推荐单位：中关村绿色矿山产业联盟。

申报单位：山东中天泰和实业有限公司。

资料来源：自然资源部《矿产资源节约和综合利用先进适用技术目录（2019年版）》。

2.41 油田开发污泥填充凝胶颗粒的研制及工业化应用

2.41.1 适用范围

油田污泥类废弃物资源化利用。大孔道高渗透油藏、中渗透油藏、高温高盐低渗透油藏。

2.41.2 基本原理

通过分析油田产出的含油污泥的组分，研究添加悬浮剂、分散剂、延缓剂等添加剂，将含油污泥填充到凝胶颗粒中，形成具有耐盐，耐温，高配伍性，适宜的膨胀性能，易悬浮，耐冲刷、封堵能力强、价格低廉的调驱体系。该技术一方面提供了一种新的油田含油污泥利用无害化处理技术，实现资源再利用，有利环保、节省污泥处理费用；另一方面，污泥没有原料成本，采用含油污泥代替搬土填充到凝胶颗粒中，可进一步降低凝胶颗粒生产成本，为油田寻找一种价格低廉的调剖技术，为注水开发油田的可持续发展提供了一项新的绿色环保技术。

2.41.3 工艺技术或装备

（1）污泥成分分析及性能评价；

（2）高比例污泥填充凝胶颗粒制备；

（3）可控凝胶评价；

（4）联合站就地建厂，产品工业化生产技术；

（5）不同类型油藏工业化应用技术。

2.41.4 推广前景

该技术为胜利油田年产 30 万余吨的废弃物资源化利用提供了技术支撑。在胜利油田中浅层疏松砂岩水驱油藏大孔道封窜 4.98 亿吨储量，浅层稠油油藏边水封堵、近井封堵气窜 7568 万吨的储量中具有广阔的推广应用前景。对其他同类型油藏开发也具有示范和引领作用。

推荐单位：中国石油企业协会、中国石油化工股份有限公司。

申报单位：中国石油化工股份有限公司胜利油田分公司石油工程技术研究院、中国石油化工股份有限公司中原油田分公司。

资料来源：自然资源部《矿产资源节约和综合利用先进适用技术目录（2019年版）》。

2.42 海相页岩气高效开发技术政策优化技术

2.42.1 适用范围

海相页岩气开发。

2.42.2 基本原理

在气井产能评价及动态分析基础上，应用气藏工程理论方法、数值模拟技术和经济评价技术，进行技术经济界限、开发层系划分、井网井距、合理工作制度等开发技术政策优化，制定涪陵页岩气田的开发技术政策。

2.42.3 工艺技术或装备

（1）国产化平面地质图件导航与图面作业软件系统；
（2）海相页岩气高效开发技术；
（3）"井工厂"丛式钻井和集中建设集气站点工艺。

2.42.4 推广前景

该技术为四川盆地及周缘平桥等区块开发部署和生产提供了决策依据，在华北地区、渤海湾盆地、松辽盆地、新疆塔里木盆地、准噶尔盆地、吐哈盆地、鄂尔多斯盆地等页岩气区块具有广阔的推广应用前景。

推荐单位：中国石油化工股份有限公司。

申报单位：中国石油化工股份有限公司江汉油田分公司。

资料来源：自然资源部《矿产资源节约和综合利用先进适用技术目录（2019年版）》。

2.43　海相页岩气水平井产能评价技术

2.43.1　适用范围

海相页岩气开发。

2.43.2　基本原理

通过实验与理论相结合方法，分析高温高压条件下的吸附/解吸特征及规律，结合页岩气流动实验机理，明确页岩气多尺度介质流动机理，采用页岩气分段压裂水平井试井解释方法，实现页岩气水平井产能评价及预测。

2.43.3　工艺技术或装备

（1）海相页岩气分段压裂水平井评价技术；
（2）海相页岩气试井解释技术；
（3）页岩气井定产间期配产与井底流压互相联动的动态产能评价新技术。

2.43.4　推广前景

该技术有效指导了涪陵页岩气田高效开发，支撑了百亿立方米产能建设，为页岩气区块开发部署和生产提供了决策依据，为国内同类页岩气藏高效开发提供技术支撑及示范。

推荐单位：中国石油化工股份有限公司。
申报单位：中国石油化工股份有限公司江汉油田分公司。
资料来源：自然资源部《矿产资源节约和综合利用先进适用技术目录（2019年版）》。

2.44　川南地区 3500m 以浅页岩气勘探开发关键技术

2.44.1　适用范围

四川盆地海相页岩气勘探开发。

2.44.2　基本原理

页岩气资源主要存在于低孔超低渗的烃源岩中，通过评层选区确定优质页岩的分布，利用水平井钻井及压裂等工程技术在烃源岩中形成复杂裂缝网络，实现"打碎"储层的目的，提高储层与井筒的接触面积，烃源岩中的游离气及吸附气在压差的驱动下通过解吸、扩散等方式经裂缝网络流向井筒。

2.44.3 工艺技术或装备

（1）页岩气地质综合评价技术；

（2）高效开发优化技术；

（3）水平井组优快钻井技术；

（4）水平井体积压裂技术；

（5）水平井组工厂化作业技术。

2.44.4 推广前景

该技术对我国非常规油气资源开发具有重要的引领和示范作用，开拓了我国能源行业发展的新领域，将指导和推动我国南方、华北、塔里木、鄂尔多斯等地区页岩气资源实现规模、效益、清洁开发。

推荐单位：中国石油天然气股份有限公司勘探与生产分公司。

申报单位：中国石油天然气股份有限公司西南油气田分公司。

资料来源：自然资源部《矿产资源节约和综合利用先进适用技术目录（2019年版）》。

2.45 大型一体化油气藏研究与决策支持系统（RDMS）

2.45.1 适用范围

油气藏勘探开发综合管理。

2.45.2 基本原理

整合钻、录、测、试等专业数据库，形成实时化、可视化、协同化的油气藏研究与决策工作模式，支撑油气藏综合研究、井位部署论证、生产动态分析、勘探开发方案会审、水平井远程监控、空间智能分析等领域，实现网络化、工业化、智能化油气藏研究与决策。

2.45.3 工艺技术或装备

（1）油气藏数据链技术；

（2）跨平台数据适配器；

（3）国产化平面地质图件导航与图面作业软件系统。

2.45.4 推广前景

油气藏数据链技术打通了室内研究与现场作业的信息通道，实现了数据共享与应用；国产地质图件导航软件的开发应用实现了空间数据、矢量化剖面图与平面图的有机结合，有效推动油气藏地质研究向智能化、多学科、一体化方向发展，可在数字油田领域推广应用。

推荐单位：中国石油天然气股份有限公司勘探与生产分公司。

申报单位：中国石油天然气股份有限公司长庆油田分公司。

资料来源：自然资源部《矿产资源节约和综合利用先进适用技术目录（2019年版）》。

2.46 精细控压压力平衡法固井技术

2.46.1 适用范围

复杂超深井窄安全密度窗口地层固井。

2.46.2 基本原理

在注水泥设计时，将环空流体的静液柱压力设计为略低于地层孔隙压力，然后借用 MPD 技术装置，通过节流产生的井口回压或直接在井口施加补偿压力，使固井过程中通过井口压力和环空流动摩阻实现平衡孔隙压力，避免循环流动阻力过大而压漏地层。注水泥结束后环空继续施加补偿压力，防止水泥浆失重造成候凝期间环空窜流。

2.46.3 工艺技术或装备

（1）固井浆柱结构优化设计技术；

（2）压稳防漏施工参数设计技术；

（3）全过程井口压力实时控制技术；

（4）旋转控制头、回压补偿泵等精细控压钻井装备和精细控压压力平衡法固井模拟分析与设计软件。

2.46.4 推广前景

该技术有效解决了复杂超深井窄安全密度窗口地层固井难题，提高顶替效率，保障施工安全，提高固井质量，在川渝地区获得规模应用，成效显著，已逐步推广应用于塔里木油田山前构造等国内深井、超深井固井，具有广阔应用前景。

推荐单位：中国石油天然气股份有限公司勘探与生产分公司。

申报单位：中国石油天然气股份有限公司西南油气田分公司。

资料来源：自然资源部《矿产资源节约和综合利用先进适用技术目录（2019年版）》。

2.47 无杆泵采油平台建设关键技术

2.47.1 适用范围

中深层稠油开采。

2.47.2 基本原理

集成掺水、计量、集输一体化工艺撬，形成平台智能采油控制撬，通过多井丛大平台、井站一体化无杆泵采油平台，使平台采油实现了无人值守、远程监控运行、故障维修等智能化管理模式。

2.47.3 工艺技术或装备

（1）非金属玻璃钢敷缆管+无杆泵采油技术；
（2）玻璃钢连续敷缆管修井机和修井相关配套设备；
（3）玻璃钢连续敷缆管打捞工具；
（4）丛式井智能控制撬；
（5）掺水、计量、集输一体化工艺撬。

2.47.4 推广前景

该技术绿色、节能、环保、安全、高效，有效减少征地，提升运行安全，实现节能降耗，资源经济效益显著，可在类似区块推广应用。

推荐单位：中国石油天然气股份有限公司勘探与生产分公司。

申报单位：中国石油天然气股份有限公司新疆油田分公司。

资料来源：自然资源部《矿产资源节约和综合利用先进适用技术目录（2019年版）》。

2.48 页岩气水平井井下关键工具研发技术

2.48.1 适用范围

页岩气开发。

2.48.2 基本原理

采用复合桥塞、大通径桥塞、可溶桥塞、套管启动滑套等工具系列，完善页岩气水平井桥塞分段压裂和水平井趾端压裂工艺，完成大排量体积压裂，实现井筒全通径及快速投产。

2.48.3 工艺技术或装备

（1）可钻式复合桥塞、大通径免钻桥塞、可溶桥塞、套管启动滑套等页岩气水平井开发井下关键工具系列；

（2）井下关键装备试验测试平台。

2.48.4 推广前景

该技术有效解决了页岩气藏存在的开发周期长、成本高、技术难度大等问题，大幅提高了施工效率，降低了成本，实现了页岩气的规模高效开采，可在西南地区推广应用。

推荐单位：中国石油天然气股份有限公司勘探与生产分公司。

申报单位：中国石油天然气股份有限公司西南油气田分公司。

资料来源：自然资源部《矿产资源节约和综合利用先进适用技术目录（2019年版）》。

2.49 油井工况诊断及示功图计产技术

2.49.1 适用范围

（1）配套示功图采集设备的油井工况诊断、产液量计算及动液面计算的抽油机井。

（2）配套电参采集设备的系统效率在线监测、平衡分析的抽油机井。

（3）配套变频设备的抽汲参数智能调整的抽油机井。

2.49.2 基本原理

依据有杆泵工作状态与油井产液量变化关系，在一定的边界条件和初始条件下，通过采集地面示功图，利用有杆泵抽油系统的力学、数学模型求解出泵示功图，对泵示功图进行分析，判识油井工况，确定泵的有效冲程，计算出地面有效排量。

2.49.3 工艺技术或装备

（1）基于泵示功图的油井工况诊断技术；

（2）油井产液量计算技术；

（3）抽汲参数调整技术；

（4）低产低效油井间开技术；

（5）利用泵示功图计算动液面技术；

（6）油井系统效率及平衡度技术。

2.49.4 推广前景

该技术运行平稳，减少站控数据处理点，取得了显著的经济和社会效益，可移植性强，适用于国内油田采用抽油机生产的油井，对国内油田油井数字化管理将会起到示范和引领作用。

推荐单位：中国石油天然气股份有限公司勘探与生产分公司。

申报单位：中国石油天然气股份有限公司长庆油田分公司。

资料来源：自然资源部《矿产资源节约和综合利用先进适用技术目录（2019年版)》。

2.50 致密气藏 EM50 系列可回收压裂液体系

2.50.1 适用范围

油气田储层压裂。

2.50.2 基本原理

利用多效表面活性剂聚合物作为增稠剂，该聚合物在溶液分子链上的表活性官能团能自动缔合形成超分子聚集体，随着浓度增加形成布满整个溶液空间的超分子三维网状空间结构，实现体系非交联黏弹性携砂和全程低摩阻施工。

2.50.3 工艺技术或装备

（1）EM50 系列可回收压裂液体系；

（2）非交联类压裂液携砂性能评价方法。

2.50.4 推广前景

该体系可简化压裂液配方，适应性强，具有低伤害、低摩阻、低成本、易回收、易反排、易混配、高携砂的特点，为鄂尔多斯盆地、长庆油气田等超低渗透油开发提供重要技术支撑。

推荐单位：中国石油天然气股份有限公司勘探与生产分公司。

申报单位：中国石油天然气股份有限公司长庆油田分公司。

资料来源：自然资源部《矿产资源节约和综合利用先进适用技术目录（2019年版)》。

2.51 中深层稠油蒸汽驱技术

2.51.1 适用范围

中深层稠油油藏开发。

2.51.2 基本原理

通过注入井将蒸汽注入油藏，当蒸汽向生产井运动时，形成蒸汽带、热水带、冷油带等，基于不同区带特点，开展同心管分层注汽、注汽井调驱、微型压裂引效、高温深部防砂等中深层稠油蒸汽驱综合调控，配套井筒隔热与分层汽驱、高温举升、硫化氢处理、自动化采集与控制、安全生产保障、油井工况动态监测等系列工艺技术，改善中深层稠油蒸汽驱开发效果。

2.51.3 工艺技术或装备

（1）稠油油藏、精细油藏描述和跟踪调控技术；
（2）稠油油藏蒸汽驱三维物理模拟技术；
（3）深层稠油蒸汽驱注汽和高温举升技术；
（4）蒸汽驱高温动态监测和高温调剖技术。

2.51.4 推广前景

该技术实现了实施界限突破，可实施储量不断增大，有效延长生产时间，汽腔发育程度与采收率高，可为辽河等地区稠油开发提供技术支撑。

推荐单位：中国石油天然气股份有限公司勘探与生产分公司。
申报单位：中国石油天然气股份有限公司辽河油田分公司。
资料来源：自然资源部《矿产资源节约和综合利用先进适用技术目录（2019年版）》。

2.52 海上平台及陆地终端火炬新型点火系统

2.52.1 适用范围

海上装置火炬。

2.52.2 基本原理

采用雅各布发弧原理设计成的电发弧结构，突破了尖端放电、半导体发弧方式所产生的电极电蚀现象和火花面积小等弊端，一般可产生平均 30cm×170cm 的面状电弧。从而使电发弧装置呈本质不消耗型永不电蚀，同时也大大提高了点火成功率，在任何气候条件下都能可靠点火。

2.52.3 工艺技术或装备

（1）成功将雅各布电梯发弧原理，应用于高空点火器；
（2）负压式和直燃式高空点火技术；

（3）高压调理技术；

（4）高灵敏度、远距离火炬火焰遥测技术；

（5）现代控制设备和计算机信息处理控制技术；

（6）安全延迟点火技术。

2.52.4 推广前景

该项技术点火可靠、体积小、易操作、易维护，为其他装置应用该项技术提供了很好的借鉴。

推荐单位：中国海洋石油集团有限公司。

申报单位：中海石油（中国）有限公司湛江分公司。

资料来源：自然资源部《矿产资源节约和综合利用先进适用技术目录（2019年版)》。

3 煤炭开采与综合利用技术及装备

3.1 露井联合开采技术

3.1.1 适用范围

露天矿区（如准格尔、伊敏河、霍林河等推广应用）。

3.1.2 基本原理

利用露天矿工业场地及露天矿采空区开采露天排土场及端帮压覆的煤炭资源。

3.1.3 工艺技术或装备

井工与露天协调开采。

3.1.4 推广前景

该技术最大限度地发挥露天与井工开采的优点，用少量的投资和工程将露天生产压占的煤炭资源同时采出。通过分析露井开采之间的关系，确保两者均能安全、高效生产，在煤矿露开采中有较好的推广前景。

推荐单位：山西省自然资源厅。

申报单位：中煤平朔集团有限公司。

资料来源：自然资源部《矿产资源节约和综合利用先进适用技术目录（2019年版）》。

3.2 露天煤矿端帮陡帮开采技术

3.2.1 适用范围

露天矿端帮煤回收。

3.2.2 基本原理

针对端帮煤柱，从上部开始削帮，逐步向下发展。同时，在端帮煤回收过程中，利用边坡应力监测设备进行实时监测边坡的应力变化，在确保边坡安全稳定的前提下，实施陡帮开采方案，回收南端帮煤柱，提高煤炭回采率。

3.2.3 工艺技术或装备

（1）短工作线、快速推进、快速内排压脚；

（2）边坡应力实时监测。

3.2.4 推广前景

该技术通过提高端帮边坡角，减少端帮压煤量，可大大提高资源回收率，可推广到煤层赋存条件类似的露天煤矿。

推荐单位：国家能源集团。

申报单位：神华宝日希勒能源有限公司。

资料来源：自然资源部《矿产资源节约和综合利用先进适用技术目录（2019年版）》。

3.3 露天煤矿抛掷爆破——吊斗铲无运输倒堆工艺

3.3.1 适用范围

大型露天煤矿。

3.3.2 基本原理

采用多排孔微差抛掷爆破加预裂爆破控制技术进行高台阶抛掷爆破，使用吊斗铲将爆破后的煤层上部覆盖岩石倒堆剥离后直接排放至采空区。

3.3.3 工艺技术或装备

（1）吊斗铲倒堆剥离工艺技术；

（2）高台阶抛掷爆破技术；

（3）与其他工艺衔接匹配技术；

（4）安全生产保障技术。

3.3.4 推广前景

该技术创新了露天煤矿开采理论和技术，拓展了露天开采的适用范围，有效提高了煤炭资源回采率，大幅度降低了露天开采成本，改善了煤炭生产整体安全状况，实现了露天煤矿安全、高效、低耗、绿色开采。

推荐单位：内蒙古自治区自然资源厅。

申报单位：黑岱沟露天煤矿。

资料来源：自然资源部《矿产资源节约和综合利用先进适用技术目录（2019年版）》。

3.4 水资源保护采煤技术

3.4.1 适用范围

适用于我国西部和北部干旱、半干旱，具有浅部水资源的矿区。

3.4.2 基本原理

采用直流电法、钻孔法、弹性波测井法等综合探测手段探查地层隔水层的结构，查明受结构关键层控制的覆岩导水裂隙通道的高度及分布规律，确定具体的采煤方法、回采工艺和水资源保护措施。

3.4.3 工艺技术或装备

（1）水文地质结构分区与保水采煤技术；
（2）控制隔水关键层结构稳定及控制采动导水裂隙闭合局部区域充填支撑技术；
（3）采空区转移、存储顶板水技术；
（4）上下含水层压力差向下伏储水层转移顶板水技术。

3.4.4 推广前景

该技术实现了地下水保护利用和地表生态修复，将"水害"化为水利，变地表生态被动治理为主动引导修复，能够有效降低生产成本和生态恢复成本，经济环境效益显著。

推荐单位：国家能源集团。
申报单位：神华集团神东矿区。
资料来源：自然资源部《矿产资源节约和综合利用先进适用技术目录（2019年版）》。

3.5 高水膨胀材料充填采煤技术

3.5.1 适用范围

主要应用于煤炭企业"三下"压煤（建筑物下、铁路下和水体下）和非煤矿山企业的采空区的充填。

3.5.2 基本原理

以粉煤灰、风积沙或尾矿、建筑垃圾等硅质材料为主料，配以延缓剂、速凝剂、固化剂和膨胀剂等辅料，将各种原料混合后，制成固水质量比为1：1.3左右的充填料浆。通过管路输送到采空区，在 2h 以后开始固化并伴随体积膨胀，可实现主动接顶，在 8h 以后形成固体并可承受压力，最终单轴抗压强度最高可大于 10MPa。

3.5.3　工艺技术或装备

（1）高水膨胀材料；

（2）初浆搅拌、辅料配给、料浆制备和自动化控制等四部分系统组成的料浆制备成套装置；

（3）综采工作面膨胀充填材料移动密闭充填装置。

3.5.4　推广前景

该技术能够实现建筑物下、铁路下、水体下和承压含水层下压煤的开采，并将粉煤灰、尾砂、风积沙、煤矸石和建筑垃圾等填入采空区，减少了废弃物占地和环境污染，保护了生态环境，实现了资源开采与环境保护和谐发展。

推荐单位：辽宁省自然资源厅。

申报单位：阜新矿业集团有限公司。

资料来源：自然资源部《矿产资源节约和综合利用先进适用技术目录（2019 年版)》。

3.6　超高水材料井下充填开采技术

3.6.1　适用范围

村庄、建筑物及河流密集矿区。

3.6.2　基本原理

在水中添加超高水材料，配制成两种以水为主要成分的具有高流动性的浆体（水含量95%以上），在即将进入充填区之前进行混合，使流入采空区的混合浆体在可控时间内胶结、凝聚，达到设计强度，以实现充填采空区，控制围岩变形，避免地表下沉，从而达到无搬迁开采的目的。

3.6.3　工艺技术或装备

（1）大采高超高水材料充填支架系统；

（2）超高水充填材料工艺实施并沿空留巷技术；

（3）超高水材料性能研究。

3.6.4　推广前景

该技术在城郊煤矿充填面的应用成功，实现了多回收煤炭资源，延长了矿井服务年限，可在全国类似矿区进行推广，应用前景广泛。

推荐单位：河南省自然资源厅。

申报单位：河南省正龙煤业有限公司城郊煤矿。

资料来源：自然资源部《矿产资源节约和综合利用先进适用技术目录（2019年版)》。

3.7　煤矿深埋煤层底板注浆保水采煤关键技术

3.7.1　适用范围

埋深大，煤层底板高压且强富水含水层的区域超前治理。

3.7.2　基本原理

通过施工地面定向钻孔沿太原群薄层灰岩顺层钻进，注浆改造底板高承压水薄灰岩含水层，有效封堵导水构造和隐伏导水通道，增大底板隔水层厚度，阻止和减少太原组灰岩水、奥灰水进入矿井采动空间，保护地下水资源的含水结构不受破坏。

3.7.3　工艺技术或装备

（1）定向水平钻井在煤矿底板薄层灰岩顺层钻进中的精确控制技术；

（2）无芯钻进岩屑地质录井改进技术；

（3）注浆动态压力控制与扩散半径、注浆材料选取、配比技术。

3.7.4　推广前景

该技术适用于下组煤底板高承压水、强富水含水层的区域超前治理，可在华北型煤田各矿井推广使用。可拓展应用于煤矿帷幕截流区域超前治理和奥灰承压水区域超前治理，应用前景广阔。

推荐单位：安徽省自然资源厅。

申报单位：淮北矿业（集团）有限责任公司。

资料来源：自然资源部《矿产资源节约和综合利用先进适用技术目录（2019年版)》。

3.8　7m大采高综采工作面回采工艺

3.8.1　适用范围

煤质比较坚硬（$f=3\sim4$)、厚6~7m的综采工作面。

3.8.2 基本原理

利用煤层比较坚硬、煤壁稳定性较好的特点选用大采高液压支架及配套设备增大回采高度，将 6~7m 厚煤层一次采出，有效提高回收率。

3.8.3 工艺技术或装备

（1）7m 大采高液压支架；
（2）大采高强力滚筒采煤机；
（3）大采高工作面设备配套优化组合；
（4）大采高综采工作面机头、机尾垂直过渡。

3.8.4 推广前景

该技术可大大提高资源回收率，延长矿井服务年限，具有显著的安全效益和经济效益，对矿区可持续发展及国内同类矿井厚煤层开采具有重要的借鉴意义。

推荐单位：国家能源集团。

申报单位：神华集团上湾煤矿。

资料来源：自然资源部《矿产资源节约和综合利用先进适用技术目录（2019年版）》。

3.9 300m 工作面综采技术

3.9.1 适用范围

赋存稳定的近水平中厚、厚煤层。

3.9.2 基本原理

结合矿区煤层地质条件，将工作面加长至 300m，以减少工作面之间的煤柱留设数量、回采巷道掘进量、搬家倒面次数，提高盘区资源回收率。

3.9.3 工艺技术或装备

（1）优化综采面设备配置，选用 $\phi42mm$ 刮板链，$3\times1000kW$ 的变频电机，保障工作面设备运行正常；
（2）选用大工作阻力的液压支架，保证加长工作面顶板安全。

3.9.4 推广前景

目前，我国回采工作面的长度一般在 200 多米，条件差的仅 100 多米，也有少数条件好的达到或超过 300m。根据地质条件提高部分回采工作面的长度是有可能的。随着回采工作面长度的增加，就可减少工作面之间留设的煤柱数量，提高采区资源的回收率。

推荐单位：国家能源集团。

申报单位：神华集团哈拉沟煤矿。

资料来源：自然资源部《矿产资源节约和综合利用先进适用技术目录（2019年版）》。

3.10　综采工作面高效机械化矸石充填技术

3.10.1　适用范围

煤炭行业井工综采矿井。

3.10.2　基本原理

通过利用煤矸石充填巷道或采空区，使采空区顶底板得到有效控制，有效抑制地面塌陷，从而实现高回收率的煤炭资源开采和煤矸石的综合利用。采空区的矸石充填依靠自压式矸石充填机自动完成。充填时，自压式矸石充填机的上刮板向下运输充填矸石；下刮板向上推平漏矸孔下漏的矸石，并使矸石充填密实、均匀。在矸石充填过程中，随着矸石充填高度的增加，自压式矸石充填机会随之上升，利用矸石充填运输机对矸石的反作用力来压实充填的矸石。

3.10.3　工艺技术或装备

具有自主知识产权的液压支架；自压式矸石充填机；可缩桥式皮带。

3.10.4　技术指标

煤矸石综合利用率100%；综采矸石充填工作面生产能力可达到493t/d；煤炭回收率提高25%。

3.10.5　技术应用情况

该技术已成功应用于翟镇煤矿7201和7204工作面，为我国煤矿"三下"压煤的规模性开采、井上下矸石的系统化井下处理提供了一条具有显著经济与社会效益的技术途径。

该技术发展了新的高效机械化开采工艺方式，将煤矿"掘、采"二元开采技术体系提升为"掘、采、处"的三元开采模式，解决了"掘、采"二元开采技术体系忽视采动对环境和资源的影响及损害问题，将矿井矸石的处理、"三下"压煤的开采、保护地表纳入煤矿开采的总体设计，可实现煤矿资源与环境的协调发展。

3.10.6 典型用户及投资效益

典型用户：新汶矿业集团有限责任公司。

年生产原煤 150 万吨，7204 充填工作面以矸换煤量达 18 万吨。主要技改内容：将开采出的矸石运至充填面后，利用自主研发的新型实用专利液压支架和自压式矸石充填机来自动完成矸石充填和压实工作，主要设备包括矸石液压支架、自压式矸石充填机和运输皮带等。节能技改投资额 4076 万元，建设期 1 年。每年可节能 12.8 万吨，年节能经济效益为 3257 万元，投资回收期 15 个月。

年生产原煤 150 万吨，7201 充填工作面以矸换煤量达 19 万吨。主要技改内容：将开采出的矸石运至充填面后，利用自主研发的新型实用专利液压支架和自压式矸石充填机来自动完成矸石充填和压实工作，主要设备包括矸石液压支架、自压式矸石充填机和运输皮带等。节能技改投资额 4178 万元，建设期 1 年。每年可节能 13.6 万吨，年节能经济效益 3439 万元，投资回收期 15 个月。

3.10.7 推广前景

一级煤矿"三下"压煤开采已成为制约矿区发展的重大技术难题。该项技术革新了煤矿开采技术，开创了综采工作面高效机械化矸石充填技术的新局面，填补了相关领域的空白，可有效提高"三下"压煤的回采率，减少煤矿生产对地表及生态环境的破坏。

资料来源：国家发展和改革委员会《国家重点节能低碳技术推广目录（2017年本，节能部分)》。

3.11 煤矸石井下充填置换煤成套技术

3.11.1 适用范围

东部地区村庄、建筑物和河流湖泊较密集的矿区。

3.11.2 基本原理

在煤矿井下对煤矸石进行分选，并回填到采煤工作面采空区，控制了"三下"采煤引起的地表沉陷，减少矸石的排放。

3.11.3 工艺技术或装备

（1）普采矸石充填；

（2）巷采矸石充填。

3.11.4　推广前景

该技术解决了"三下"压煤开采和地面工业废弃物堆放问题，提高了资源回收率，保证了地面各类设施的安全，保护了矿区环境，经济、社会、环境效益显著，应用前景十分广阔。

推荐单位：山东省自然资源厅。

申报单位：山东省新汶煤业集团翟镇煤矿。

资料来源：自然资源部《矿产资源节约和综合利用先进适用技术目录（2019年版)》。

3.12　泵送矸石充填开采成套技术与装备

3.12.1　适用范围

煤矸石等固体废弃物处置和矿山充填开采。

3.12.2　基本原理

矿山产生的矸石经破碎后，送入搅拌机，按比例加入水和添加剂等进行充分搅拌，搅拌后的似膏体物料利用充填泵输送到充填空间内。

3.12.3　工艺技术或装备

（1）井下煤矸滚轴筛分离技术；
（2）矿用双转子反击式破碎技术；
（3）泵送矸石充填采空区、沿空留巷技术及系列矿用充填设备；
（4）泵送充填防堵管和免洗管技术。

3.12.4　推广前景

该技术可用于各类开采矿井，各种采煤工艺均可搭配适用，可就地消化井下矸石及堆存矸石，各类型煤矿企业均可适用。

推荐单位：中关村绿色矿山产业联盟。

申报单位：山东恒驰矿业装备科技有限公司。

资料来源：自然资源部《矿产资源节约和综合利用先进适用技术目录（2019年版)》。

3.13　建筑物下综合机械化充填采煤技术

3.13.1　适用范围

顶板比较稳定的薄及中厚煤层。

3.13.2 基本原理

将矸石、粉煤灰等固体废弃物经投料系统、井下运输系统运至工作面，通过充填开采输送机充填至生产采空区，解放建筑物下压煤并控制覆岩运动及地表沉陷。

3.13.3 工艺技术或装备

（1）推压密实充填装备；
（2）采-充平行作业的充填采煤工艺；
（3）充填区域注浆补强工艺。

3.13.4 推广前景

该技术能够盘活矿井呆滞资源，解决矸石与粉煤灰地面排放造成环境污染和占地问题，大大减轻边角煤柱产生冲击地压的威胁和地表沉陷带来的生态破坏，具有广阔的推广应用前景。

推荐单位：河北省自然资源厅。
申报单位：冀中能源股份有限公司邢台矿。
资料来源：自然资源部《矿产资源节约和综合利用先进适用技术目录（2019年版）》。

3.14 村庄下与承压水上膏体充填绿色开采技术

3.14.1 适用范围

村庄下与承压水上煤炭资源的开采。

3.14.2 基本原理

将煤矸石、粉煤灰、胶结料及矿井水等按照一定的配比制作成膏体，通过充填泵输送充填到回采工作面采空区，凝固形成覆岩支撑体系，做到地表基本不变形，解决地表下沉问题，同时降低底板应力不平衡度，实现不迁村开采和承压水上煤炭资源安全回收。

3.14.3 工艺技术或装备

（1）充填原料变化时，充填浆体流动性自动甄别、处理方法；
（2）充填开采支架支护强度与充填体强度的评价体系与确定方法；
（3）充填开采防止突水和地表沉陷控制要求与评价方法；
（4）再现充填开采顶底板围岩变形破坏和充填体受力变形过程，确定控制力学对策；
（5）煤矿建筑物下与承压水上膏体充填绿色开采方法。

3.14.4 推广前景

该技术可以解放"三下"压煤，最大限度地扩大开采范围，提高煤炭资源采出率，延长矿井服务年限，对于矿井的可持续发展具有十分重要的意义。

推荐单位：河南省自然资源厅。

申报单位：焦作煤业（集团）有限责任公司朱村矿。

资料来源：自然资源部《矿产资源节约和综合利用先进适用技术目录（2019年版）》。

3.15 覆岩隔离注浆充填不迁村采煤技术

3.15.1 适用范围

村庄、农田下开采。

3.15.2 基本原理

通过设计合理的工作面采宽并留设一定宽度的隔离煤柱，充分利用上覆岩层结构的自承载能力，通过地面钻孔对采动覆岩高压注浆充填在工作面中部形成一定宽度的压实支撑区，利用压实区与隔离煤柱联合控制覆岩关键层结构的稳定性，从而减小地表下沉、实现不迁村采煤，可减小充填用量、降低充填对采煤干扰、提高充填采煤效率。

3.15.3 工艺技术或装备

（1）基于关键层控制的开采尺寸设计方法；

（2）配套的注浆充填工艺与控制技术，如双钻孔布置技术、注采匹配控制技术。

3.15.4 推广前景

我国东部煤矿区建（构）筑物尤其是村庄压煤问题十分严重，以淮北矿业集团为例，区内压煤村庄440余个，压覆资源量约23.7亿吨，部分矿井压煤资源量占比高达80%。因此，可以预见，覆岩隔离注浆充填不迁村采煤技术能够在我国压煤矿区得到广泛推广应用。

推荐单位：安徽省自然资源厅。

申报单位：淮北矿业（集团）有限责任公司、中国矿业大学（北京）。

资料来源：自然资源部《矿产资源节约和综合利用先进适用技术目录（2019年版）》。

3.16 全负压短壁联采密实充填分步置换"三下"采煤法

3.16.1 适用范围

（1）适用于"三下"压煤地区，特别是一些可采煤炭资源开采殆尽的矿区；

（2）适用于部分非煤矿山中，如置换高品位、价值高的矿体开采以及其他的一些地压显著的矿体开采。

3.16.2 工艺技术或装备

（1）长壁布置、短壁开采、势能充填、巷式胶结；

（2）由两套独立的采煤及充填系统构成且平行作业，实现"下采上充""以充保采"；

（3）工作面由进风顺槽、回风顺槽、回风联巷形成全负压通风；工作面长 50~100m，划分为数个支巷和煤柱巷，支巷和煤柱巷宽度为 5m，回采时先采支巷并充填，采用连采机采煤，胶轮车运输，顶板及两帮采用"锚网带"支护；

（4）充填系统中矸石和胶结浆料通过各自输送系统在支巷上端口利用煤层倾角自溜充填，实现全势能自充式胶结充填。

3.16.3 应用情况

该技术首先在内蒙古裕兴矿业有限公司得到成功应用与推广，目前已实现全矿井充填开采，2016 年至 2018 年取得直接经济效益 12576.6 万元，工作面月产量在 8.5 万~10.2 万吨之间，达到了年产百万吨充填开采水平；相关成果已推广应用到新汶矿业集团老区的孙村煤矿、山东泰山能源有限责任公司翟镇煤矿等单位，取得了良好的工程应用效果，有效解决了环境破坏、工厂井筒压覆煤柱回收等问题，验证了对新汶矿区孤岛煤柱充填开采的可行性，经济、社会效益显著，年可产生效益约 12600 万元。

3.16.4 推广前景

该采煤法是一种采充并行的"三下"采煤充填技术，具有"长壁布置、短壁开采、势能充填、巷式胶结"的特点，技术装备和工艺体系较为完善，采煤和充填互不干扰、采充平行，实现了地连续开采和连续充填，提高了充填采煤效率，降低了充填开采成本。该采煤法可安全高效置换"三下"煤炭资源，最大限度解放工厂井筒压覆的煤炭资源，延长矿井的服务年限，煤炭资源置换采区采出率达到 97% 以上，通过实施充填开采，有效解决地表环境被破坏的问题，可将地表变形控制在Ⅰ级变形范围内，充填系统及设备相对简单、充填成本较低，经济效益和社会效益显著。

资料来源：原国家煤矿安全监察局《煤矿安全生产先进适用技术装备推广目录（第四批）》。

3.17 泵送矸石充填开采成套技术与装备

3.17.1 适用范围

（1）适用于各类开采矿井，各种采煤工艺均可搭配使用，可以就地消化井下矸石，实现矸石不升井；

（2）还适用于通过立式钻孔管道达到回填地面矸石山的目的，可广泛应用到各类型煤矿企业。

3.17.2 工艺技术或装备

（1）技术特点：工艺先进、实用性强，系统可靠、操作性强，设备独创、适用性强，技术领先、借鉴性强；

（2）创新性：泵送矸石充填开采成套技术所有装备均为自主设计研发，具有自主知识产权，所有充填装备均取得了煤安标志，在国内诸多煤矿具有成功使用案例；

（3）主要创新技术有：井下煤矸分离技术、泵送矸石充填采空区技术、泵送矸石沿空留巷技术、泵送矸石充填成套装备、泵送充填防止堵管技术等；

（4）沈阳焦煤股份有限公司西马煤矿，200m³/h泵送矸石充填系统用于"村下"压煤区密实充填开采，完成回收煤炭量150余万吨，100m³/h泵送矸石充填系统用于另一采区的沿空留巷，完成留巷4000余米。

3.17.3 应用情况

泵送矸石充填开采成套技术与装备已在山东能源新矿集团华恒矿业、协庄煤矿和枣矿集团滨湖煤矿、山西省长治市雄山煤炭有限公司二矿和五矿、辽宁省沈阳焦煤股份有限公司西马煤矿、黑龙江龙煤集团七台河煤业有限公司龙湖煤矿、贵州众一金彩黔矿业有限公司兴发煤矿等多家煤矿企业得到了推广应用。

3.17.4 推广前景

该技术装备主要包括井下煤矸分离技术、泵送矸石充填采空区技术、泵送矸石沿空留巷技术、泵送矸石充填成套装备、泵送充填防止堵管技术等。能够有效控制顶板和上覆岩层运移，防止地表沉陷，保护地表和地下水资源；能够有效降低矿压显现强度，有效预防顶板和突水事故；消除采空区瓦斯集聚和浮煤自燃风险，提高安全保障能力；能够大量消化煤矸石，减少地面矸石山堆积占地，消除对生态环境的污染；实现"三下一上"压煤开采，置换井下煤柱，延长矿井服务年限。该技术装备系统可靠、实用性强，操作性简便。

资料来源：原国家煤矿安全监察局《煤矿安全生产先进适用技术装备推广目录（第四批）》。

3.18 刨煤机薄煤层开采技术

3.18.1 适用范围

0.7~1.7m 厚的薄煤层。

3.18.2 基本原理

采用刨煤机对 0.7~1.7m 薄煤层进行综合机械化开采，集"采、装、运"功能于一身，配备自动化控制系统，实现无人工作面全自动化采煤。

3.18.3 工艺技术或装备

基于刨煤机的薄煤层开采成套技术装备。

3.18.4 推广前景

该技术解决薄煤层开采的技术难题，实现薄煤层综合机械化开采，对提高煤炭资源回收率具有重要意义。

推荐单位：辽宁省自然资源厅。

申报单位：铁法煤业小青煤矿。

资料来源：自然资源部《矿产资源节约和综合利用先进适用技术目录（2019年版）》。

3.19 急倾斜高瓦斯特厚煤层走向长壁综采放顶煤技术

3.19.1 适用范围

急倾斜高瓦斯特厚煤层综采放顶煤。

3.19.2 基本原理

综放开采是大倾角厚煤层实现稳产高效和高回收率的主要开采方法，其核心技术包括适应于大倾角防倒防滑的装备选型、急倾斜特厚煤层的顶板运移及放煤参数优化、急倾斜特厚煤层走向长壁开采的顶板运移对采空区瓦斯运动的影响等内容。

3.19.3 工艺技术或装备

（1）数值模拟和物理模拟顶板及顶煤垮落运移和底板滑移所导致支架-围岩系统稳定性；

（2）进行工作面开采设备的选型与改造，提出并应用了两柱掩护式低位放顶煤液压支架；

（3）急倾斜高瓦斯特厚煤层综放开采瓦斯抽放技术；

（4）优化了放煤工艺参数。

3.19.4 推广前景

该技术实现了厚度11m以上和倾角53°煤层条件下综放工作面的安全回采，提高了煤炭回收率，减少了工人的劳动强度，经济、社会、安全等效益明显，有着广泛的推广应用前景。

推荐单位：甘肃省自然资源厅。

申报单位：甘肃靖远煤电股份有限公司宝积山煤矿、中国矿业大学（北京）。

资料来源：自然资源部《矿产资源节约和综合利用先进适用技术目录（2019年版)》。

3.20 高瓦斯矿井综放柔模无煤柱开采成套装备

3.20.1 适用范围

适应于大埋深、自燃煤层、不自燃煤层、高瓦斯矿、突出矿井，煤层厚度在4.00~6.94m，煤层倾角0°~19°的情况。

3.20.2 工艺技术或装备

该技术创造性地将外部纤维布和内部结构筋织造而成的三维纺织结构柔模增强体作为支护体的预成型体，具有复杂结构的自成型能力，质量仅为钢模的1/50；创造性地将三维纺织结构柔模增强体与矿用自密实混凝土基体进行复合，形成柔模混凝土复合材料，简称柔模复合材料或柔模混凝土。该材料具有预成型、自成型、大水灰比输送和小水灰比硬化特性。该材料成型时混凝土的自重及泵压不仅使纺织结构产生预应力，而且将混凝土内多余水分挤出，形成密实的复合材料结构体，实测初凝前承载力达0.8MPa，解决了即时承载难题；预应力纺织结构约束了混凝土变形破坏过程中裂隙的产生和扩展，自愈合能力提高10%，峰值强度提高了17%~23%，残余强度提高了57%~71%。

3.20.3 应用情况

该成果已在全国60座矿井200多个工作面进行了应用，覆盖了内蒙古、山西、宁夏、陕西、河南、山东、四川、河北、贵州等煤炭主产省（市、自治区）。

3.20.4 推广前景

该技术是以一次性纤维柔性模板代替传统钢模板或机械模板，在端头支护效应消失前，紧跟工作面支架尾快速浇筑混凝土连续墙，利用柔性模板透水不透浆特性和泵压强制接顶，及时主动支撑顶板，密闭采空区，以便该巷用于下一个工作面回采。该技术可以实现无煤柱开采，提高资源回采率，延长矿井服务年限；在高瓦斯和煤与瓦斯突出矿井，可以实现Y型通风，消除回风隅角瓦斯积聚，改善矿井安全条件；降低巷道掘进率，减少空顶作业，降低冒顶、片帮概率，提高矿井技术经济指标和安全水平。

资料来源：原国家煤矿安全监察局《煤矿安全生产先进适用技术装备推广目录（第四批）》。

3.21 厚煤层无煤柱自成巷110工法技术

3.21.1 适用范围

厚煤层开采。

3.21.2 基本原理

针对厚煤层长壁开采提出一种新的成巷技术方法，即厚煤层切顶卸压沿空自动成巷无煤柱安全开采技术（简称厚煤层110工法）。这种新的自动成巷方法通过改变传统长壁开采一面双巷模式，采用定向预裂切顶留巷技术，将上一区段工作面上顺槽维护保留，作为下一区段工作面回采的下顺槽，从而实现单面单巷开采。它具有能够消除邻近工作面煤体上方应力集中，减小采掘比，提高生产效率，减少资源浪费，避免因煤柱留设造成的煤与瓦斯混合突出、冲击地压、煤体自燃等地质灾害的发生，属于一种安全高效经济科学的开采新技术。

3.21.3 工艺技术或装备

运用"切顶短臂梁"理论，利用恒阻锚索加强支护、采前切顶技术卸压，自动成巷，实现无煤柱开采。主要关键技术有：
（1）采用NPR恒阻大变形锚杆（索）顶板控制技术；
（2）双向聚能张拉成型爆破超前预裂切顶技术；
（3）采用"NPR锚索+单体液压支柱+U型钢"巷道围岩支护技术；
（4）切顶卸压自动成巷PU监测系统。

3.21.4 推广前景

该技术通过在采空区侧定向切顶，切断部分顶板的矿山压力传递，进而利用顶板岩层压力和部分岩体，实现自动成巷和无煤柱开采，形成切顶卸压自动成巷无煤柱开采技术，消除或减弱了顶板周期性压力，工人作业环境安全性大大提高。适宜在神府东胜煤田、陕北榆神煤田、宁夏灵武煤田及新疆哈密煤田等地区推广，这些地区煤层埋藏浅、赋存稳定、近水平、低灰、低硫、低磷、高发热量，开采条件优越，解决了顺槽巷道事故频繁发生的问题，开采效益极佳。

推荐单位：陕西省自然资源厅。

申报单位：陕煤集团神木柠条塔矿业有限公司、中国矿业大学（北京）。

资料来源：自然资源部《矿产资源节约和综合利用先进适用技术目录（2019年版)》。

3.22 中厚煤层无煤柱自成巷110工法技术

3.22.1 适用范围

井工煤矿中厚煤层开采。

3.22.2 基本原理

工作面回采前，在回采巷道采取超前定向预裂，切断顶板的应力传递路径，缩短顶板悬臂梁的长度，减少采空区侧煤体受回采动压的影响。工作面回采后，顶板沿预裂位置滑落形成巷帮，配合巷帮支护技术，保障巷道成型稳定。

3.22.3 工艺技术或装备

（1）恒阻大变形锚索主动让压顶板控制支护技术；

（2）双向聚能拉伸超前预裂爆破切顶技术；

（3）恒阻锚索主动让压+高阻力支架抗动压+U型钢抗侧压的巷道围岩控制支护技术；

（4）自动成巷远程监控系统。

3.22.4 推广前景

该技术可降低掘巷成本，减少煤柱损失，降低巷道掘进危险，缓解矿井采掘衔接矛盾，提高煤炭回收率，有利于生产集中化和高产高效。

推荐单位：中国煤炭工业协会。

申报单位：河南省正龙煤业有限公司城郊煤矿。

资料来源：自然资源部《矿产资源节约和综合利用先进适用技术目录（2019年版）》。

3.23 薄煤层无煤柱自成巷 110 工法技术

3.23.1 适用范围

井工煤矿薄煤层开采。

3.23.2 基本原理

采空区垮落时产生的动载荷较小时，主要依靠周期来压步距内限定变形加强支护，采取超前顶板大孔间距切缝技术，提高巷道成型效果；动载荷较大时，主要依靠周期来压步距内给定变形加强支护，采取超前顶板小间距密集孔切缝技术，主动切断采场坚硬顶与巷道顶板间的物理力学联系，辅助巷帮密集单体、切顶支架辅助切落顶板，起到成巷卸压的作用。

3.23.3 工艺技术或装备

（1）超前顶板深孔预裂切缝技术；

（2）超前深孔切缝聚能爆破专用装置；

（3）超前切缝钻机设备及钻孔布置技术；

（4）35T 恒阻锚索、自移式辅助切顶支架等巷道围岩支护技术；

（5）切顶留巷光栅实时观测系统。

3.23.4 推广前景

该技术可提高采掘比，缓解矿井生产接替紧张，提高生产效率，减轻工人劳动强度，具有显著的防灾减灾效益，延长矿井寿命，提高社会效益。

推荐单位：中国煤炭工业协会。

申报单位：山西中新唐山沟煤业有限责任公司。

资料来源：自然资源部《矿产资源节约和综合利用先进适用技术目录（2019年版）》。

3.24 西南矿区软岩支护与无煤柱开采关键技术

3.24.1 适用范围

西南矿区中小煤矿软岩矿区煤炭开采。

3.24.2 基本原理

一是结合百色矿区的软弱顶、底板围岩具体条件，确定小煤柱留设与无煤柱开采技术以及相关的支护参数；二是根据矿区软弱半煤岩巷道变形机制与支护等具体问题，确定软弱半煤岩巷道支护技术以及相关支护参数。

3.24.3 工艺技术或装备

针对软岩矿区，采用综合工作面切顶技术卸压，集成"锚、网、索、梁"支护技术，减少煤矿风巷护巷煤柱宽度。

3.24.4 推广前景

该技术对提高煤炭资源回收率，改善矿井生产安全状况，对煤炭资源安全高效开采和跨越式发展具有重要意义。该技术在东怀煤矿、东笋煤矿、那怀煤矿和那荷煤矿等多个煤矿推广应用，取得直接经济效益超过 2 亿元，有效提高煤炭资源回收率，具有较好的推广应用价值。

推荐单位：广西壮族自治区自然资源厅。

申报单位：百色百矿集团有限公司。

资料来源：自然资源部《矿产资源节约和综合利用先进适用技术目录（2019年版)》。

3.25 急倾斜特厚易燃煤层长壁倾斜综合开采技术

3.25.1 适用范围

全国类似煤层条件。

3.25.2 基本原理

该技术采用"倾斜—串联弦线变坡—水平"的工作面布置方式，解决了急倾斜综放工作面支架及顶、底板、煤壁的稳定性，实现了急倾斜特厚易燃煤层综合机械化开采。

3.25.3 工艺技术或装备

（1）工作面下段采用串联弦线变坡布置，改善排头支架受力，有利于支架防倒防滑，提高了资源回收率，有利于瓦斯管理；

（2）研制的低位放顶煤支架解决了防倒防滑问题，保证了稳定性和适用性；

（3）采用下行通风有利于预防上隅角瓦斯聚集和煤层自燃发火。

3.25.4　推广前景

该技术较相对传统的急倾斜特厚煤层水平或微倾斜分层（段）采煤法，减少了"三角煤"开采损失，提高了工作面及采取回采率；提高了工作面开采效率，可适用于全国同类型煤矿企业。

推荐单位：中国煤炭工业协会。

申报单位：华亭煤业集团有限责任公司。

资料来源：自然资源部《矿产资源节约和综合利用先进适用技术目录（2019年版）》。

3.26　0.8m以下薄煤层高效综采关键技术

3.26.1　适用范围

0.55~0.8m极薄煤层，煤层倾角0°~42°，煤炭（夹矸）硬度：$f \leqslant 4$，地质条件较稳定，煤层构造简单或中等。

3.26.2　基本原理

采用极薄煤层矮机身爬底式采煤机破煤和装煤，大伸缩比、层叠顶梁两柱掩护式液压支架支护工作面顶板，高强度窄槽边双链刮板输送机运煤，实现生产过程全部机械化。

3.26.3　工艺技术或装备

基于爬底式采煤机的极薄煤层综合机械化开采技术（研制了具有自主知识产权的MG110/130-TPD型爬底式采煤机、ZY2400/5.5/12型0.8m以下极薄煤层液压支架、刮板输送机和工作面电液控制系统）。

3.26.4　推广前景

该项技术的推广，可提高极薄煤层机械化开采产煤量的比重，合理部署集约化生产，减少安全事故的发生，全面提高煤炭工业的技术水平，平均提高资源回收率3个百分点。

推荐单位：四川省自然资源厅。

申报单位：四川达竹煤电（集团）有限责任公司、山东科技大学、山东矿机集团股份公司。

资料来源：自然资源部《矿产资源节约和综合利用先进适用技术目录（2019年版）》。

3.27 薄煤层顺槽控制综采自动化工作面技术

3.27.1 适用范围

顶底板比较稳定的 0.7~1.3m 缓倾斜煤层。

3.27.2 基本原理

利用网络、自动控制、通信、计算机、设备工况检测、故障诊断、电液控制及视频技术，实现采煤工作面设备信息的处理与采煤生产工艺过程控制有机结合。

3.27.3 工艺技术或装备

(1) 采煤机记忆截割和自动调高技术；
(2) 采煤机 CAN 总线通信技术；
(3) 液压支架电液控制技术；
(4) 全煤壁连续监视技术；
(5) 综合监视、集中控制技术；
(6) 风幕式主动防尘风罩技术；
(7) 电缆自动收放技术。

3.27.4 推广前景

该技术提高了煤矿装备科技水平和煤炭资源的开采效率，降低工人劳动强度，为国内综采工作面自动化技术的应用和推广积累了成功经验，有广泛的应用和推广前景。

推荐单位：河北省自然资源厅。

申报单位：峰峰集团薛村矿。

资料来源：自然资源部《矿产资源节约和综合利用先进适用技术目录（2019年版）》。

3.28 急倾斜中厚煤层综采技术

3.28.1 适用范围

45°~60°急倾斜煤层开采。

3.28.2 基本原理

采用急倾斜开采工艺，解决设备防倒防滑、飞矸伤人、人员行走困难等问题，实现安全高效生产。

3.28.3 工艺技术或装备

(1) 设备防倒、防滑；
(2) 防飞矸伤人；
(3) 出口、行人安全控制；
(4) 安全出口顶板管理。

3.28.4 推广前景

该技术提高了煤炭资源的回收率，大幅改善了工作面安全生产条件，降低了工人劳动强度，是实现煤炭安全高效开采的有效途径，推广前景广阔。

推荐单位：黑龙江省自然资源厅。

申报单位：黑龙江龙煤集团双鸭山东保煤矿。

资料来源：自然资源部《矿产资源节约和综合利用先进适用技术目录（2019年版)》。

3.29 工作面水力压裂放顶技术研究与应用

3.29.1 适用范围

放顶煤顶板控制。

3.29.2 基本原理

通过钻孔压裂段预制裂缝，有效控制水力压裂裂纹扩展方向，实现坚硬顶板压裂和软化，从而削弱顶板的强度和整体性，使采空区顶板能够分层分次垮落，缩短初次来压和周期来压步距，达到减小或消除坚硬难垮顶板对工作面回采危害的目的。

3.29.3 工艺技术或装备

利用特殊的开槽钻头在普通顶板钻孔中形成预制横向切槽，利用高压水在切缝端部产生的集中拉应力，使裂隙在顶板岩层中扩展，将完整稳定的顶板岩层分割成多层，削弱其完整性和稳定性，使顶板分层、分次逐步垮落，保证工作面初采安全。

3.29.4 推广前景

该技术能显著提升坚硬难垮顶板的管理水平，缩短初次来压和周期来压步距，对推动矿井高产高效生产和岩层控制科技进步有重要的作用。

推荐单位：中国煤炭工业协会。

申报单位：内蒙古伊泰京粤酸刺沟矿业有限责任公司。

资料来源：自然资源部《矿产资源节约和综合利用先进适用技术目录（2019年版）》。

3.30 智能化无人开采技术

3.30.1 适用范围

地质条件稳定的中厚、较薄煤层。

3.30.2 基本原理

利用先进的网络技术、自动化控制技术、通信技术、计算机技术、视频技术，通过监控一体化软件平台来实现采煤作业的自动化控制及远程遥控。

3.30.3 工艺技术或装备

（1）搭建高速网络通信平台；

（2）采用综采可视化技术；

（3）采煤机与电液控制系统的整体协调控制技术；

（4）远程人工干预与记忆截割相结合的采煤机控制技术。

3.30.4 推广前景

该技术可提高综采生产效率、减少人员、降低工人劳动强度，进一步提升矿井自动化水平，可在全国范围内推广应用。

推荐单位：陕西省自然资源厅。

申报单位：陕煤黄陵矿业有限公司。

资料来源：自然资源部《矿产资源节约和综合利用先进适用技术目录（2019年版）》。

3.31 煤矿下向深孔钻机成套技术

3.31.1 适用范围

井工煤矿巷道中实施向下深孔钻进。

3.31.2 基本原理

采用大转矩履带式液压高效下向孔专用钻机进行钻孔施工，将履带式高压清水泵站输出的高压水经锥形高压密封钻杆送至钻头前端，通过高压水的压力和前端螺旋钻杆的共同作用进行排渣，排出的煤岩渣混合液体通过煤水瓦斯混合物分离装备进行分离，实现远距离清渣和过滤，完成下向孔深孔钻进。

3.31.3 工艺技术或装备

（1）采用动力泵站与钻进动力机构一体化设计，实现-90°～+90°仰俯角钻孔施工，使履带式液压钻机完成球面布孔；

（2）采用履带式高压水泵站提供高压水，实现钻孔大流量排渣；

（3）使用锥面密封钻杆，达到高压密封效果；

（4）利用双喷嘴钻头，实现钻孔与水力冲孔造穴一体化；

（5）利用两用双喷嘴钻头高压射流对煤层进行水力切割；

（6）采用煤、水、气分离装置，收集分离钻进、冲孔过程中产生的水、瓦斯以及废渣。

3.31.4 推广前景

该技术能够提高煤矿安全和生产效率，有效地解决下向钻孔施工打钻难、排渣难的问题，实现了下向钻孔的高效钻进，为下向煤层的瓦斯治理提供了装备基础，具有较强的安全效益和经济效益，将有效促进实现安全高效高产，可在各大煤业集团矿井安全治理推广使用。

推荐单位：中关村绿色矿山产业联盟。

申报单位：河南铁福来装备制造股份有限公司。

资料来源：自然资源部《矿产资源节约和综合利用先进适用技术目录（2019年版）》。

3.32 煤矿井下千米定向技术应用

3.32.1 适用范围

具备定向钻孔施工条件的煤层顶板岩层。

3.32.2 基本原理

利用大功率定向钻进装备，采用"主动探顶+侧钻开分支"及复合定向钻进工艺技术、随钻测量技术、中硬突出煤层底板梳状瓦斯抽采钻孔成孔技术，实现了穿层超长定向钻孔部分孔段在煤层中钻进。

（1）钻进过程中整个钻杆不旋转，仅螺杆钻具和钻头回转碎岩钻进，采用可调弯接头通过调整工具面向角，可对钻孔的倾角和方位进行较为直观精确地控制。

（2）在钻进过程中，根据钻孔轨迹与设计轨迹的偏斜状况，采用连续调整工具面向角进行控制，而不用起下钻变更钻具组合。即有目的地将钻孔由直变弯或由弯变直、由岩见煤或由煤见岩，同时随钻测量仪器实时观测钻孔参数，进而确定钻孔施工方向。

3.32.3 工艺技术或装备

（1）"主动探顶+侧钻开分支"及复合定向钻进工艺技术；
（2）中硬突出煤层底板梳状瓦斯抽采钻孔成孔技术；
（3）随钻测量技术。

3.32.4 推广前景

该技术适合煤层群开采、多构造的复杂地质条件的矿井，开展区域式、模块式瓦斯治理工程。实现换人减人和事故灾害预防与监测，提高井下作业安全度。施工定向钻孔代替施工瓦斯抽采岩石巷，提高了煤炭产品的煤质，减少矸石外排，具有较好的生态环境效益。

推荐单位：中国煤炭工业协会。
申报单位：铁法煤业（集团）有限责任公司大兴煤矿。
资料来源：自然资源部《矿产资源节约和综合利用先进适用技术目录（2019年版）》。

3.33 煤矿采空区三维激光扫描技术

3.33.1 适用范围

采空区探测。

3.33.2 基本原理

采用自动化机器人探头，通过钻孔进入到采空区内部进行快速而安全的扫描，利用前部微型激光扫描探头，扫描采空区的三维形状以及表面反射性。

3.33.3 工艺技术或装备

（1）大范围的扫描幅度和高精度的小角度扫描间隔；
（2）通过地表施工钻孔，进行地下空间测量，构造三维立体模型，可视化描述地下采空区分布范围空间形态；
（3）三维激光扫描仪。

3.33.4 推广前景

该技术可精确掌握空间分布形态，有效保障安全生产，高效指导采空区探测，降本增效成效显著，可在地下矿山推广应用。

推荐单位：中国煤炭工业协会。

申报单位：中煤平朔集团有限公司。

资料来源：自然资源部《矿产资源节约和综合利用先进适用技术目录（2019年版）》。

3.34 露天矿无人机航测技术

3.34.1 适用范围

露天煤矿。

3.34.2 基本原理

固定翼无人机上用航摄仪器对地面连续摄取相片，结合地面控制点测量、调绘和数据处理等步骤，形成正射影像图、点云数据、数字高程模型、地形图等测绘资料。

3.34.3 工艺技术或装备

（1）固定翼无人机和"V形"尾翼；

（2）机身采用 EPO 泡沫、硬质海绵和碳纤维骨架；

（3）固定翼无人机飞行高、照片重叠度、起飞降落场地选择等参数优化；

（4）无人机从外业航飞到内业数据流程和标准；

（5）统一的数据输出成果管理流程；

（6）露天矿生产需要的三维点云处理软件。

3.34.4 推广前景

该技术实现了与煤矿生产各环节的对接，提高露天矿日常管控水平，为"数字矿山""智慧矿山"建设提供基础地理信息数据，可在全国露天煤矿推广应用。

推荐单位：中国煤炭工业协会。

申报单位：中煤平朔集团有限公司。

资料来源：自然资源部《矿产资源节约和综合利用先进适用技术目录（2019年版）》。

3.35 煤矿生产系统信息采集与智能识别控制技术

3.35.1 适用范围

井工煤矿。

3.35.2　基本原理

以矿山系统为原型，地理坐标为参考系，矿山科学技术、信息科学、人工智能和计算科学为理论基础，高新矿山观测和网络技术为支撑，将一系列不同层次的原型、系统场、物质模型、力学模型、数学模型、信息模型和计算机模型集成，实现多媒体和模拟仿真虚拟技术的多维表达，形成具有高分辨率、多种数据融合、空间化、数字化、网络化、智能化和可视化的技术系统。

3.35.3　工艺技术或装备

（1）大数据融合安全生产综合智能控制技术；
（2）地测信息与控制信息协同组态技术；
（3）工作面建模无人自动化采煤技术；
（4）高速大运量带式输送机智能闭环调速技术；
（5）井下中央变电所、中央水泵房等远程生产监控与生产管理一体化。

3.35.4　推广前景

该技术已在神华集团、宁煤集团、阳煤集团、陕煤集团、冀中能源集团、兖矿集团等 8 个矿区得到推广应用，大大提高了煤矿的智能化、信息化水平。

推荐单位：国家能源集团、河南省自然资源厅。
申报单位：神华信息技术有限公司、平顶山天安煤业股份有限公司八矿。
资料来源：自然资源部《矿产资源节约和综合利用先进适用技术目录（2019年版)》。

3.36　基于云平台的矿井综合智能管控技术

3.36.1　适用范围

深井煤矿开采。

3.36.2　基本原理

（1）通过物联网、云计算、大数据等信息技术在煤炭产品内涵、产品供销、生产过程控制、企业管理决策等方面应用，实现煤炭企业由粗放型自动化生产到集约型智能化的生产方式转变。
（2）通过数据集成、智能分析和门户集成三个软件平台及 11 个子系统，加速煤炭企业信息化智能化升级，实现矿山安全、高效、绿色生产。

3.36.3　工艺技术或装备

以煤炭行业数据编码标准规范为依据，围绕"人、机、物、环"四个方面，从矿井的设备层、数据层和应用层入手，通过建立基于矿井人力资源管理控制模块、矿井机械化自动化条件下的产品生产和营销管理模块、矿井市场化条件下的产品成本核算与控制模块和矿井安全生产环境监测监控下的本质安全管理模块，实现以客户需求为主导为新型"智慧供应链"和"智慧销售链"，建成以利润提高和成本控制为中心的"四块三层两翼一中心"的两化深度融合管理应用体系。

3.36.4　推广前景

该技术能有效解决煤矿信息化系统之间彼此独立的问题，实现各信息化系统数据共享，有着良好的发展前景和市场。

推荐单位：山东省自然资源厅。

申报单位：山东能源淄博矿业集团有限责任公司。

资料来源：自然资源部《矿产资源节约和综合利用先进适用技术目录（2019年版)》。

3.37　煤矿物联网个人智能终端

3.37.1　适用范围

煤矿井上下音视频调度以及井下应急救援、人员定位等场景。

3.37.2　基本原理

利用物联网、大数据、智能化等技术，针对煤矿井下特殊工业环境下工业物联网应用过程中可能发生的多径效应及电磁噪声干扰，形成高可靠传输的传感器网络技术。研发基于标准 WiFi 协议（802.11×）、物联网技术的无线综合基站，打造一个井下无线物联网全覆盖环境，与井下万兆工业控制环网构成井下基础网络；研制具备 WiFi、蓝牙、摄像、语音、人体体征监测、甲烷监测等功能的智能矿灯、手机、手环、甲烷监测仪等个人智能终端；开发基于信号强度（RSSI）、数据传输时间（ToF）的 WiFi 定位系统以及 C/S 与 B/S 模式相结合的融合智能调度平台；实现井上下人员音、视频对讲（基于标准的 SIP 通信协议），工作环境、生命体征实时监测，人员、设备实时定位等功能。

3.37.3　工艺技术或装备

（1）基于 WiFi 定位模式与算法设计；

（2）井下基础网络；

（3）IP 语音通话及回音抑制、降噪技术；

（4）实时视频编解码、码率帧率自适应技术；

（5）网络漫游技术；

（6）节电技术；

（7）融合智能调度平台；

（8）无线综合基站；

（9）智能矿灯、手机、手环、甲烷监测仪等个人智能终端。

3.37.4 推广前景

该技术可提高矿井信息化建设水平，降低通信系统后续建设成本，使职工携带工具简单化、智能化。实现全矿综合联动调度，提高安全生产保障能力。现场施工简单易行，设备使用、平台操作简单易懂，可复制性强，推广前景广阔。

推荐单位：中国煤炭工业协会。

申报单位：淮北矿业（集团）有限责任公司。

资料来源：自然资源部《矿产资源节约和综合利用先进适用技术目录（2019年版)》。

3.38 基于机器视觉智能技术的带式输运机安全节能控制

3.38.1 适用范围

生产过程中皮带机运用较多的区域。

3.38.2 基本原理

在煤矿井下井底车场、胶带运输系统等危险管控区域安装智能视频摄像头和相关控制器，采用多种算法，针对危险区域的人员违章操作行为、胶带输送机事故特征、煤炭销售舞弊行为的分析，建立胶带机煤流量、异物检测、危险区域拒止、人员异常行为等视频图像识别分析算法及学习应用方法，根据控制对象的实际工作流程，实现皮带运输集群、斜井绞车车场、煤炭销售的智能控制。

3.38.3 工艺技术或装备

（1）隔爆智能分析用摄像机和煤流量、异物及目标检测器等设备；

（2）机器视觉检测煤流量、异物、危险区域、异常行为等的模型和算法库；

（3）皮带组安全节能智能控制系统；

（4）运输危险区域人员拒止技术；

（5）基于机器视觉的煤炭运销异常计量行为防控系统；

（6）多层级、多业务、多应用智能综合管理平台。

3.38.4 推广前景

该技术可减少运输现场的作业人员数量，降低劳动强度，规范了人员作业行为，降低运输能耗，减少安全事故，提高煤炭运输和辅助运输效率和安全程度，在煤炭开采加工、矿山、港口、电力、物流、仓储等行业的设备管理、创新方面有着广阔的应用前景。

推荐单位：宁夏回族自治区自然资源厅。

申报单位：国家能源集团宁夏煤业有限责任公司信息技术中心。

资料来源：自然资源部《矿产资源节约和综合利用先进适用技术目录（2019年版）》。

3.39 地基合成孔径雷达边坡监测技术

3.39.1 适用范围

露天矿边坡及排土场微变形监测。

3.39.2 基本原理

该技术集成了步进频率连续波技术（SFCW）、合成孔径雷达技术（SAR）、相位干涉测量技术以及永久散射体技术，可对边坡、土场、建筑物等易发生微小位移变化的物体进行精确的监测，得到被测物每部分的位移变化量，分析变形机理和变形特征，预测地质灾害。

3.39.3 工艺技术或装备

基于微波干涉技术的高级远程监控系统。

3.39.4 推广前景

该技术可广泛应用于露天矿采场边坡、尾矿库坝体边坡和排土场边坡等露天矿边坡微变形监测，减少露天矿边坡体滑坡风险，提高矿山安全生产能力。

推荐单位：中国煤炭工业协会。

申报单位：中煤平朔集团有限公司。

资料来源：自然资源部《矿产资源节约和综合利用先进适用技术目录（2019年版）》。

3.40 高速重载智能化永磁耦合传动技术

3.40.1 适用范围

工业负载装备调速传动。

3.40.2 基本原理

永磁耦合器结构对称分布，主要由铜盘、永磁体、永磁体盘、散热系统、调速机构等构成。当电机带动铜盘旋转时，铜盘切割气隙间的磁力线，形成涡流，使铜盘在磁场中受洛伦兹力作用，根据作用力与反作用力关系，大小相等、方向相反的力作用在磁体盘上，使磁体盘按照一定的转速跟随铜盘旋转。铜盘和永磁体盘分别与电机和工作机连接，实现电机和工作机的软启动。电动执行器根据控制器指令调节气隙大小，实现对负载的无级调速。

3.40.3 工艺技术或装备

(1) 高速重载永磁耦合器开发体系及流程；
(2) 高速重载永磁耦合器电磁设计关键技术；
(3) 高效散热系统关键技术；
(4) 调速机构及整机结构设计关键技术；
(5) 恒扭矩负载软启动及多机功率平衡控制关键技术；
(6) 智能控制系统关键技术。

3.40.4 推广前景

该技术不损害电机轴承，传动效率高，节电效果明显，可以为国内煤矿企业提供稳定、可靠的非接触传动调速装置。

推荐单位：中国煤炭科工集团。

申报单位：煤科集团沈阳研究院有限公司。

资料来源：自然资源部《矿产资源节约和综合利用先进适用技术目录（2019年版）》。

3.41 基于多重探查信息的深部岩溶地热水疏放及综合利用工程配置

3.41.1 适用范围

存在矿井岩溶地热水灾害问题的矿区。

3.41.2 基本原理

根据平煤八矿已有的矿井地质和水文地质勘探资料以及采掘过程中实际揭露的水文地质信息，分析了八矿西翼己组煤开采时的突水水源、突水通道的特征和矿井涌水量的变化规律及控制因素，对重要威胁水源——寒武灰岩水的补径排特征、水位动态变化规律、温度场特征循环运移规律进行了系统研究。重点评价了八矿西翼寒武灰岩、L7 薄层灰岩和 L2 薄层灰岩含水层的突水危险性。结合八矿西大巷寒武灰岩的疏水降压方案，在评价寒武灰岩水量和水质的基础上，设计了地热水从西大巷至地面用户的综合利用方案，实现了底板灰岩含水层疏水降压、井下环境温度降低和地热水综合利用的有机结合。

3.41.3 工艺技术或装备

水异常区物理勘探、寒武灰岩疏水降压及水量水质评价、疏水降压孔垂向布局、疏水水量计算、疏水水质评价、地热水综合利用方案、规划用水量及可供水量、地热供水方案计算、地热水输送和储存的保温、地热供水方案。

3.41.4 推广前景

该技术为我国地质条件都较为相似矿区提供了借鉴，可为相关矿区地热灾害的防治和地热水的综合利用奠定理论基础，具有较好的市场应用前景和推广应用价值。

推荐单位：河南省自然资源厅。

申报单位：平顶山天安煤业股份有限公司八矿。

资料来源：自然资源部《矿产资源节约和综合利用先进适用技术目录（2019年版）》。

3.42 煤矿区水害致灾隐患高效探测与治理技术

3.42.1 适用范围

井工煤矿水害致灾隐患高效探测与治理技术。

3.42.2 基本原理

通过电法、三维地震等物探手段预测突水威胁区，利用非顶驱钻机水平钻井技术、复合钻进技术、裂隙发育区和破损带水平井眼轨迹控制和成孔等技术，在煤层顶、底板含水地层进行水平钻进，对异常区进行多方位控制和充分揭露，探测溶洞、断层、导水裂隙带等异常含水体，采用充填浆液控制技术对异常区进行注浆加固改造，加固完成后进行水平取芯和高压试验，验证注浆堵漏煤层顶底板加固效果，从而实现有效加固顶底板，隔离奥灰水等直接充水含水层的目的。

3.42.3 工艺技术或装备

（1）致灾隐患区预测技术；

（2）非顶驱钻机多分支水平井钻井技术；

（3）灰岩、砂岩中分支水平井钻探技术；

（4）煤层顶、底板区域治理的判层技术；

（5）含水层构造充填浆液控制技术；

（6）注浆钻孔水平取芯。

3.42.4 推广前景

该技术已在冀中能源下属辛安矿、梧桐庄矿、郭二庄矿、邢东矿等进行全面推广，开工钻机近20余台，仅2015年完成产值超亿元，可在山西省、河南省、河北省等地推广。

推荐单位：中国煤炭地质总局。

申报单位：中煤地质工程总公司。

资料来源：自然资源部《矿产资源节约和综合利用先进适用技术目录（2019年版)》。

3.43 煤矿水害区域治理地面超前注浆加固技术

3.43.1 适用范围

采用地面区域水害治理方式进行的巷道底板含水层超前探注、工作面底板注浆加固及含水层改造等工程。

3.43.2 基本原理

通过地面钻探的方式，利用随钻测量、井眼轨迹控制、井壁稳定等技术钻成井斜大于86°，并保持该角度钻进至目的含水层后开设多个顺层分支孔。分支孔钻进过程中遇漏即堵，从而达到对目的层进行"带"或"羽"状注浆加固，将其改造为相对隔水层。

3.43.3 工艺技术或装备

（1）顺层分支孔间距根据施工区域水文地质条件或实测注浆浆液的扩散半径来考虑，呈"带"或"羽"状布置，与裂隙和构造发育方向垂直或斜交，孔间距以40~60m为宜；

（2）地面区域水害治理工程钻孔采用三开钻孔，套管直径分别不小于$\phi 244.5mm$、$\phi 177.8mm$、$\phi 152mm$；

（3）根据治理区域内目标层垂深及水平段的长度，保持适当的狗腿度和钻进轨迹平滑。

3.43.4 推广前景

相比传统底板注浆加固方法，该技术工程量小，效率高，精确度高，可提高技术安全性能，在受底板水害威胁严重的矿井，或井下水害治理工程无法满足矿井接替进度而造成接替紧张的矿井中有重要推广价值。

推荐单位：河南省自然资源厅

申报单位：焦作煤业（集团）有限责任公司技术中心。

资料来源：自然资源部《矿产资源节约和综合利用先进适用技术目录（2019年版)》。

3.44 煤矿区煤层气地面钻井抽采技术

3.44.1 适用范围

适用于中硬、中渗透率、高含气量煤层的煤层气开发。

3.44.2 基本原理

采用地面钻井进入煤层，排采煤层解吸和游离态的煤层气。

3.44.3 工艺技术或装备

(1) 钻井工艺;
(2) 水力压裂技术;
(3) 煤层气排采工艺。

3.44.4 推广前景

该技术解决了煤层透气性低、解吸难度大的问题，形成了从钻井、完井、压裂抽采和集气输送的成套工艺，实现了商业化运营，可以在各煤层气富集矿区推广应用。

推荐单位：山西省自然资源厅。

申报单位：山西晋城无烟煤矿业集团有限责任公司。

资料来源：自然资源部《矿产资源节约和综合利用先进适用技术目录（2019年版)》。

3.45 特厚煤层采空区瓦斯地面直井抽采技术

3.45.1 适用范围

高瓦斯突出，特厚煤层条件下瓦斯治理。

3.45.2 基本原理

通过地面钻井抽采采空区瓦斯，大幅度降低工作面瓦斯涌出量，降低回风巷、上隅角瓦斯浓度，确保工作面安全高效回采。

3.45.3 工艺技术或装备

(1) 运用 FLUENT 软件，确定合理布井位置;
(2) 基于岩层移动分析和数值模拟技术;
(3) 裂隙中粉粒运移物理模拟实验平台;
(4) 气-液相联合增产技术。

3.45.4 推广前景

西北地区是矿产资源非常丰富的地区，我国优质煤总量的 90% 分布在该地区，该地区煤炭资源埋藏浅，表土层薄，但是煤层厚度大，矿区内煤层气资源富集，造成瓦斯及突出灾害严重，如宁夏呼噜斯太矿区、甘肃窑街矿区（煤与二氧化碳突出）和内蒙古包头矿区等，在与这些有相似地质条件的矿区，可以推广应用该项技术，确保煤与瓦斯安全、高效、和谐共采，为煤矿的安全生产做出贡献。

推荐单位：甘肃省自然资源厅。

申报单位：甘肃靖远煤电股份有限公司魏家地煤矿。

资料来源：自然资源部《矿产资源节约和综合利用先进适用技术目录（2019年版）》。

3.46 低透气性煤层增透抽采瓦斯技术

3.46.1 适用范围

煤层透气性系数 $0.1m^2/(MPa^2 \cdot d)$ 以下的煤层。

3.46.2 基本原理

通过外界物理力的作用使原始煤层产生变形，造成原始煤层本身产生裂隙，增加煤层的透气性，通过穿层及本层瓦斯钻孔，将煤层中的瓦斯抽出，减少煤层中的瓦斯含量，降低煤层瓦斯压力，消除煤层的突出危险性，提高矿井瓦斯抽采率。

3.46.3 工艺技术或装备

高压水力压裂煤层抽采瓦斯技术，打破了 $0.1m^2/(MPa^2 \cdot d)$ 以下低透气性系数煤层难抽采"禁区"。

3.46.4 推广前景

随着生产水平不断延伸，整个西南地区矿井均面临深部煤层瓦斯治理的难题，矿井建矿时间大部分在 30 年以上，矿井的埋深基本上在 800m 以上，地应力大，煤层透气性较差。该技术在煤与瓦斯突出矿井，特别是在解决难抽采保护层的瓦斯抽采问题方面具有广泛的推广价值。

推荐单位：重庆市规划和自然资源局。

申报单位：重庆天府矿业有限责任公司三汇三矿。

资料来源：自然资源部《矿产资源节约和综合利用先进适用技术目录（2019年版)》。

3.47 大口径瓦斯抽采钻孔自平衡浮力法下管关键技术

3.47.1 适用范围

地面超深垂直大口径钻孔施工。

3.47.2 基本原理

利用流体力学、气体力学、固体力学原理及沉浮原理，有效减少负荷，使设备在安全提吊力下工作。

3.47.3 工艺技术或装备

（1）大口径钻孔下管方法基本参数计算；
（2）浮力阀设计计算；
（3）微膨胀水泥浆配合比确定；
（4）空管段强度和稳定性分析；
（5）高压空气柱泄压放空技术。

3.47.4 推广前景

该技术具有较强的实用性和广泛的应用性。实现了地面垂直大口径钻孔的安全高效施工，解决了煤矿瓦斯治理，矿井疏排水，从地面进行井下救生等问题，社会效益、经济效益明显。

推荐单位：安徽省自然资源厅。
申报单位：安徽省煤田地质局第一勘探队。
资料来源：自然资源部《矿产资源节约和综合利用先进适用技术目录（2019年版)》。

3.48 煤层可变径造穴卸压增透一体化装备技术

3.48.1 适用范围

煤矿井下底（高）抽巷、本煤层掘进工作面施工瓦斯抽采孔、造穴孔。

3.48.2 基本原理

利用可变径穴卸压增透一体化装备技术在含瓦斯突出煤体中卸出一定量的煤体，在钻孔周围形成一个孔洞，为煤体膨胀变形、卸压、位移提供了空间；同时引起煤体裂隙网络发育，煤层透气性大幅度增高，促进瓦斯有效抽采，实现对含瓦斯突出煤体卸压增透区域的瓦斯治理。

3.48.3 工艺技术或装备

（1）液压控制钻机；
（2）高强度钻杆、低牙螺旋钻杆；
（3）密封耐压钻杆；
（4）高低压转换造穴装置；
（5）振动筛式固液分离机。

3.48.4 推广前景

该技术实现了钻孔的高效钻进，显著减轻工人的体力劳动强度，满足狭小巷道的冲孔造穴钻孔施工要求，有效解决煤矿瓦斯突出治理难题。具有较强的安全效益和经济效益，可复制推广性强，具有较强的推广应用前景。

推荐单位：河南省自然资源厅。

申报单位：河南铁福来装备制造股份有限公司。

资料来源：自然资源部《矿产资源节约和综合利用先进适用技术目录（2019年版）》。

3.49 煤矿"以孔代巷"瓦斯综合治理技术

3.49.1 适用范围

煤矿采空区瓦斯治理，尤其是煤层坚固性系数大于0.5、煤体结构为Ⅰ～Ⅲ类。

3.49.2 基本原理

一是使用定向钻机在煤层中施工定向钻孔，进行煤巷条带煤层区域预抽钻孔设计、施工、增透、抽采及区域措施效果检验，大幅提高钻孔的控制准确性及钻孔利用率，保证煤巷条带煤层区域性瓦斯治理"四位一体"落实到位。

二是使用定向钻机在煤层顶板合理层位施工定向钻孔抽采采空区瓦斯，提高钻孔抽采效果和效率，消除回采工作面上隅角瓦斯聚集问题。

3.49.3 工艺技术或装备

（1）定向钻孔代替底板岩巷进行预抽煤巷条带煤层瓦斯的区域治理技术，超前预抽区域抽采钻孔可靠控制技术，超深钻孔定点密封取样技术及装置，定向长钻孔预抽煤层瓦斯的区域治理技术模式；

（2）定向钻孔代替高位巷进行工作面回采期间采空区瓦斯治理技术。

3.49.4 推广前景

该技术可缩短瓦斯治理工期，实现"抽、掘、采"良性循环，化解矿井采掘接替困难的局面，减少了人员和财物的投入，在全国其他瓦斯、水双重灾害威胁严重的矿区有很大的推广应用价值。

推荐单位：河南省自然资源厅。

申报单位：焦作煤业（集团）有限责任公司技术中心。

资料来源：自然资源部《矿产资源节约和综合利用先进适用技术目录（2019年版)》。

3.50 煤矿井下水力压裂控制技术与装备

3.50.1 适用范围

适用于煤体透气性差、瓦斯含量高且压力大、瓦斯抽采难度大及瓦斯灾害危险程度高等特殊条件下的煤层增透和瓦斯抽采。

3.50.2 工艺技术或装备

（1）在深入研究煤矿井下水力压裂机理的基础上，分析了影响压裂裂缝产生及形态的因素，掌握了裂缝的起裂机理及延展规律；

（2）通过理论计算及数值模拟，构建了水力压裂的力学安全边界模型，提出了水力压裂的控制机制及关键参数；

（3）基于煤层顶底板基本力学参数、水力压裂影响范围和安全边界研究，对水力压裂影响效果进行了数值模拟，建立了压裂安全边界及薄弱区域边界的模型；

（4）研制了可实现水力压裂泵组数据监控及远程智能精细化控制系统，实现了施工压力在 $16 \sim 78$MPa、施工流量在 $12 \sim 70.5 \mathrm{m}^3 / \mathrm{h}$ 范围内的 5 级精细化控制。

3.50.3 应用情况

在重庆能源集团 11 个突出矿井推广应用后，瓦斯抽采工程量减少约35%；在四川、贵州、山西等地区煤矿推广应用后，煤层瓦斯抽采效果明显，其中在山西阳泉新元煤矿顶板长钻孔实施控制水力压裂后，平均抽采纯量提高了50 倍。

3.50.4 推广前景

该技术装备适用于低透气性突出煤层增透和瓦斯抽采工作，可根据井下瓦斯防治实际要求，确定压裂安全边界及薄弱区域边界的计算模型，为井下水力压裂控制提供安全高效的技术，研制的集压裂泵、液力变速器、防爆电机等为一体的控制水力压裂泵组，实现了施工压力在 16~78MPa、施工流量在 12~70.5m³/h 范围内的 5 级精细化控制，形成了煤矿井下水力压裂控制关键技术及装备体系。现场应用表明，该技术装备可使平均瓦斯抽采量提高 30% 以上、抽采工程量减少 30% 以上，实现了压裂范围的准确监测和安全控制，降低了压裂施工安全风险，提升了水力压裂增透效果。

资料来源：原国家煤矿安全监察局《煤矿安全生产先进适用技术装备推广目录（第四批）》。

3.51 覆岩离层注浆防治采煤沉陷技术

3.51.1 适用范围

煤层埋深较大，基岩厚度与煤层采高之比应超过 30；煤层倾角较小，属水平或缓倾斜煤层；煤层顶板冒裂带以上存在明显软硬相间岩层的采空塌陷治理；煤层顶板含水层保护、大宗煤基固废与矿井废水处理、冲击地压防治、采煤沉陷区治理等。

3.51.2 基本原理

利用煤层开采后上覆岩层移动过程中形成的离层空间，从地表使用压力泵将煤矸石、粉煤灰、水泥或者混合物的浆液通过管路注入关键层下离层内，浆液会沉淀压实，形成压实固结体，从而对关键层起到有效支撑作用，形成"离层区充填体（压实区）+煤柱+关键层"的承载体，保证上部岩层及地面不发生破坏与变形。

（1）关键技术：关键层判别技术、注浆层位选定技术、定向钻进技术、工作面设计技术、制浆技术、注浆技术。

（2）关键设备：制砂机、球磨机、制浆机、输送泵、输送管道、储浆罐、注浆泵。

3.51.3 推广前景

该技术可用于采空塌陷防治、含水层保护、顶板来水控制、冲击地压防治、地基承载力强化和大宗固废处置等，推广应用前景广阔。

推荐单位：绿色矿山推进委员会。

申报单位：中国煤炭地质总局勘查研究总院。

资料来源：自然资源部《矿产资源节约和综合利用先进适用技术目录（2019年版）》。

3.52 淋水破碎围岩沿空留巷注浆加固技术研究与应用

3.52.1 适用范围

构造异常、围岩破碎、淋水等复杂条件下沿空留巷过程中围岩控制。封孔工艺适用于瓦斯抽采、注水、压裂等相关工程。

3.52.2 基本原理

在开采过程中切顶留巷受工作面强烈采动的影响，巷道围岩在高应力、多次采动以及围岩导水裂隙贯通等共同作用下，其变形情况与一般巷道差异较大。该技术采用速凝、早强、高性能无机双液注浆材料，对围岩裂隙分层注浆，解决了无喷巷道浅层漏浆和深层难注的技术难题，提高了围岩整体性和结构面强度，能够有效控制围岩持续变形。

3.52.3 工艺技术或装备

(1) 破碎围岩沿空留巷层次注浆技术；
(2) 速凝、早强、高性能无机双液注浆材料；
(3) 注浆设备；
(4) 层次注浆管；
(5) 便携式封孔器。

3.52.4 推广前景

该技术可大幅度降低生产成本，显著提高矿井经济效益，为淋水破碎围岩等复杂条件下沿空留巷提供了技术支撑，具有很大的推广潜力。

推荐单位：中国煤炭工业协会。

申报单位：河南龙宇能源股份有限公司陈四楼煤矿。

资料来源：自然资源部《矿产资源节约和综合利用先进适用技术目录（2019年版)》。

3.53 深部岩巷软岩破碎机理及支护技术

3.53.1 适用范围

煤矿深部软岩岩巷支护。

3.53.2 基本原理

通过现场调研、理论分析、现场监控测量和围岩松动圈测试，分析研究围岩的变形规律，提出围岩变形控制措施。

3.53.3 工艺技术或装备

（1）关键技术：套架 U36 型钢棚+喷浆封闭 U36 型钢棚+打安锚索梁+巷道壁后及底板注浆联合加固技术；

（2）关键设备：超声波无损检测仪、万能试验机、气动锚杆钻机、底板锚杆锚索钻机、气动注浆泵、周边位移量测测桩。

3.53.4 推广前景

该技术可有效解决围岩松软条件下巷道易变形、支护效果差等难题，减少巷道因矿压造成的反复维修费用和不安全因素等，对复杂地质条件大断面工程施工有较为重要的指导意义。

推荐单位：中国煤炭工业协会。

申报单位：鹤壁中泰矿业有限公司。

资料来源：自然资源部《矿产资源节约和综合利用先进适用技术目录（2019年版）》。

3.54 煤矿用履带式全液压坑道钻机

3.54.1 适用范围

主要用于掘进工作面超前释放孔（探水、探瓦斯）、本煤层机风两巷顺层孔、掘进头钻超前孔，也可用于本煤层跨皮带钻孔，还可用于底抽巷钻孔。

3.54.2 工艺技术或装备

（1）采用一体化设计，履带行走，车身体积小，通过大盘回转功能实现钻机主轴水平±采用一体旋转，通过调角功能实现导轨±转，通仰俯角调整；

（2）采用一体化高效液压控制系统，设备所有功能均采用液压驱动，操作简单，效率高；打钻控制部分的联动控制，有效消除施工时钻杆下窜的风险，增加设备施工安全性；

（3）整机采用负载敏感控制系统，实现低功率、大扭矩，且液压系统传动效率达到 55%~60%，超过行业标准将近 50%；

（4）导轨自带液压锁紧装置，联动控制，增加导轨锁紧可靠性，提高导轨调角后锁紧导轨的效率。

3.54.3 应用情况

该技术装备目前已在河南平宝煤业有限公司、平顶山天安煤业股份有限公司八矿等多个大中型煤业集团使用，功率大、扭矩大、转速高，可以有效地避免钻杆夹死、丢钻现象的发生。在相同条件下，钻进速度快，钻进效率是其他普通钻机2倍以上，成孔率是普通钻机的3倍以上。

3.54.4 推广前景

该装备可应用于顺煤层钻孔，底板、顶板抽放巷穿层钻孔，邻近层穿层钻孔、扩孔等防突和瓦斯治理钻孔施工工程。装备采用一体设计，车身尺寸小，更适合于狭窄巷道使用；自带履带行走功能，有效提高移钻效率；全液压操作，施工效率高，工人劳动强度低；大盘回转水平±装备可应，导轨仰俯±导轨仰，钻孔范围更广；导轨液压锁紧装置联动操作，锁紧可靠、效率高；打钻控制部分采用负载敏感控制及一体化操作，操作简单且低功率、高效率，有效提高煤矿井下钻孔施工效率。此外，探放水等有钻探要求的煤岩场所，配套机械钻扩一体化装备，使用效果较好。

资料来源：原国家煤矿安全监察局《煤矿安全生产先进适用技术装备成果指导目录（第四批)》。

4 金属矿产开采与综合利用技术及装备

4.1 露天金属矿大规模安全高效开采关键技术

4.1.1 适用范围

露天金属矿开采。

4.1.2 基本原理

采用"研究大型露天金属矿开采难题—开发安全高效开采关键技术—工业应用"技术路线,开发了乳化炸药专用油和预装药的 PCE 高分子乳化剂,发明了地面制乳孔内敏化炸药配方及其工艺设备,对大型露天金属矿山超高阶段排土及边坡稳定新技术、大型露天金属矿深部开采联合运输关键技术和矿山伴生有价元素当量品位关键技术进行研发与应用。

4.1.3 工艺技术或装备

(1)炸药制备工艺与爆破成套关键技术;
(2)大型露天金属矿山超高阶段排土及边坡稳定关键技术;
(3)大型露天矿深部开采联合运输关键技术;
(4)贫铜矿及矿山伴生有价元素当量品位关键技术。

4.1.4 推广前景

露天金属矿山开采规模化、安全高效开采,深部开采联合开拓运输系统的高效运行,提高系统设备的运转效率等方面,对露天金属矿山开采具有广泛的借鉴意义。现场混装炸药制备技术与钻爆数字一体化爆破技术,其机械化、灵活移动和本质安全性的特点,决定其在矿山、基础设施建设等方面具有广阔的应用前景。

推荐单位:江西省自然资源厅。

申报单位:江西铜业、北京矿冶科技集团有限公司、中科院武汉岩土力学研究所、江西理工大学、北京科技大学。

资料来源:自然资源部《矿产资源节约和综合利用先进适用技术目录(2019年版)》。

4.2 山西式沉积型似层状铝土矿薄矿体分级分层综合开采技术

4.2.1 适用范围

山西式沉积型铝土矿及伴生资源开采。

4.2.2 基本原理

在分级分层开采理论指导下，依靠可视化三维开采环境数据平台技术，利用中、小型采掘设备分5层，逐序分级分层高效开采黏土矿、铝土矿（低、高、低A/S品位）和铁矿，提高矿产资源的"三率"指标。

4.2.3 工艺技术或装备

(1) 矿山三维开采环境数据平台建设与可视化模拟开采技术；
(2) 合理边际A/S品位动态分级控制和距离判别分层技术；
(3) 露天条带式开采工艺流程优化技术；
(4) 内排土条件下采场端帮边坡角优化技术；
(5) "剥离—排土—采矿—复垦"一体化生态开采技术。

4.2.4 推广前景

该技术解决了开采过程中高损失率、高贫化率、高围岩混入率的技术难题，降低了采矿作业成本，提高了综合经济效益，推广应用潜力巨大。

推荐单位：山西省自然资源厅。

申报单位：山西孝义铝矿西河底矿区。

资料来源：自然资源部《矿产资源节约和综合利用先进适用技术目录（2019年版）》。

4.3 大型铁矿山露天井下协同开采及风险防控关键技术与应用

4.3.1 适用范围

黑色金属急倾斜矿床规模开采。

4.3.2 基本原理

建立临界散体柱理论，通过对塌陷坑范围与采深关系的试验研究，构建了陷落角分析计算模型，揭示陷落区散体对边壁的制约作用，建立了陷落角与采深的关系式，准确预测急倾斜矿体陷落保护范围，形成利用主动压力与被动压力共同阻止侧壁岩体片落的控制技术，实现利用调整散体柱的位置控制急倾斜矿体的地表陷落范围。

4.3.3 工艺技术或装备

(1) 露天井下协同开采技术;

(2) 高陡边坡稳定性三维评价预警防控技术;

(3) 强干扰环境采空区精准探测及预警风险防控技术。

4.3.4 推广前景

该技术有效消除了大型铁矿山露天井下协同开采面临的风险,提高了资源的开发利用率,促进了采掘业的产业转型与技术升级,保障了大型铁矿山的可持续安全开采,社会效益和间接经济效益十分显著。

推荐单位:鞍钢集团有限公司。

申报单位:鞍钢集团矿业有限公司。

资料来源:自然资源部《矿产资源节约和综合利用先进适用技术目录(2019年版)》。

4.4 大规模矿床高效无废充填开采技术

4.4.1 适用范围

金属矿山深部开采。

4.4.2 基本原理

利用核磁共振技术进行深部岩石应力损伤演化过程及其内部细观损伤变化研究,建立了静、动卸荷效应的地下典型连续采矿过程的数值模型,分析了深井开采顶板动力响应规律。建立了采矿再造空间的力学分析模型,分析了再造地下空间结构的破坏因素及表现形式。形成以诱导干扰技术实现深部上行式开采的理论体系和方法。采用相向进路上向分层胶结充填法,解决传统进路充填法生产效率低、采准工程量大等难题,减少一次护顶支护,降低采矿成本,配合各中段之间采用上行式开采顺序,废石就近在采空区充填,实现矿山无废开采。建立全矿井三维通风智能实时监测与调控系统,通过主要进、回风机站的风机远程控制、变频调速和通风网络调控,实现井下不同生产阶段及不同作业区段按需供风。采用风水联动充填造浆管网自动清渣系统,解决造浆喷嘴易堵塞、易磨损的难题,极大提高充填造浆效能,保证放砂浓度的连续稳定,延长了造浆喷嘴的使用寿命。

4.4.3 工艺技术或装备

(1) 动态模拟深部岩石应力损伤演化过程及内部细观损伤变化;

(2) 相向进路上向分层胶结充填采矿方法;

（3）全矿井三维通风智能监测与调控系统；

（4）风水联动充填造浆管网自动清渣系统。

4.4.4 推广前景

该技术在舞阳铁矿和罗河铁矿得到了成功实践，取得了显著的经济效益，为我国铁矿山深部矿体上行式开采模式提供了一个示范作用，为深部破碎难采矿体的高效开采提供了强有力的支撑，可在辽宁本溪龙新矿业公司思山岭铁矿床、辽宁大台沟铁矿、辽宁陈台沟铁矿、山东济宁铁矿床等超深特大型铁矿床应用，推广前景广阔。

推荐单位：中国冶金矿山企业协会、中国中钢集团有限公司。

申报单位：中钢集团马鞍山矿山研究院有限公司。

资料来源：自然资源部《矿产资源节约和综合利用先进适用技术目录（2019年版)》。

4.5 下向水平分层进路式分级尾砂胶结充填采矿工艺

4.5.1 适用范围

井下非稳定矿体，围岩稳固性差金属矿开采。

4.5.2 基本原理

分级尾砂胶结充填体作为采矿施工区域人工假顶以保证施工顶板稳定性，确保作业人员在稳定的假底下施工安全，沿脉布设切割巷达采矿盘区矿体边界形成采矿作业条件，垂直布设回采分条，自采矿盘区端部逐条后退式回采，采一充一。

4.5.3 工艺技术或装备

（1）分级尾砂胶结充填体制备技术；

（2）下向水平分层进路式充填采矿工艺。

4.5.4 推广前景

该技术适用于难采和顶板不稳定区域的矿石回采，减少矿石损失和贫化。同时，有效减少尾矿排放和环境污染，降低采矿扰动，避免地表塌陷。

推荐单位：江西省自然资源厅。

申报单位：江西铜业股份有限公司武山铜矿。

资料来源：自然资源部《矿产资源节约和综合利用先进适用技术目录（2019年版)》。

4.6 废石就地回填技术

4.6.1 适用范围

贵金属地下急倾斜薄和中厚矿体。

4.6.2 基本原理

首先将一分层 6~7m 采出的矿石全部运输；其次利用充填假底工艺保证下步采场顶柱安全高效回采；再次利用出矿穿脉等采准废石就地回填置换矿石损失空间；最后废石回填完毕，用电耙将废石平场并人工堆成上盘斜三角坡，浇灌 0.5m 厚的混凝土做成砼斜坡，进行下一分层循环作业。

4.6.3 工艺技术或装备

（1）三角形砼斜坡技术；
（2）以采准废石充填人工假底，保证安全高效回采顶柱。

4.6.4 推广前景

该技术能够完全回采不可再生资源，使得矿石回收率最大化，同时，能有效节省运输、充填成本，为节约与高效利用矿产资源提供了技术路径。

推荐单位：中国黄金协会。

申报单位：山东黄金矿业（莱州）有限公司焦家金矿。

资料来源：自然资源部《矿产资源节约和综合利用先进适用技术目录（2019年版)》。

4.7 顶底柱及边角残矿开采技术

4.7.1 适用范围

有色金属地下矿山。

4.7.2 基本原理

针对复杂充填体下顶底柱残矿体及边角残矿体的技术条件，通过集成多中段残矿赋存状态探测、复杂充填体下开采环境重构技术、多中段铅锌残矿安全高效采矿工艺技术、开采过程稳定性分析与评价及监测预报技术等关键技术，形成多中段残矿体安全、高效采矿成套工艺。

4.7.3 工艺技术或装备

（1）凿岩台车上向中深孔凿岩，小型装药台车装药爆破，遥控铲运车出矿，高效安全回采顶底柱和边角残矿；

（2）中深孔凿岩爆破参数优化，残矿体回采拉槽技术；

（3）顶底柱拉底及充填技术。

4.7.4 推广前景

该技术可使原本暂时不能回收的矿柱得以回采，开采回采率将提高8%~10%，增加了可采资源总量，推进了矿山技术的进步。同时，大幅降低矿山回采成本和安全风险，对同类矿山具有示范意义。

推荐单位：广东省自然资源厅。

申报单位：中金岭南有色金属股份有限公司凡口铅锌矿。

资料来源：自然资源部《矿产资源节约和综合利用先进适用技术目录（2019年版）》。

4.8 破碎难采矿体诱导冒落高效开采技术

4.8.1 适用范围

破碎难采固体矿床。

4.8.2 基本原理

利用诱导冒落工程回采中形成的连续采空区，诱导上部矿石自然冒落。冒落的矿石随着崩落回采区矿量的逐分段回采而被逐步放出。

4.8.3 工艺技术或装备

综合研究冒落规律、采场结构参数确定方法、炮孔布置、出矿管理等，合理布置诱导冒落工程的位置、形式、回采顺序、出矿控制方法、回采工作线形状等。

4.8.4 推广前景

该技术工艺简单、生产安全、成本低、效率高，为矿岩破碎的倾斜中厚以上矿体开采提供了新途径，在马钢矿山以及我国金属矿山中应用前景广阔。

推荐单位：安徽省自然资源厅。

申报单位：马钢（集团）控股有限公司姑山矿业公司、东北大学。

资料来源：自然资源部《矿产资源节约和综合利用先进适用技术目录（2019年版）》。

4.9 黄金矿山低品位资源动态评估与利用技术

4.9.1 适用范围

构造破碎带蚀变岩型金矿床；规模较大的生产矿山。

4.9.2 基本原理

基于盈亏平衡原理，根据金属价格、企业生产条件调整品位指标，在三维矿床模型上展示其数量、质量、分布状况以及工程控制程度，因地制宜设计回采方案，实现低品位资源的动态评估与利用。

4.9.3 工艺技术或装备

(1) 以级差边际品位优化为核心的黄金矿山低品位资源动态评估技术；
(2) 基于矿业软件的低品位矿体圈定及控制工程三维精细化建模技术；
(3) 可视化的低品位矿体回采设计，以及低品位矿体合理开采顺序研究；
(4) 低品位矿体高效回采技术。

4.9.4 推广前景

该技术适用于地质条件差、工程环境复杂的资源回收，经济效益显著，为合理开发利用低品位金资源提供了技术支撑，具有广阔的推广应用前景。

推荐单位：山东省自然资源厅。

申报单位：山东黄金矿业股份有限公司新城金矿。

资料来源：自然资源部《矿产资源节约和综合利用先进适用技术目录（2019年版）》。

4.10 冶金智慧矿山建设体系与关键技术

4.10.1 适用范围

大型冶金矿山企业。

4.10.2 基本原理

在"五品联动矿冶系统工程理论"与"战略管理创新"理论与工业实践框架指导下，以"全程动态可控、工序精准协同、单体性能最优、全局效益最大"为目标，打造融合矿山工业过程与矿冶工程知识体系在内的智能技术生态环境，建成五品联动优化决策支持系统、知觉云、实时台效管控、智慧物流、生产自动管控、供应商协同及移动应用等智能化应用平台，通过资源集成、服务集成以及服务模式创新，实现矿山工业化、规模化、生态化、集约化及智能化管理。

4.10.3　工艺技术或装备

（1）面向智慧矿山的对象行为认知建模技术；
（2）基于认知的知识获取大数据技术；
（3）基于五品联动的矿山生产自动化管控技术；
（4）智能矿山服务动态演化技术。

4.10.4　推广前景

该技术满足了冶金矿山企业提高采选生产效能和资源利用效率、降低企业生产成本的现实需要，使冶金矿山行业的信息化应用水平和整体竞争实力大幅提升。有效推进了冶金矿山行业"两化"深度融合，从根本上推动了国家整体智慧化建设的飞速发展，为国家创造了显著的效益。该成果可在冶金矿山行业推广应用。

推荐单位：中国冶金矿山企业协会。
申报单位：鞍钢集团矿业有限公司、北京科技大学。
资料来源：自然资源部《矿产资源节约和综合利用先进适用技术目录（2019年版）》。

4.11　基于 GIS 面向空间对象的地采矿山数字化管理系统

4.11.1　适用范围

地采冶金矿山。

4.11.2　基本原理

利用 GIS 平台图形数据与空间数据一体化存储、管理的特性，建立矿山空间数据库与属性数据库，把矿山地质、测量业务及采矿生产整个工艺流程所涉及的空间对象进行图形符号化，存入空间数据库，对空间对象进行标准编码，以对象编码为唯一关键字段，开展与空间对象有关的所有数据的可视化采集、加工、处理，实现对繁杂、海量、异质、动态以及多源、多精度、多时相、多尺度等特征矿山数据的有效采集、有序管理，直至数据挖掘，形成采矿大数据，为生产决策服务。

4.11.3　工艺技术或装备

（1）基于地理信息平台的组件式开发技术；
（2）面向空间对象的数据组织与开发技术；

（3）空间数据与属性数据的数据库访问以及空间对象基于属性数据的动态加载、调用技术；

（4）管线连通性分析算法；

（5）管线开关影响范围分析算法；

（6）管线故障抢修分析算法；

（7）基于 Flex 的互联网应用开发技术；

（8）基于 MapGIS、IGServer 的 WebGIS 开发应用；

（9）Flex 与 . NET 的集成解决方案。

4. 11. 4　推广前景

该技术是数字矿山建设的重要环节，实现了对矿山繁杂、海量、异质、动态以及多源、多精度、多时相、多尺度等特征数据尽可能多地有效采集、有序管理及加工，进一步达到了数据挖掘的目的，是矿山自动化、智能化的基础。技术原理、实现思路可在任何矿山推广。

推荐单位：中国冶金矿山企业协会。

申报单位：南京宝地梅山产城发展有限公司矿业分公司。

资料来源：自然资源部《矿产资源节约和综合利用先进适用技术目录（2019年版)》。

4. 12　有色金属矿山数字化采选技术

4. 12. 1　适用范围

有色金属采选。

4. 12. 2　基本原理

对钼金属采选数字化矿山、信息化建设体系构架统一研究和规划，分层构建数字化基础系统、数据平台、集成应用平台。主产品钼精矿实现达产达标，含铜精矿副产品实现综合回收利用。

4. 12. 3　工艺技术或装备

（1）数字化矿山系统；

（2）不间断基础网络系统；

（3）采矿信息化管控系统；

（4）选矿过程自动化系统；

（5）尾矿库在线监测系统；

（6）数据基础平台和应用平台。

4.12.4　推广前景

该技术通过统筹规划数字矿山，从基础层到应用层、管理层逐步推进实施，取得良好的经济效益和社会效益，对同类矿山企业具有推广应用价值。

推荐单位：黑龙江省自然资源厅。

申报单位：伊春鹿鸣矿业有限公司。

资料来源：自然资源部《矿产资源节约和综合利用先进适用技术目录（2019年版）》。

4.13　采选过程信息化集成技术

4.13.1　适用范围

金属露天矿采选。

4.13.2　基本原理

一是开发应用三维建模、实况虚拟和大数据分析技术，突破传统采矿管理的局限，结合高精度 GPS 定位、炮孔设计自动钻孔等现场检测控制技术，实现地质数据与生产管理有机结合，提高生产管控能力；二是应用大数据技术，利用矿石块度图像分析仪、泡沫分析仪，对选矿过程中的磨机负荷、浮选产率进行智能控制，稳定工艺过程，提高生产指标，降低选矿能耗和药剂消耗；以电位控制结合自动加药，提高分离回收率，确保企业利润增长点。三是开发应用 ASP、.NET、STRVTS+IBATIS 等信息技术，以 ORACLE 专业数据库采集的丰富准确生产数据为基础，构建五层结构的数字化矿山信息化系统，固化科学的业务流程，为实现业务财务一体化和物流、资金流、信息流三流合一的 ERP 系统建设打下基础。

4.13.3　工艺技术或装备

（1）集约三维地质模型的自动爆破设计，坑内配矿和三维虚拟平台的生产调度与过程控制的采矿智能流程系统；

（2）基于在线大块矿山粒度组成分析，轴压、点击功率和振动频率的磨矿机最优控制，浮选泡沫图像分析、电位调控、在线品位分析的浮选过程优化控制为主要内容的选矿优化控制系统；

（3）运用互联网技术基础的信息化系统。

4.13.4　推广前景

该技术以信息化技术为核心，研究采矿和选矿关键过程控制，促进矿产资源的高效利用，实现企业经营利润最大化。同时以丰富的过程数据为基础，深入数字化矿山建设，实现信息互通互联，业务财务一体化，提高企业核心竞争力。该技术对于露天开采矿山具有广泛的适用性，对采用碎—磨—浮工艺的有色金属选厂有切实的推广性，而数字化矿山建设经验和做法，更具有广泛的借鉴意义。

推荐单位：中国黄金集团有限公司。

申报单位：中国黄金集团内蒙古矿业有限公司。

资料来源：自然资源部《矿产资源节约和综合利用先进适用技术目录（2019年版)》。

4.14　活动空区监控强充协同治理技术

4.14.1　适用范围

金属矿山。

4.14.2　基本原理

根据岩体冒落规律，采用 RG 井下电视系统，从空区投影线边缘向空区内部逐步凿井，卡车充填废石，利用 VCR 法在空区顶板快速掘进充填井，在远离露天坑边坡侧实施了诱导冒落，在地表充填覆土，恢复地表原貌。

4.14.3　工艺技术或装备

采用 RG 监控技术、地表快速充填技术和诱导冒落技术、空区冒落危害防治技术、VCR 法快速掘进充填井技术以及地表覆盖土技术，解决了活动空区地表保护性治理和有效充填。

4.14.4　推广前景

该技术解决了活动空区地表保护性治理的关键技术难题，实现了地下活动空区的有效充填，保障了凿井施工作业的安全，对存在采空区的金属矿山具有指导意义，推广应用前景十分广阔。

推荐单位：辽宁省自然资源厅。

申报单位：辽宁排山楼黄金矿业有限责任公司。

资料来源：自然资源部《矿产资源节约和综合利用先进适用技术目录（2019年版)》。

4.15　采掘车间业务绩效考核系统优化

4.15.1　适用范围

黄金、有色、黑色矿山。

4.15. 2 基本原理

采掘车间的管理活动是以生产管理为主体，辅之以人员管理、物资管理、成本管理等。以此为主线，将业务内容加以抽象概括，形成完整系统的车间信息管理系统应用软件，服务于车间的日常管理。

4.15. 3 工艺技术或装备

（1）软件工程及系统集成技术；
（2）系统平台搭建及核心架构；
（3）软件设计技术；
（4）数据库技术。

4.15. 4 推广前景

该技术通过现代信息技术、管理模式、优化理论、数学模型的全面结合，有效解决矿山生产中基础层面的生产组织与资源优化配置问题，在同行业具有引领示范作用。同时，技术成果为数字矿山建设中的一个关键部件，推广前景广阔。

推荐单位：中国黄金协会。

申报单位：山东黄金矿业（莱州）有限公司三山岛金矿。

资料来源：自然资源部《矿产资源节约和综合利用先进适用技术目录（2019年版）》。

4. 16 原地浸出砂岩型铀矿水源热泵供暖技术

4.16. 1 适用范围

采用 CO_2+O_2 原地浸出工艺开采的砂岩型铀矿山。

4.16. 2 基本原理

采用水源热泵技术，通过抽注循环，携带热源的水进入水源热泵机组，机组中的液态制冷剂，在蒸发器中吸收地下水中的热能后，蒸发成低温低压气态制冷剂，被压缩成高温高压的气态制冷剂后送入冷凝器，在冷凝器中的高温高压气态冷凝剂经换热将热量传给建筑物的循环水，经建筑物放热后，冷凝成液态重新回到蒸发器中。

4.16. 3 工艺技术或装备

（1）关键技术：浸出液热能提取及换热技术；
（2）关键设备：抽注钻孔、注液钻孔、水源热泵机组等。

4.16.4 推广前景

该技术具有提高土地利用率、节约建设及运行成本、安全本质度及舒适度高等优势，为建设绿色化现代型铀矿山起到引领示范作用，对其他地浸矿山建设和运行具有较好的指导意义和参考价值。

推荐单位：中国核工业集团有限公司。

申报单位：中核内蒙古矿业有限公司。

资料来源：自然资源部《矿产资源节约和综合利用先进适用技术目录（2019年版）》。

4.17 地浸采铀工艺钻孔二次成井技术

4.17.1 适用范围

砂岩型铀矿地浸。

4.17.2 基本原理

采用大功率钻机完成裸眼井钻进、下放生产套管、逆向注浆后，撤离大功率钻机，改用小功率钻机完成切割套管，下放内置过滤器和反向填砾，完成成井作业。

4.17.3 工艺技术或装备

（1）关键技术：二次成井技术、逆向注浆工艺、反向填砾技术；

（2）关键装备：内置过滤器、反向填砾装置、滑套式逆向注浆器、井口密封装置、地浸采铀专用切割器。

4.17.4 推广前景

该技术形成了一套完整的、先进的地浸井场快速开拓技术和高效钻进与成井技术，全面提升地浸采铀技术水平，是提升我国天然铀产能的重要途径，推广潜力大。

推荐单位：中国核工业集团有限公司。

申报单位：核工业北京化工冶金研究院。

资料来源：自然资源部《矿产资源节约和综合利用先进适用技术目录（2019年版）》。

4.18 CO_2 和 O_2 原地浸出采铀工艺技术

4.18.1 适用范围

适用砂岩铀矿，包括但不限于高碳酸盐、高矿化度、低渗透和低品位铀矿资源，也可应用于具备合适水文地质条件的铜、镍、铼等矿床。

4.18.2 基本原理

该技术采用 CO$_2$+O$_2$ 浸出液配制、输送、溶浸、吸附、离子交换等工艺，实现铀矿资源高效回收。

4.18.3 工艺技术或装备

（1）CO$_2$+O$_2$ 浸出液配制和使用技术；

（2）大流量地浸钻孔技术；

（3）增压注液与高效洗井解堵技术；

（4）浸出液加 CO$_2$ 带压离子交换吸附技术；

（5）吸附尾液转型树脂和转型废液反渗透处理技术；

（6）合格液酸化常温老化沉淀和母液转化作淋洗剂工艺；

（7）自动化控制技术的应用。

4.18.4 推广前景

该技术为我国砂岩型铀矿高效利用提供了技术支撑。

推荐单位：中国核工业集团有限公司。

申报单位：核工业北京化工冶金研究院。

资料来源：自然资源部《矿产资源节约和综合利用先进适用技术目录（2019年版)》。

5 非金属矿产开采与综合利用技术及装备

5.1 磷矿高承压含水层下安全高效全尾砂充填采矿技术

5.1.1 适用范围

高承压含水层等压覆矿床开采。

5.1.2 基本原理

在对矿体上覆高承压（水头压力不低于 2.3MPa）含水层规模、含水性、分布范围，补给、径流、排泄，矿体充水因素等主要水文地质条件充分认识的基础上，根据矿岩力学性质及应力变化特性，确定合理的保安矿柱尺寸；在保安矿柱保护下，采用充填采矿方法，采场采出矿石后，利用全尾砂胶结充填空区，确保地表不塌陷，进而保护含水层，防止地下水进入井下；同时采用微震监测技术对保安矿柱实时监测，再辅以保安矿柱加固措施，实现高承压含水层下安全高效采矿的目的。

5.1.3 工艺技术或装备

(1) 保安矿柱安全合理厚度确定技术；
(2) 保安矿柱加固技术；
(3) 原有地质勘探钻孔封孔检查与堵漏技术；
(4) 物探探测导水构造技术；
(5) 保安矿柱微震监测技术；
(6) 联合支护技术；
(7) 高效凿岩设备。

5.1.4 推广前景

该技术最大限度地减少了对矿区生态环境破坏。在全行业推广充填法采矿，可减少尾矿库占地，减少环境污染，保护矿区地表不塌陷，有利于保护矿区地下水资源，保护生态环境，综合环境效益显著。

推荐单位：河北省自然资源厅。
申报单位：河北省矾山磷矿有限公司。

资料来源：自然资源部《矿产资源节约和综合利用先进适用技术目录（2019年版）》。

5.2 中厚破碎磷矿体安全高效开采技术

5.2.1 适用范围

中厚破碎矿体。

5.2.2 基本原理

依据中厚急倾斜破碎磷矿体的开采技术条件，提出适合该类矿体开采的框架式人工假顶下向交错分段充填采矿法，采用自上而下的回采顺序，将矿体沿走向划分矿房矿柱，中段内划分2~4个分段，矿房矿柱在相邻分段内交错布置。采用脉外斜坡道、分段巷道、出矿联络横巷、脉内凿岩巷及脉外出矿溜井的无轨采准系统。通过预筑人工假顶和假底的框架式护顶结构，在脉内凿岩巷端部掘进切割上山，以切割上山为自由面进行采场分段爆破，落下矿石在框架式护顶结构保护下后退式回采。采用全套无轨采掘设备进行打眼、出矿、支护等工作。通过对爆破块度测量，合理调整爆破参数，有效控制矿石块度。

5.2.3 工艺技术或装备

（1）人工假顶构筑；
（2）人工假顶下向交错分段充填采矿方法。

5.2.4 推广前景

该项技术已在开磷集团全面推广应用，每年可累计开采中厚急倾斜破碎矿体60万吨，新增经济效益6.29亿元。每年可节省切割上山等工程费用2143万元。我国约75%以上磷矿与开磷矿山具有类似的情况，可将该项技术推广运用于地质条件类似的其他类型矿山。

推荐单位：贵州省自然资源厅。

申报单位：贵州开磷控股（集团）有限责任公司。

资料来源：自然资源部《矿产资源节约和综合利用先进适用技术目录（2019年版）》。

5.3 磷矿矿井水无害化处理及综合利用技术

5.3.1 适用范围

磷矿侵蚀基准面以下开采。

5.3.2   基本原理

以矿井水处理为中心，根据磷矿山矿井涌水特点，基建阶段研究注浆堵水技术，降低矿井水量；生产阶段研究分阶排水技术，节能降耗，研究清污分流和井下多级沉淀技术，保证达标排放。

5.3.3   工艺技术或装备

（1）超前探水主动堵水，控制减少坑内涌水量；

（2）水仓分段，就近截排生产废水和坑道涌水；

（3）在生产区域，就近施工 U 形封闭式倾斜沉淀池，多级沉淀，降低水中悬浮物含量，达到排放标准，回收利用沉淀池中低品位磷矿。

5.3.4   推广前景

宜昌磷矿逐步转向侵蚀基准面以下深部开采，矿井水处理问题将更加突出，如何在基建期治水，如何在生产期保证排水安全的前提下节能降耗，国内尚无系统的成功经验和案例借鉴，该技术为存在同类问题的矿山提供了技术示范。

推荐单位：湖北省自然资源厅。

申报单位：远安县燎原矿业有限责任公司。

资料来源：自然资源部《矿产资源节约和综合利用先进适用技术目录（2019年版）》。

5.4   厚大缓倾斜磷矿体安全高效开采技术

5.4.1   适用范围

复杂地质条件下厚大缓倾斜磷矿体。

5.4.2   基本原理

在研究矿山地质条件、开采技术条件的基础上，针对缓倾斜厚大难采磷矿体采用分两层切顶开采；以锚杆锚网锚索联合锚固方法控制顶板事故发生；应用人工矿柱支撑采场顶板，控制地压，并达到安全高效开采、提高矿石回收率的目的。

5.4.3   工艺技术或装备

（1）分层切顶房柱与两步回采充填结合采矿技术；

（2）复杂地质条件下锚杆锚索锚网联合锚固技术；

（3）采空区混凝土胶结体人工矿柱支护；

（4）针对矿柱顶板等地压现象，重点布设传感器，实现采空区大范围三维整体实施地压监测。

5.4.4 推广前景

该技术为湖北保康、宜昌远安、宜昌夷陵等磷矿资源提供了示范。也为贵州瓮福磷矿、四川马边磷矿、四川雷波磷矿以及云南磷矿等同类矿山采矿工作提供科学技术数据，有助于推进全国磷矿和其他矿山开采行业的技术进步。

推荐单位：湖北省自然资源厅。

申报单位：湖北兴发化工集团股份有限公司。

资料来源：自然资源部《矿产资源节约和综合利用先进适用技术目录（2019年版）》。

5.5 厢式充填采矿技术

5.5.1 适用范围

地下开采缓倾斜近水平中厚磷矿。

5.5.2 基本原理

分析采场围岩失稳方式及规模，对充填材料及充填方式优化组合，形成合理、经济的充填体，达到控制空场冒落、实现安全生产、避免诱发地表开裂、塌陷等地质灾害的目的。

5.5.3 工艺技术或装备

（1）毛石混凝土充填体侧壁保护技术；

（2）近水平条件下细石混凝土接顶技术；

（3）干料反压及充填高度控制技术。

5.5.4 推广前景

该技术具有经济、安全、技术可行的优势和特点，能够促进安全生产和水环境保护。可推广应用到杉树垭、云台观、江家墩、孙家墩、挑水河及兴神、保康等矿区的中厚矿层，市场应用前景广泛。

推荐单位：中国化学矿业协会。

申报单位：湖北杉树垭矿业科技开发有限公司。

资料来源：自然资源部《矿产资源节约和综合利用先进适用技术目录（2019年版）》。

5.6 磷矿采选充一体化智能管控技术

5.6.1 适用范围

磷矿地下开采。

5.6.2 基本原理

以数字信息化、虚拟智能化、系统集成化为基础，综合考虑生产、经营、管理、环境、资源、安全和效益等因素，监控矿山生产中的采矿、选矿和充填闭式过程多源信息，在开采、选矿和充填等系统中运用自主研发的数字矿山信息平台基础上，融合集成构建采选充一体化的计算机智能管控平台，实现生产控制、通信集成、安环监测与监控（六大系统）等由地面智能调度中心远程智能管控，极大提高劳动生产力，实现本质安全，使企业整体生产经营组织协调优化，在保障企业可持续发展的前提下，实现"机械化减人、智能化换人"技术升级改造，提升矿山企业综合自动化和全面信息化水平。

5.6.3 工艺技术或装备

（1）生产过程的可视化与无人值守技术及管控平台构建；
（2）缓倾斜超长距离高扬程泵送充填浆料智能控制系统；
（3）机械采掘作业的精准化、遥控化装备与控制技术；
（4）低品位磷矿精准分级选别全流程无人值守智能管控技术；
（5）生产辅助系统智能管控与无人值守系统建设。

5.6.4 推广前景

该技术可大幅提高非金属矿山行业的智能制造水平，促进传统产业的转型升级，提高企业核心竞争力，也可实现矿山企业减员增效，改善人员作业环境，降低人员劳动强度，提高矿山安全水平，促进社会和谐。可在我国乃至国外的大中型矿山企业推广应用，全面提升矿山行业的信息化、自动化和智能化水平，推动传统行业转型升级。

推荐单位：湖北省自然资源厅。

申报单位：湖北三宁矿业有限公司。

资料来源：自然资源部《矿产资源节约和综合利用先进适用技术目录（2019年版）》。

5.7 缓倾斜薄磷矿卸压充填技术

5.7.1 适用范围

矿层节理发育的缓倾斜薄矿体地下开采。

5.7.2 基本原理

针对缓倾斜磷矿层顶板岩体结构完整、矿层节理发育、矿层底板岩石硬度系数较小的开采环境，在传统房柱法开采的基础上，综合利用井下废石，在留设点柱间采用"田"字形废石充填、袋装废石堆砌、采空区顶板刻槽爆破、底板地鼓逐步接顶的柔性卸压充填方式，将废石与点柱及顶板有效结合，共同承担采空区顶板来压，缓解待充填采空区压力，防止采空区大面积垮落。在保障采空区安全的条件下，对盘区隔离矿柱进行进一步回收。

5.7.3 工艺技术或装备

（1）柔性卸压充填技术；
（2）地压监测预警技术。

5.7.4 推广前景

该技术在经济可行的前提下最大程度降低采空区大面积冒顶片帮发生概率，确保回采后采空区的稳定性，提高矿石回采率，保障了井下作业人员及设备的安全。同时，该技术可以充分利用矿山原有生产系统和设备，技改成本低，易于推广。

推荐单位：中关村绿色矿山产业联盟。

申报单位：湖北兴发化工集团股份有限公司/武汉工程大学。

资料来源：自然资源部《矿产资源节约和综合利用先进适用技术目录（2019年版）》。

5.8 矿山无尘开采技术的应用

5.8.1 适用范围

水泥灰岩露天开采。

5.8.2 基本原理

一是将水泥生产余热发电产生的废水进行净化处理，达标后实施引水上山用于矿山生产抑尘以及绿化。二是采用无尘钻孔、无尘爆破、无尘铲装、无尘运输等技术，解决露天矿山"钻""爆""装""运"四个生产环节的抑尘问题，实现矿山开采无尘化。

5.8.3 工艺技术或装备

（1）余热中水净化处理技术；
（2）引水管网部署技术；
（3）无尘作业控制技术。

5.8.4 推广前景

该技术已经在金隅集团内部开始推广，是绿色矿山建设的重要环节，为绿色矿业发展模式提供了技术途径。

推荐单位：河北省自然资源厅。
申报单位：河北金隅鼎鑫水泥有限公司。
资料来源：自然资源部《矿产资源节约和综合利用先进适用技术目录（2019年版）》。

5.9 露天石灰石矿无废开采技术

5.9.1 适用范围

露天石灰石矿开采。

5.9.2 基本原理

采用同爆分采、同爆同采等开采方式和小型挖掘设备，对矿体顶底板夹层等剥离物综合回收利用，实现石灰石无废开采。根据采区多个作业爆堆后冲面不同质量，通过挑选搭配，分别生产轻钙原矿、制碱灰石、水泥灰石、熔剂灰石、低质水泥石、建筑骨料、机制砂等多种产品。

5.9.3 工艺技术或装备

（1）大条幅爆破作业工艺；
（2）同爆同采技术；
（3）矿石化学成分快速化验技术；
（4）矿石分级回收生产工艺。

5.9.4 推广前景

该技术适用于石灰石矿山采场加工，可有效提高石灰石矿山采场效益、矿石利用率。在资源合理利用、环境友好、推进社会发展等方面有巨大潜力。

推荐单位：中国化学矿业协会。

申报单位：唐山三友矿山有限公司。

资料来源：自然资源部《矿产资源节约和综合利用先进适用技术目录（2019年版）》。

5.10 岩盐水溶法充填开采技术

5.10.1 适用范围

可溶盐类水溶法开采矿山。

5.10.2 基本原理

（1）在采空区内，随着固体废渣充填增多、时间增长，固体充填物在重力挤压的作用下沉降、凝结、密实，体积模量和剪切模量不断增大，形成一定强度的充填体，支撑采空区底板和侧壁，将上覆岩层应力传递到侧壁和底部岩层，阻止上覆岩层变形，抑制采空区收缩，提高采空区的整体稳定性，消除采空区安全隐患，预防和缓解地面塌陷。

（2）注水中添加一定比例制碱废钙液（主要成分为 $CaCl_2$），通过氯化钙与岩盐伴生芒硝、钙芒硝反应，将硫酸钠转化成氯化钠，实现低品位芒硝及钙芒硝资源化利用。

5.10.3 工艺技术或装备

（1）废液、废渣调浆混合技术；

（2）固体废渣注入井下采空区技术；

（3）复合渣浆充填采空区混凝固结技术。

5.10.4 推广前景

该技术能够有效解决工业废渣、废液处理以及盐井采空区地面塌陷安全隐患治理的重大问题，可实现盐矿采空区治理与废渣、废液循环利用，在环境保护、资源综合利用、节能降耗、节水及节约土地资源等方面成效显著。此外，该技术可适用于各种水溶井采的盐类矿产，充填物可以为碱渣、盐泥、燃煤固废、发电厂脱硫石膏、选矿尾矿砂等固体废弃物，取材广泛。

推荐单位：江苏省自然资源厅。

申报单位：江苏苏盐井神股份有限公司。

资料来源：自然资源部《矿产资源节约和综合利用先进适用技术目录（2019年版）》。

5.11　固体钾矿浸泡式溶解转化开采技术

5.11.1　适用范围

零星分布的 KCl 的质量分数大于等于 0.5% 的低品位盐湖固体钾矿（钾石盐、光卤石矿）。

5.11.2　基本原理

向含钾地层中注入钾不饱和溶剂，破坏原有的相平衡，使溶剂与盐层中的石盐、光卤石或钾石盐发生交换，使固体盐层中氯化钾、氯化镁最大限度地进入液相，形成新的溶液，达到新的平衡状态，而固体氯化钠骨架基本不溶解。

5.11.3　工艺技术或装备

(1) 溶剂制取方法；
(2) 溶剂安全输送技术；
(3) 单元浸泡式溶解转化技术；
(4) 采卤工程技术。

5.11.4　推广前景

该技术能够大幅降低钾盐工业品位，增加可采钾盐资源储量，延长矿山服务年限，实现资源高效综合利用，经济效益显著。对马海盐湖、察尔汗盐湖铁路东部等产生了巨大的示范推广意义。

推荐单位：青海省自然资源厅。

申报单位：青海盐湖工业股份有限公司。

资料来源：自然资源部《矿产资源节约和综合利用先进适用技术目录（2019年版）》。

5.12　天然碱矿地下溶采与加工技术

5.12.1　适用范围

大型盐、碱、硝类矿产资源。

5.12.2　基本原理

根据矿石易溶于水、矿床埋藏深等特点，采用钻井水溶法开采；利用加工厂来的不低于 75℃ 的各种热杂水进行热溶开采；通过建成深薄层天然碱的水平复合井，对矿层混合压裂，双层同时开采等；向生产加工装置提供生产所需卤水。

卤水经一效或多效常规蒸发制纯碱技术，通过湿分解工艺，有限降低单位产品能耗，吨产品综合能耗下降。在制纯碱过程中产生的二氧化碳气和含碱废液采取碳化法生产优质小苏打，使资源利用率达到90%以上。

5.12.3 工艺技术或装备

（1）循环水溶采天然碱贫尾矿技术；

（2）水平钻井溶采天然碱技术；深薄层天然碱、盐、硝对井多层连通开采工艺；

（3）天然碱矿的热溶开采技术；

（4）盐类矿床钻井水溶采法开采井口装置；

（5）含 $NaHCO_3$ 碱卤湿分解蒸发制碱工艺；

（6）天然碱制纯碱（倍半碱流程）工艺技术；

（7）天然碱加工纯碱废液、废气综合利用技术。

5.12.4 推广前景

该工艺适用的矿产资源类型，多为由地质变迁而形成。依托"一带一路"倡议，可在全球范围内应用。同时，随着世界经济一体化，各国对节能高效的循环经济发展模式需求也日益扩大，应用前景广阔。

推荐单位：河南省自然资源厅。

申报单位：河南中源化学股份有限公司。

资料来源：自然资源部《矿产资源节约和综合利用先进适用技术目录（2019年版）》。

5.13 磷石膏充填无废高效开采技术

5.13.1 适用范围

中厚缓倾斜-倾斜破碎矿体。

5.13.2 基本原理

通过磷石膏和粉煤灰的胶结活性、酸碱度的互补性，实现了磷石膏改性，作为充填骨料的合理配比及黄磷渣全部代替水泥配比。通过磷废料的大规模再利用与磷资源的安全高效低贫损连续开采的结合，解决我国磷资源开采损失贫化大与磷石膏大量排放严重污染环境的问题。

5.13.3 工艺技术或装备

（1）磷废料充填技术：磷废料作为充填骨料改性、磷石膏合理配比及黄磷

渣全部代替水泥合理配比、长距离低高程泵送磷废料充填系统及料浆输送技术、嗣后充填快速脱水系统;

（2）采矿方法与关键技术：中厚缓倾斜破碎矿体采矿方法、开拓采准工程合理布置、采场支护方式及参数、底板三角矿石回收方法。

5.13.4 推广前景

该技术不仅可以提高矿床资源回收率，减少生产废料排放占地，而且可以实现在保障经济发展的同时，确保生态环境受到保护，实现绿色发展目标。

推荐单位：贵州省自然资源厅。

申报单位：贵州开磷控股（集团）有限责任公司。

资料来源：自然资源部《矿产资源节约和综合利用先进适用技术目录（2019年版)》。

5.14 多层薄矿体一次性开采技术

5.14.1 适用范围

5°~15°缓倾斜矿体，相邻矿层间距不超过2m，充填法开采。

5.14.2 基本原理

空区完全充填，在矿压周期及步距内安全采矿。

5.14.3 工艺技术或装备

利用一条底层矿采准巷辅以压顶将多层矿同步采出。

5.14.4 推广前景

该技术能够有效地开发利用多层薄纤维石膏矿体，极具推广潜力，同时对其他金属、非金属多层薄矿体的开采也具有重要的借鉴意义。

推荐单位：湖北省自然资源厅。

申报单位：湖北龙源石膏有限公司板庙石膏矿、湖北龙源石膏有限公司横店石膏矿。

资料来源：自然资源部《矿产资源节约和综合利用先进适用技术目录（2019年版)》。

5.15 优化水泥矿山资源利用的数字化信息化应用技术

5.15.1 适用范围

所有水泥矿山及类似开采条件和质量控制要求矿山。

5.15.2 基本原理

矢量化、直观化地质岩性资料，系统优化匹配资源开发利用的采矿规划，提高全系统的资料综合利用率。建立生产作业过程中岩粉和黏土取样分析数据管理系统，进而形成采区现状各矿块、覆盖层黏土、爆堆质量分布模型，指导生产预配矿。充分发挥在线分析仪的实时化、数字化精确反馈配料结果的功能，应用智能手机微信群功能和全工艺的生产视频控制系统，实现质量信息实时共享和班组级视频监督，后结合质量模型数据和现场视频，及时准确调整装矿点和黏土混入量，实现物料质量的精确控制，满足控制指标的条件下，充分混入覆盖黏土，优化并提高资源综合利用率。

5.15.3 工艺技术或装备

数字化质量控制模型建立、分析应用、全生产工艺远程视频控制和网络共享、智能手机微信等信息实时发布和共享功能、在线分析仪与生产自动化控制系统的反馈和联动控制。

5.15.4 推广前景

该技术操作性强，经济效益显著，可稳定并大幅提高质量合格率以及采区内废石、各品级矿石、覆盖层资源的综合利用率，适用于所有水泥矿山及类似开采条件和质量控制要求矿山。

推荐单位：广东省自然资源厅。

申报单位：广州市越堡水泥有限公司。

资料来源：自然资源部《矿产资源节约和综合利用先进适用技术目录（2019年版）》。

5.16 轨道轮锯切割石材技术

5.16.1 适用范围

石材矿山开采。

5.16.2 基本原理

以电动机为动力带动锯片在轨道上旋转运行，切入岩石，结合辅助设备实现无爆破和无热切割的开采工艺。

5.16.3 工艺技术或装备

（1）将石材加工的工厂技术装备经验改造后用于矿山开采；

（2）在矿体上铺轨，锯切设备加轮，采用液压技术，自行前行，锯片自动升降，水冷，切割岩石；

（3）轮轨式矿山切割锯。

5.16.4 推广前景

该技术能较好地满足饰面用石材矿山的开采需求，使矿山开采更加规模化、集约化、高效化。同时，降低了固体废料的产出量，减少了废石、废渣的排放，有效保护了生态环境。可为我国石材矿高效利用提供借鉴。

推荐单位：山东省自然资源厅。

申报单位：五莲县自然资源和规划局。

资料来源：自然资源部《矿产资源节约和综合利用先进适用技术目录（2019年版）》。

5.17 脉状矿体残留矿柱回采技术

5.17.1 适用范围

脉状非金属、金属矿体残留矿柱回采。

5.17.2 基本原理

运用工程地质学、岩土工程学、采矿学、数值计算等方法，采取地质环境与地质测量、钻探、井探、地形测量等手段进行勘查工作；采取室内试验、数值计算与现场试验相结合的方法对复采上部残留矿体采矿工艺、支护方法以及放矿方法进行优化，尽量利用现有巷道，采用中深孔爆破方法，提高上部残留矿体的回收利用。

5.17.3 工艺技术或装备

（1）中深孔爆破开采上部残留矿体；

（2）采场联络道内浅孔垂直扇形孔回采间柱。

5.17.4 推广前景

采用该技术对锡林浩特萤石残留矿柱进行回收，把未能及时回收的矿柱安全回收，提高了资源利用率，支撑了我国矿产资源的优势地位以及矿山可持续发展。该技术对我国同类矿山具有推广意义。

推荐单位：中国非金属矿工业协会。

申报单位：中钢集团锡林浩特萤石有限公司。

资料来源：自然资源部《矿产资源节约和综合利用先进适用技术目录（2019年版）》。

5.18 熔剂石灰石矿数字化开采技术

5.18.1 适用范围

石灰石矿山。

5.18.2 基本原理

通过进行矿石资源中有用成分和有害成分的分析，掌握各品位矿石在开采境界内的分布情况及开采技术条件。开展用户资源产品技术质量标准和相关要求需求分析，在满足内部需求的基础上，拓展外部市场，延伸石灰石产业链。建设完善生产工艺系统，重点增加了分储分运系统，优化破碎、筛分工艺，采用合理采剥方法，实现各品种的均衡生产和各生产系统的高效运行。研究矿石在开采过程中损失贫化及块矿转化为粉矿品位变化规律，制定各品种生产的全流程生产工艺标准和质量控制体系，确保产品实物质量。

5.18.3 工艺技术或装备

(1) 矿体三维数字化模型及境界优化设计；

(2) 利用数字化技术编制采掘工作计划，优化采剥关键技术；

(3) 建立分储分运系统，优化破碎筛分工艺。

5.18.4 推广前景

该技术有效实现了高、低品级矿石配比回收，不仅适用于石灰石矿山的开采，对各类金属、非金属露天矿山的开采工作及资源回收利用工作有一定的指导意义。

推荐单位：甘肃省自然资源厅。

申报单位：甘肃酒钢集团宏兴钢铁股份有限公司。

资料来源：自然资源部《矿产资源节约和综合利用先进适用技术目录（2019年版）》。

6 通用开采与综合利用技术及装备

6.1 特大型露天矿高效开采技术

6.1.1 适用范围

矿床赋存复杂的特大型露天矿节约集约开采。

6.1.2 基本原理

针对矿床赋存急倾斜、夹层多、走向长的特点，利用陡工作帮开采技术原理，首先在矿岩接触面上盘一侧进行新水平准备，开沟方式沿纵向拉开，将开采区域划分成上盘剥离和下盘采矿。上下盘同时向露天境界推进，下盘采用宽工作面大区域作业。上盘采用陡工作帮组合台阶作业方式，分条带逐次沿走向推进，通过控制水平推进速度和垂直延伸速度，调节临时非工作帮坡角度，下盘矿体分不同品质分别开采，采用生产工作面预裂爆破技术，剔除2m厚以上夹石，达到品级控制效果，最终实现节约集约化开采矿产资源的目标。

6.1.3 工艺技术或装备

（1）急倾斜复杂薄矿床露天开采剥离洪峰控制工艺技术；
（2）急倾斜露天矿生产规模优化技术；
（3）露天开采矿石损失贫化控制技术；
（4）露天矿多区段开拓高强度集约化开采技术。

6.1.4 推广前景

该技术成果在中钢中西矿业 weld range 铁矿、鞍钢澳洲 karara 铁矿以及国内包钢集团白云鄂博铁矿中成功应用，经济、社会效益显著。有效地降低了我国海外矿山开采的成本，为我国在海外投资的特大露天矿山开采提供了一整套节约集约化高效采矿技术，实现了高效、低成本开采的目标，对保障国家矿产资源安全、提升我国相关产业竞争力，具有极大的社会效益。

推荐单位：中国中钢集团有限公司。
申报单位：中钢集团马鞍山矿山研究院有限公司。
资料来源：自然资源部《矿产资源节约和综合利用先进适用技术目录（2019年版）》。

6.2 露天矿数字化智能爆破技术

6.2.1 适用范围

露天矿爆破模拟技术领域。

6.2.2 基本原理

根据松动爆破机理和岩石动态特性与可爆性测试，研发了适用于露天矿台阶深孔爆破的计算机智能设计系统。从底层开发三维图形平台，在该平台上开发了爆破智能设计及优化功能，同时配备 GPS 测量仪器提高布孔精确度，可有效提高松动爆破效果、降低炸药单耗，有助于加强爆破施工管理，实现安全高效爆破。

6.2.3 工艺技术或装备

(1) 露天矿台阶深孔爆破设计三维平台图形设计；
(2) 三维环境下爆破智能设计系统。

6.2.4 推广前景

该技术可以大幅度减少现场工人的劳动强度，提高布孔精确度，有效提高松动爆破效果，节约炸药单耗 4.8%，松动爆破大块率平均降低 5%~10%，减少根坎，减少炮头机和挖机作业量，机械设备维修更换和柴油等消耗同比下降 8.7%，减少岩石过粉碎粉状石料多。具有降低生产成本，加强爆破施工管理，节约人力物力，保证矿山安全高效地进行爆破施工等特点。技术的推广应用有助于提高矿山数字化、科学化管理水平，改善爆破效果，提高经济效益，可推广应用到全国其他露天矿山。

推荐单位：浙江省自然资源厅。
申报单位：湖州新开元碎石有限公司、中国矿业大学。
资料来源：自然资源部《矿产资源节约和综合利用先进适用技术目录（2019年版)》。

6.3 地下立体分区大规模控制爆破开采技术

6.3.1 适用范围

矿体中厚以上，矿岩硬度在中硬及以上（$f \geq 6$），生产规模较大；中厚以上矿柱群回采及采空区处理；中厚以上矿体的规模化开采。

6.3.2 基本原理

根据确定好的一次性回采区，按爆破矿体体积及所需补偿空间的比例，以及爆破自由面与毫秒微差雷管排列顺序的关系，将回采区分解成补偿空间和爆破自由面相对独立的几个至几十个爆区。为了保证施工作业安全和好的爆破效果，各爆区呈三维立体错位布置，爆破体积与补偿空间等比。各爆区为独立的回采单元，爆破抵抗线方向各异，崩落矿石相互挤压、碰撞破碎，各爆区形成的爆破空气冲击波、爆破震动波相互抵消衰减。一个回采区内的空区处理与矿柱回采由具有相对独立结构力学体系的等比错位立体分区来控制。

6.3.3 工艺技术或装备

(1) 等比错位立体分区控制回采技术；
(2) 多临空面自拉槽挤压大量崩矿技术；
(3) 非线性等阻力自由面爆破技术；
(4) 多向组合双线同径微差起爆技术。

6.3.4 推广前景

该技术实现了安全高效开采，技术辐射面广、产业带动力强，能够适应矿业的市场需求，推广应用前景良好，将有力地推动我国资源开发水平的整体提高。

推荐单位：湖南省自然资源厅。

申报单位：湖南柿竹园有色金属有限责任公司。

资料来源：自然资源部《矿产资源节约和综合利用先进适用技术目录（2019年版）》。

6.4 井下切采一体化技术

6.4.1 适用范围

地下矿山。

6.4.2 基本原理

基于高精度设备掘凿高质量炮孔，借助不装药空孔为爆破补偿空间，采用一次性装药微差爆破方式，一次爆破形成后续落矿中深孔爆破所需的自由面，代替了人工掘井，避免了掘井切槽施工风险。

6.4.3 工艺技术或装备

(1) 爆破成槽设计；

（2）深孔钻凿精度控制；

（3）微差爆破间隔时间控制；

（4）掘进扩孔技术。

6.4.4 推广前景

该技术解决了破碎矿体切割掘进的难题，实现了切割炮孔的机械化作业，降低了工人的劳动强度，改善了生产作业环境，在地下矿山具有推广应用价值。

推荐单位：甘肃省自然资源厅。

申报单位：甘肃镜铁山矿业有限公司。

资料来源：自然资源部《矿产资源节约和综合利用先进适用技术目录（2019年版）》。

6.5 局部胶结充填与空场组合采矿技术

6.5.1 适用范围

水平~缓倾斜、薄~中厚矿体。

6.5.2 基本原理

该技术针对水平~缓倾斜矿体空场采矿法，在矿体开采过程中，应用胶结材料进行局部胶结充填形成采场支撑骨架，支撑采场顶板，控制地压，达到安全高效开采、提高矿石回收率，充分回收矿产资源的目的。

6.5.3 工艺技术或装备

（1）局部胶结充填技术，胶结材料配比分析研究、胶结体骨架结顶技术；

（2）局部胶结与空场法回采过程关键技术，局部胶结充填体结构参数、采准、回采工艺技术，采场地压控制与安全保障。

6.5.4 推广前景

该技术能更好更多地回采矿产资源，提高了资源的利用率，延长矿山的服务年限，增加就业机会，实施局部胶结充填与空场组合采矿所使用的水泥、砂石等原材料的采购可以带动相关产业发展，有利于促进当地经济的发展。局部胶结充填还能充分应用矿山废石、废渣，减少矿山废石的排放。项目具有良好的经济效益、社会效益和环境效益，因而推广应用前景广阔。

推荐单位：四川省自然资源厅。

申报单位：四川省金河磷矿。

资料来源：自然资源部《矿产资源节约和综合利用先进适用技术目录（2019年版）》。

6.6 盘区机械化无矿柱连续安全高效上向分层充填开采综合技术

6.6.1 适用范围

中等稳固及以上矿床开采。

6.6.2 基本原理

通过布置脉外采准系统，采用无矿柱连续回采工艺，实现不留矿柱连续回采；通过"单体液压支护+喷浆"快速大面积采场顶板控制技术，实现井下安全开采；通过在矿体厚度较大（大于5m）地段采用"8m高分层+遥控铲运机出矿"工艺技术，增大回采单元尺寸，实现井下高效开采。

6.6.3 工艺技术或装备

(1) 盘区机械化无矿柱连续回采；

(2)"单体液压支护+喷浆"大面积采场顶板快速控制；

(3) 8m高分层上向分层充填安全高效开采综合技术。

6.6.4 推广前景

该技术是一种低贫损、安全、高效采矿方法，有效减少采场作业人员，降低劳动强度，改善作业条件，提高了生产作业机械化程度，降低了企业安全管理费用，推广前景可观。

推荐单位：新疆维吾尔自治区自然资源厅。

申报单位：新疆有色金属工业（集团）有限责任公司。

资料来源：自然资源部《矿产资源节约和综合利用先进适用技术目录（2019年版)》。

6.7 过采区高应力低品位矿体开采技术

6.7.1 适用范围

老矿山过采区高应力低品位资源。

6.7.2 基本原理

针对过采区高应力低品位矿体的产状，采用中深孔凿岩分段落矿嗣后充填采矿法，运用有限差分元分析软件进行数值分析计算，确定蝶拱形开采断面，实现开采过程中采场上下盘稳定。采用"V"形微差控制爆破结合孔底反向起爆技术，减轻爆破震动等不利因素的影响，形成采场蝶拱形水平回采断面，改善了爆破效果，提高出矿效率。通过废石过滤脱水和链式脱水技术，减轻了高大采空区充填料对脱水构筑物的压力，降低了尾砂充填对井下环境的影响。

6.7.3 工艺技术或装备

（1）采场稳定性分析技术；
（2）上向扇形中深孔"V"形起爆技术；
（3）采矿区嗣后联合充填技术。

6.7.4 推广前景

该技术为矿山开发利用复杂赋存条件下的低品位资源提供了一个可供选择的研究思路和解决办法，可在中国黄金集团公司乃至全国类似条件矿山推广应用，从而实现科研效益最大化，推广前景广阔。

推荐单位：中国黄金集团有限公司。
申报单位：长春黄金研究院有限公司、湖北鸡笼山黄金矿业有限公司。
资料来源：自然资源部《矿产资源节约和综合利用先进适用技术目录（2019年版）》。

6.8 无底柱充填联合采矿技术

6.8.1 适用范围

适应不允许地表塌陷地区，厚大或急倾斜的矿山。

6.8.2 基本原理

采用现场测试、室内试验、理论分析、数值模拟、工业试验相结合的研究手段，优化大孔径精细爆破技术、研制泡沫砂浆充填工艺、采用基于 CMS 采场空区探测技术、优选尾砂沉降絮凝剂，实现了无底柱充填联合采矿。

6.8.3 工艺技术或装备

（1）大孔径精细爆破技术；
（2）泡沫砂浆充填工艺；
（3）基于 CMS 采场空区探测技术；
（4）优选尾砂沉降絮凝剂和泡沫砂浆新型充填材料及其制备系统。

6.8.4 推广前景

该技术有效提高了矿山生产能力和安全水平，变废为宝，实现选矿尾砂的充分利用，改善我国传统充填工艺中水泥和水消耗非常大的现状，具有显著的资源节约作用，对条件类似的金属和非金属矿山具有借鉴意义。

推荐单位：广东省自然资源厅。

申报单位：中金岭南有色金属股份有限公司凡口铅锌矿。

资料来源：自然资源部《矿产资源节约和综合利用先进适用技术目录（2019年版）》。

6.9　矿山粗骨料高浓度流态管输充填关键技术

6.9.1　适用范围

管道输送胶结充填采矿。

6.9.2　基本原理

通过优化确定充填骨料的最优级配和胶结强度特征及其影响因素，确定料浆的高浓度条件、泵压管输条件、自流输送条件等，综合确定料浆的最优配合比，进行管输试验和阻力测试，最后进行工业试验和应用。

6.9.3　工艺技术或装备

（1）两种、三种及多种充填骨料堆集密实度模型和最优级配公式；

（2）新的充填强度模型；

（3）骨料管输充填料浆的高浓度条件；

（4）粗骨料高浓度充填料浆的高流态条件；

（5）戈壁粗骨料高浓度高流态管自流充填新技术；

（6）废石破碎集料高浓度高流态泵压管输充填新技术。

6.9.4　推广前景

该技术将破碎废石充填于井下采空区，可完全实现废石的利用，达到零排放目标，实现绿色采矿，可有效降低充填成本，在国内多数地下矿山都可推广应用。

推荐单位：甘肃省自然资源厅。

申报单位：金川集团股份有限公司。

资料来源：自然资源部《矿产资源节约和综合利用先进适用技术目录（2019年版）》。

6.10　大体积充填体间厚大矿柱大规模安全高效开采技术

6.10.1　适用范围

井下充填体间水平矿柱回采。

6.10.2 基本原理

采场垂直矿体走向布置,采场长度根据矿体厚确定,采场宽12m,根据走向长度,共划分为22个采场。分两步骤回采,由北往南隔3采1,采场留12m厚顶柱,凿岩硐室布置在486m水平,采用矿山常用的大直径深孔嗣后充填法采矿,采场顶柱在大孔采完充填后,采用中深孔回收。

6.10.3 工艺技术或装备

(1)大体积充填体间水平矿柱大直径深孔和顶柱中深孔联合开采技术;
(2)采场大孔与顶柱中孔同时爆破的落矿方式;
(3)三维数值模拟和微震监测耦合分析的地压预测方法。

6.10.4 推广前景

该技术拥有一系列充填体下安全、高效回采矿体的关键技术,为在充填体下大范围矿体的开采提供技术参考,有较大的推广潜力。

推荐单位:新疆维吾尔自治区自然资源厅。

申报单位:新疆哈巴河阿舍勒铜业股份有限公司、长沙矿山研究院有限责任公司。

资料来源:自然资源部《矿产资源节约和综合利用先进适用技术目录(2019年版)》。

6.11 深井硬岩矿床大规模高效开采工艺技术

6.11.1 适用范围

厚大、深埋矿床开采。

6.11.2 基本原理

基于岩石力学研究,系统地提出了适合于高应力环境的回采方法和回采顺序,确定合适的采场结构参数,确保了深井矿床的安全高效回采。

6.11.3 工艺技术或装备

(1)大直径深孔空场嗣后充填采矿方法;
(2)合理的采场结构参数和回采顺序;
(3)实时监测技术。

6.11.4 推广前景

该技术已经在冬瓜山铜矿得到了成功应用,矿山经济、社会效益显著,为辽宁本溪、黑龙江岔路口等国内 1500m 以深的千万吨级矿床的开采奠定了基础，在我国矿山具有很好的市场前景和极大的推广价值。

推荐单位：中国矿业联合会。

申报单位：中国恩菲工程技术有限公司。

资料来源：自然资源部《矿产资源节约和综合利用先进适用技术目录（2019年版)》。

6.12 预留护壁矿两步骤嵌套组合充填采矿技术

6.12.1 适用范围

顶板不稳定的急倾斜中厚矿体开采。

6.12.2 基本原理

将矿体划分为一步骤采场和二步骤采场，采用分段中深孔凿岩阶段空场嗣后充填法回采一步骤采场，同时预留护壁矿减少了不稳固围岩的暴露时间；采用上向水平胶结充填采矿法回采二步骤采场和护壁矿，并分别进行充填。

6.12.3 工艺技术或装备

（1）分段空场嗣后充填法与上向进路充填法组合开采技术；

（2）顶板不稳固条件下预留护壁分段空场嗣后充填回采技术。

6.12.4 推广前景

该技术具有矿石损失贫化率低、经济效益好的特点，适用于矿体顶板不稳固的矿床开采，具有较好的推广应用价值。

推荐单位：中国黄金集团有限公司。

申报单位：湖北三鑫金铜股份有限公司。

资料来源：自然资源部《矿产资源节约和综合利用先进适用技术目录（2019年版)》。

6.13 采场交替上升无房柱连续开采及宽进路充填采矿技术

6.13.1 适用范围

采场交替上升无房柱连续开采充填采矿法适用于矿体水平厚度大于 25m 的矿体，宽进路充填采矿法适用于矿体水平厚度小于 25m 的矿体。

6.13.2 工艺技术或装备

采场交替上升无房柱连续开采充填采矿法分段高度 10m，矿房矿柱宽度均为

10m，采场内不留底柱、间柱、点柱、上盘护顶矿柱，只留 3m 顶柱。宽进路采矿法回采进路宽度为 3~5m，采用从两翼向中央依次回采作业方式。

6.13.3 推广前景

该技术具有作业面多、单位面积开采强度大、安全高效、开采沉降低、地压控制好、能连续开采等显著优点，推广应用经济效益显著。

推荐单位：山东省自然资源厅。

申报单位：山东黄金矿业（莱州）有限公司三山岛金矿。

资料来源：自然资源部《矿产资源节约和综合利用先进适用技术目录（2019 年版）》。

6.14 高浓度大倍线自流胶结充填技术

6.14.1 适用范围

高浓度大倍线自流胶结充填采矿技术。

6.14.2 基本原理

提高料浆自身压力来增加料浆输送动力，添加部分胶结材料降低料浆输送阻力，从而实现了充填料浆大倍线自流输送。

6.14.3 工艺技术或装备

（1）提高充填料浆浓度；

（2）实现输送管道满管流。

6.14.4 推广前景

该技术为大倍线条件下自流输送矿山提供参考及实践经验，适用于同类矿山大倍线高浓度管道自流输送。相关新型装备适用于任何管道浆体充填输送，推广前景广阔。

推荐单位：陕西省自然资源厅。

申报单位：陕西煎茶岭镍业有限公司。

资料来源：自然资源部《矿产资源节约和综合利用先进适用技术目录（2019 年版）》。

6.15 大水矿床近顶板灰岩帷幕注浆堵水采矿技术

6.15.1 适用范围

复杂条件下的地下大水矿山。

6.15.2 基本原理

通过设备动力将水泥浆液驱动压入灰岩地下水的径流运行空间,对岩溶裂隙充塞、密实,将灰岩连接与加固成隔水体,使之形成平行于矿体的倾斜帷幕,即人工造成的不透水隔墙,将地下水屏蔽于采场之外,在无水条件下完成采矿、充填等作业。

6.15.3 工艺技术或装备

(1) 采用三角式分段注浆,掘进形成灰岩钻探注浆硐室;
(2) 相邻硐室钻孔注浆后形成完整帷幕隔障;
(3) 高压驱水注浆形成倾斜帷幕,帷幕质量检查与评价;
(4) 机械化盘区下向进路胶结充填采矿技术;
(5) 空区顶板实时在线监测。

6.15.4 推广前景

该技术可降低矿坑排水量,节约排水费用,提高矿石回采率、综合回采率,避免矿区的地表塌陷,有效保护地下水资源与地表地质环境的稳定,可在水文地质条件同类型的金属、非金属地下矿山应用推广。

推荐单位:山东省自然资源厅。

申报单位:莱钢集团莱芜矿业有限公司。

资料来源:自然资源部《矿产资源节约和综合利用先进适用技术目录(2019年版)》。

6.16 安全隐患条件下诱导崩落连续开采技术

6.16.1 适用范围

采用崩落法处理的矿段。

6.16.2 基本原理

通过对隐患金属矿产资源特定受力环境的研究,构建了符合隐患金属矿产资源开采扰动状况的矿岩动静组合加载试验系统与失稳环境控制方法。

6.16.3 工艺技术或装备

(1) 地下矿山隐患矿体诱导崩落连续开采技术;
(2) 基于信息融合的地压灾害监控和孔内观测技术。

6.16.4 推广前景

该技术对上部已经开采形成无充填或非胶结充填体大空区的金属矿山，或缓倾斜多层重叠厚大矿体上部已形成大范围隐患区的金属矿山具有示范作用，能够最大限度地回收隐患资源，其推广前景广阔。

推荐单位：广西壮族自治区自然资源厅。

申报单位：广西华锡集团股份有限公司铜坑矿。

资料来源：自然资源部《矿产资源节约和综合利用先进适用技术目录（2019年版）》。

6.17 自然崩落法开采关键技术

6.17.1 适用范围

地表允许塌陷，矿岩具有可崩性且无黏结性和自燃性，矿体厚大的大型或超大型矿山。

6.17.2 基本原理

用普通的回采方法采出阶段内矿体某个水平的一薄层矿石，使阶段内的矿体失去支撑，矿岩利用自身节理裂隙，在重力和应力的作用下实现自然崩落，破碎的矿石持续通过聚矿槽下放至出矿水平运出，上部的矿石继续破裂并向上扩展，直至矿石全部放出。

6.17.3 工艺技术或装备

（1）崩落顶板监测技术；

（2）水压致裂矿岩条件预改变技术；

（3）矿岩可崩性评价及块度预测技术；

（4）自然崩落法开采工艺参数合理确定技术；

（5）自然崩落法拉底爆破与地压防治技术；

（6）智能化出矿及放矿排产控制技术。

6.17.4 推广前景

该技术具有损失贫化率低、开采成本低的特点，易于实现大规模智能化开采，能够实现大量低品位矿石资源经济开发，技术可靠、稳定，可在地表允许崩落的厚大矿体推广应用。

推荐单位：中国矿业联合会、中国有色金属工业协会。

申报单位：中国恩菲工程技术有限公司、北方铜业股份有限公司铜矿峪矿。

资料来源：自然资源部《矿产资源节约和综合利用先进适用技术目录（2019年版)》。

6.18　截止品位与出矿总量控制相结合的放矿方式

6.18.1　适用范围

采用崩落法生产的矿山。

6.18.2　基本原理

通过精细化管理和配矿技术，对截止品位和放矿总量严格控制，在不增加废石混入率的基础上，提高矿石回收率。

6.18.3　工艺技术或装备

（1）步距放矿量达到目标回采率时终止当次放矿；

（2）放矿过程实行多次搭配，循环配矿；

（3）矿块、进路、上盘下盘交替搭配，均衡出矿，贫富搭配、粉矿搭配。

6.18.4　推广前景

通过"截止品位和出矿总量控制"，有利于矿石回采率的提高和矿石质量的稳定，降低成本，实现掌子面放矿技术的定性和定量管理有机结合，便于推广应用。

推荐单位：甘肃省自然资源厅。

申报单位：甘肃镜铁山矿业有限公司。

资料来源：自然资源部《矿产资源节约和综合利用先进适用技术目录（2019年版)》。

6.19　复杂隐患空区转换处置及残矿回收技术

6.19.1　适用范围

复杂采空区残矿回收。

6.19.2　基本原理

通过采用资料分析、巷探、钻探、CMS激光探测等综合手段，基本探明了七中段回采区域内盗采空区的三维空间赋存形态；采用FALC-3D、3D-mine等计算软件对采空区稳定性进行理论分析和数值模拟，得到了盗采空区的稳定性情况，治理空区工作充分结合七中段的采准设计。

6.19.3 工艺技术或装备

（1）采用物探初步确定采空区的大致边界，合理化采准布置；

（2）通过 CMS 进行激光现场探测，掌握采空区三维赋存形态；

（3）数据采集—三维建模—数值计算之间的耦合链接程序及空区探测、建模、稳定性分析一体化的空区围岩稳定性评判技术；

（4）将部分盗采隐患空区再利用作为无底柱分段崩落法的补偿空间，将崩落法回采工艺与空区治理充分结合；

（5）将空区再造成为无底柱分段崩落法的采矿进路。

6.19.4 推广前景

该技术对井下有残留矿石的矿山都具有指导意义，国内外类似矿山均可采用该技术实现空区治理和残矿回收同步进行，应用前景广泛，经济效益显著、安全及社会意义重大。

推荐单位：安徽省自然资源厅。

申报单位：马钢（集团）控股有限公司桃冲矿业公司。

资料来源：自然资源部《矿产资源节约和综合利用先进适用技术目录（2019年版）》。

6.20 分布式地下水库技术

6.20.1 适用范围

所有井工矿井。

6.20.2 基本原理

利用井下采空区对生产污水的过滤、沉淀、吸附、离子交换及自生矿物生成作用，大幅度减少矿井污水中的悬浮物、钙离子及其他有害离子，可以直接作为工业用水；在采空区各顺槽口砌筑防水密闭，将生产污水通过注水孔注入采空区较高区域，生产污水在采空区从较高区域流向较低区域时，经采空区净化后通过出水口提前施工的配套设施和供水管路流出，然后通过加压泵、管路把采空区净化后的清水输送到矿井每个用水地点，实现了井下污水的零排放和井下水循环利用。

6.20.3 工艺技术或装备

（1）采空区注水点、出水点确定及注、排水孔设计及施工；

（2）上下水平之间供排水系统连接方式及施工技术；

（3）采空区高强度防水密闭技术参数及施工技术；
（4）采空区水位检测监控系统；
（5）各采空区水库水量调配系统。

6.20.4 推广前景

该技术具有井下供水、排水、水处理、水灾防治、环境保护和节能减排六大功能和优势，方案合理、效益好、潜力巨大，对煤炭行业保水开采具有很好的实用价值，推广应用前景良好。

推荐单位：国家能源集团。

申报单位：中国神华能源股份有限公司大柳塔煤矿。

资料来源：自然资源部《矿产资源节约和综合利用先进适用技术目录（2019年版）》。

6.21 智能矿山管理系统

6.21.1 适用范围

矿山生产管理。

6.21.2 基本原理

该管理系统涵盖石料生产、运输、仓储、销售各个环节，集360°实时监控、产线数据实时呈现、智能进销管理、仓储管理、大数据统计、故障报警等功能为一体，让矿山管理者随时随地监控生产现场，实现远程管理。

6.21.3 工艺技术或装备

（1）矿山生产管理系统；
（2）无人值守自动收料系统；
（3）低压配电系统；
（4）云监控系统；
（5）销售管理系统；
（6）自动装车系统。

6.21.4 推广前景

该系统灵活性强，革新了矿山企业传统的管理思维，提升矿山生产经营管理水平，具有明显的经济效益，可广泛推广应用到矿山行业。

推荐单位：中国砂石协会。

申报单位：新乡市中誉鼎力软件科技股份有限公司。

资料来源：自然资源部《矿产资源节约和综合利用先进适用技术目录（2019年版）》。

6.22 矿产资源数字化评价与开采软件

6.22.1 适用范围

金属、非金属矿山。

6.22.2 基本原理

运用多维可视化技术，实现矿山信息数据一体化管理，并在此基础上，结合GIS、地质统计学、运筹学、图论等学科分别集成了三维地质建模、矿山生产规划优化、品位估算、储量计算、三维采矿设计、通风网络解算等功能模块。

6.22.3 工艺技术或装备

（1）多种三维地质体建模新理论和新算法及矿产资源评价方法；

（2）创立了以三维资源数字模型和优化理论为基础的矿山生产规划"五维"优化模型和方法；

（3）创立了以开采单元、采矿工程和回采爆破为基础构建单元的三维采矿设计模型和方法；

（4）以三维设计平台为基础，集成创新了矿井通风网络调需技术。

6.22.4 推广前景

该技术在国内有色、黑色、煤炭、冶金、化工、建材等行业的400余家矿山、设计研究院所和大专院校成功实施，经济技术指标处于先进水平，随着在行业中广泛推广应用，其潜在经济效益达数百亿元，有力地推动了行业的技术进步。

推荐单位：中国有色金属工业协会。

申报单位：中南大学。

资料来源：自然资源部《矿产资源节约和综合利用先进适用技术目录（2019年版）》。

6.23 露天开采可视化调度管理系统

6.23.1 适用范围

大型露天矿山。

6.23.2 基本原理

集成地质、岩土、采矿、安全、测绘、电子信息、通信等多个学科技术，根据矿山的工作流程及管理规范进行完全的规划实施；建设一体五平台的资源管控体系，各平台体系通过共同构建与研发的关键技术、产品，形成数据共享、信息互联、联动调配、综合分析的矿山一体化数据云；通过关键技术及产品的运用，建立整体集成的管控平台，促进矿山资源管理水平的提升。

6.23.3 工艺技术或装备

(1) 资源开采储量动态管理平台；
(2) 4D 矿山采矿模型实时自动更新系统；
(3) 可视化引导采矿终端系统；
(4) 资源规划与监控系统；
(5) 大均化联合配矿系统。

6.23.4 推广前景

该技术能够按照生产流程将配矿、规划、开采实现全流程的信息交互与管理，针对配矿和规划建立的指导性系统，提高了矿山回采率，为资源保护和下游冶炼环节的能源节约起到了直接推动作用，减少企业冶炼过程电能消耗千万瓦，减少冶炼废气排放近亿吨，具有施工快速简便等特点，对露天铝土矿开采具有良好的推广前景。

推荐单位：中国铝业股份有限公司。

申报单位：中国有色金属长沙勘察设计研究院有限公司。

资料来源：自然资源部《矿产资源节约和综合利用先进适用技术目录（2019年版)》。

6.24 矿山采场安全预防精细化管理系统

6.24.1 适用范围

矿山采场安全管理。

6.24.2 基本原理

设计检查表单覆盖所有安全隐患，通过派工任务来执行安全隐患排查（现场填写检查表单），系统分级预控、动态管理来消除隐患，确保矿企安全作业。

6.24.3 工艺技术或装备

(1) 数据库：活动作业类工作面数据库和设备设施类工作面数据库；
(2) 云工作表单：全覆盖危险源安全隐患检查表；
(3) 任务：信息化采集现场数据；
(4) 预警：安全隐患分级管控和闭环整改；
(5) 添加预警条件：危险源数据库建立；
(6) 统计：安全隐患分析及对工作指导；
(7) 评论打分功能：绩效考核数据真实客观化。

6.24.4 推广前景

该系统符合矿山企业的安全管理需求，能为企业提供现场安全风险和生产质量管理的移动互联网解决方案，实现企业精细化管理，有效控制安全事故的发生，降低企业经营风险，推广前景较好。

推荐单位：绿色矿山推进委员会。

申报单位：河南发恩德矿业有限公司。

资料来源：自然资源部《矿产资源节约和综合利用先进适用技术目录（2019年版)》。

6.25 建筑骨料矿山"三废"排放数字化监测与综合利用技术

6.25.1 适用范围

非金属矿山开采。

6.25.2 基本原理

骨料整体生产过程中全部采用废气处理设施，避免含尘废气直接排放。骨料生产及采矿过程中的雨水、清洗用水，全过程循环利用，不设外排接口。骨料生产过程中的废渣全程回收，用于其他产业原材料以及采矿回填，解决环境污染问题，实现绿色矿山开采。

6.25.3 工艺技术或装备

(1) 环境质量实时监测系统；
(2) 行业先进的骨料加工技术；
(3) 高效率废渣浓缩技术以及废料处理技术；
(4) 废渣处理及综合利用技术。

6.25.4 推广前景

该技术解决了传统骨料行业开采时产生的含尘废气、废水、废渣对环境的污染，实现了生产矿区三废的综合治理，适合在全国建材行业矿山开采和骨料加工行业推广应用。

推荐单位：浙江省自然资源厅。

申报单位：日昌升集团有限公司。

资料来源：自然资源部《矿产资源节约和综合利用先进适用技术目录（2019年版）》。

6.26 大比高露天矿破碎筛分及外部开拓运输系统无人化控制技术

6.26.1 适用范围

露天矿破碎筛分、开拓运输系统自动化信息化技术改造。

6.26.2 基本原理

利用现代自动化信息技术，解决溜井大块控制、溜井溜口堵塞、胶带保护、矿仓黏矿处理、设备运行状态监控、供配电远程控制、胶带取样、料仓自动布料、远程装车、自动过磅等工艺环节影响因素，实现全系统的无人化远程控制，提高了运行和管理效率，促进了劳动生产率的大幅提升。

6.26.3 工艺技术或装备

（1）开拓运输系统优化；

（2）溜井空高监测技术；

（3）溜口堵矿远程处理技术；

（4）电机车无人驾驶技术；

（5）下向运输胶带系统发电技术；

（6）胶带系统设备运行状态监测技术；

（7）胶带自动取样系统研究技术；

（8）自动处理矿仓内壁黏矿和堵矿技术；

（9）成品装矿远程控制技术；

（10）磅房无人值守技术。

6.26.4 推广前景

该技术适用于大比高或工艺装备已经定型的露天矿破碎筛分及外部开拓运输系统，利用现代化信息技术手段改造提升传统矿山企业的生产和管理模式，使矿山逐步实现信息化、数字化和智能化，提升生产和管理效能。

推荐单位：甘肃省自然资源厅。

申报单位：甘肃西沟矿业有限公司。

资料来源：自然资源部《矿产资源节约和综合利用先进适用技术目录（2019年版）》。

6.27 地面远程遥控井下电机车运输系统

6.27.1 适用范围

地下开采矿山电机车运输系统。

6.27.2 基本原理

对斩波调速电机车的速度给定、风路、控制电源、受电弓、自动保护等进行改造；在电机车上加装自动化控制系统、安装无线通信系统，在电机车车头安装网络摄像头；在井下运输大巷，建设针对井下轨道运输的"信集闭"自动化控制系统。

6.27.3 工艺技术或装备

（1）地下矿山电机车运输系统地面远程控制；

（2）地下矿山运输自动化系统；

（3）失电自保、通信异常自恢复、气压失压控制等多种电机车运行自动保护功能。

6.27.4 推广前景

该系统将操作人员从井下移到了井上，实现了电机车从卸载点到装载点的全程运行控制，降低了人力资源成本，确保了矿石质量，降低人为操作所造成的经济损失，降低了电机车运行耗电效益，提升设备完好率，对全国同类矿山具有借鉴价值。

推荐单位：中国冶金矿山企业协会。

申报单位：首钢集团有限公司矿业公司。

资料来源：自然资源部《矿产资源节约和综合利用先进适用技术目录（2019年版）》。

6.28 井下碎石机远程控制技术

6.28.1 适用范围

矿山井下碎石。

6.28.2 基本原理

远程控制以局域网控制总线系统为基础分为井下控制系统和地表控制室两部分，两部分的通信链路使用光缆专线；建立视频监控系统，在井下碎石机硐室安装摄像机，实现井下现场监控；组建碎石机控制光纤专网，实现碎石机专网与井下工业环网、办公局域网的互联互通；地表管控中心碎石机操控台上的用户界面实时显示液压站及大臂的主要工作状态变量，作为大臂的远程控制；通过远程控制模块对碎石机控制柜进行远程启停及数据采集，利用 CAN 总线技术进行通信，对碎石机进行实时监控及故障诊断。

6.28.3 工艺技术或装备

（1）井下碎石机远程控制技术和设备；
（2）井下碎石机数据采集和传输技术及设备；
（3）井下碎石机系统通信技术及设备；
（4）中控室操控台分时控制多台破碎设备技术；
（5）井下碎石机系统安全监控技术和设备。

6.28.4 推广前景

该技术可减少生产等待时间，减少井下现场作业人员数量和劳动强度，提高了作业效率和经济效益，提升了矿山智能化水平。

推荐单位：中国黄金协会。
申报单位：山东黄金矿业股份有限公司新城金矿。
资料来源：自然资源部《矿产资源节约和综合利用先进适用技术目录（2019年版）》。

6.29 井下移动基站

6.29.1 适用范围

矿山井下通信。

6.29.2 基本原理

利用无线网桥的通信模式，解决矿石井下最后 1 公里的语音、数据、视频等无线传输，采用大功率 5.8GHz 达到覆盖范围远、无 2.4G 干扰、高速移动下信号稳定传输。

6.29.3 工艺技术或装备

（1）无线网桥设备；

（2）5.8GHz 频点，高速移动情况下无线信号稳定传输。

6.29.4 推广前景

该技术解决了矿山企业信息化现场工作"最后 1 公里"的瓶颈问题，消除了矿山信息化终端盲点，对罐笼安全运行及维护维修起到了重要作用，具有很大的推广前景。

推荐单位：中国黄金集团有限公司。

申报单位：湖北三鑫金铜股份有限公司。

资料来源：自然资源部《矿产资源节约和综合利用先进适用技术目录（2019年版）》。

6.30 非煤矿山井下用 LED 节能照明设备

6.30.1 适用范围

非煤矿山照明。

6.30.2 基本原理

非煤矿山井下用 LED 节能照明设备，由亚克力外壳、太阳花散热片、灯托、开关电源模块及 LED 驱动模块组成。采用高品质大功率正白光 LED 固体冷光源，能耗低，光效高，照射值高；使用直流低压供电，无频闪和电磁干扰。由恒流驱动器提供恒定的电流驱动点亮 LED，当输入电压有较大波动时，LED 的亮度无变化。具有防爆、密封、防水、防尘、防腐蚀、亮度大、安全稳定性高的特点，是一款可以完全取代老式白炽灯、荧光节能灯的新型节能巷道灯。

6.30.3 工艺技术或装备

（1）三防（防水，防尘，防腐蚀）；

（2）提高功率因数和效率；

（3）解决散热以延长 LED 灯具寿命。

6.30.4 推广前景

该照明设备发光效率高，使用寿命长，损坏率低，节电潜力大，适用于非煤矿山照明。

推荐单位：中国冶金地质总局。

申报单位：山东正元冶达科技发展有限公司。

资料来源：自然资源部《矿产资源节约和综合利用先进适用技术目录（2019年版）》。

6.31　采区移动设备智能化监管系统

6.31.1　适用范围

建筑石料及其他非金属矿加工。

6.31.2　基本原理

通过采用无线通信网络与安装在调度中心内的车辆监控调度系统构建集车辆监控、派遣、调度于一体的现代化的调度系统。每台车上安装现场采集站，读取车辆的位置坐标和工作状态，并与中心站处以同频段数据通信，中心站通过 PC 每 2s 循环扫描各个现场采集站数据，将其存入数据库中，并在显示屏上集中显示，通过话筒进行语音调度。通过 RFID 技术、车辆自动识别技术，自动记录矿石运输中车辆、采区、平台、挖机、运价、运量、过磅时间、值班人等基础信息，对平台、挖机、汽车装载运输量及成本信息进行自动统计，同时对汽车过载行为进行控制。

6.31.3　工艺技术或装备

（1）移动设备定位；

（2）车辆轨迹与产量核对技术；

（3）远程过磅数量查询与打印，过磅信息、成本自动统计技术。

6.31.4　推广前景

该技术应用可以大幅度减少统计工人的劳动强度，提高产量统计准确性，有效提高产量统计记录效率。同时，可以加强移动设备管理，节约人力物力，降低移动设备安全风险，保证矿山安全高效地进行移动设备调度。技术的推广应用有助于提高砂石类等矿山数字化、精细化、智能化管理水平，提高效率、降低安全风险，推广前景广阔。

推荐单位：浙江省自然资源厅。

申报单位：湖州新开元碎石有限公司、南京工业大学。

资料来源：自然资源部《矿产资源节约和综合利用先进适用技术目录（2019年版）》。

7 煤炭洗选综合利用技术及装备

7.1 易选煤复合式干法选煤技术与工艺

7.1.1 适用范围

主要用于干旱缺水地区排矸脱硫。

7.1.2 基本原理

借助机械振动使分选物料在床面上做螺旋翻转运动，料层上部低密度矿粒逐次被剥离，形成精煤产品；利用入选原煤中所含细粒煤作为自生介质，与床面上升气流组成气-固两相混合悬浮体进行分选；利用高密度矸石颗粒相互挤压碰撞产生的浮力效应强化煤矸分离；利用析离和风力的综合作用进行分选；物料通过床面上设置的平行格条及沟槽分选。

7.1.3 工艺技术或装备

风力干选，利用上吹风力对梯形振动筛面上的物料按密度进行分选。

7.1.4 推广前景

我国陕西、内蒙古、宁夏等省（市、自治区）煤炭资源丰富，水资源缺乏、自然环境干燥少雨、煤产量巨大，随着主要煤产地的西移，该技术具有广阔的应用前景。

推荐单位：国家能源集团。

申报单位：神华集团金锋公司韩家村选煤厂。

资料来源：自然资源部《矿产资源节约和综合利用先进适用技术目录（2019年版）》。

7.2 干法矿物高效分离技术

7.2.1 适用范围

煤炭干法分选。

7.2.2 基本原理

采用阶梯式分离原理，根据不同阶梯区间的分选功能，实现自生介质的不同程度流态化，各区间同时配合不同程度的激振力，形成振动流化床与阶梯分离的综合力场，实现物料按密度分层，使高低密度物料在不同分离区间分别越过溢流堰而完整分离。

7.2.3 工艺技术或装备

（1）分离床体振动力、风力组合干法分选；
（2）整体全封闭高度模块化设计；
（3）高效喷淋降尘系统。

7.2.4 推广前景

该技术具有选煤不用水的特点，能有效解决水洗煤泥处理难、污染严重问题，综合节能能力和二氧化碳减排能力巨大，可在西部缺水地区推广。

推荐单位：中国煤炭加工利用协会。

申报单位：唐山市神州机械有限公司。

资料来源：自然资源部《矿产资源节约和综合利用先进适用技术目录（2019年版）》。

7.3 模块式干法重介质流化床选煤关键技术与装备

7.3.1 适用范围

干法分选煤炭，原煤排矸，动力煤分选，易泥化煤分选，生产超低灰精煤。

7.3.2 基本原理

在微细颗粒介质床中均匀通入气流，使颗粒介质流化，形成具有一定密度和流体性质的气固两相悬浮体。入选物料进入到气固两相悬浮体中，按密度差异进行分层，轻产物即精煤上浮，重产物即矸石下沉，从而实现不同密度颗粒的分离。

7.3.3 工艺技术或装备

（1）装配式两段复合大压降耐磨抗堵布风装置；
（2）重介质内循环装置；
（3）独立双驱动新型产品输送装置；
（4）高效干法选煤系统。

7.3.4　推广前景

我国煤炭的 2/3 以上分布在西部干旱缺水地区，随着水资源短缺问题日益突出，急需发展洁净煤技术。另外，由于缺水是全球性问题，开发高效干法选煤技术对南非、澳大利亚、蒙古等煤炭资源丰富但水资源匮乏的国家的煤炭分选具有重要意义。"一带一路"倡议沿线国家煤炭资源丰富、水资源短缺，为高效干法选煤技术的发展提供了机遇，该技术具有广阔的应用前景。

推荐单位：中国煤炭工业协会。

申报单位：中国矿业大学。

资料来源：自然资源部《矿产资源节约和综合利用先进适用技术目录（2019年版）》。

7.4　全粒级干法选煤节能技术

7.4.1　适用范围

煤炭行业，矿井煤炭一次性全粒级分选加工。

7.4.2　基本原理

采用 X 射线智能物理识别技术，对不低于 80mm 以上的大粒煤炭实施智能分选；对不高于 80mm 的煤炭采用复合式干法选煤技术；同时，集成煤粉成型工艺，实现煤泥及粉煤在无任何黏结剂条件下压块成型，提高粉煤的热效率。通过设备集成，可实现井口混煤全粒级一次净选，吨煤节电可达 2.17kW·h。

7.4.3　工艺技术或装备

（1）利用 X 射线对煤与矸石的精确识别技术，实现 80mm 以上大粒径煤炭智能分选；

（2）细粒粉煤无任何黏结剂条件下的成型工艺设计，使型煤落下强度大于 50%；

（3）复合式干法选煤设备处理能力单机达到 500t/h，通过床面及整机抗应力计算，实施整体去应力退火，提高其强度和刚度，实现稳定运行；

（4）全粒级分选机集成设计，实现原煤全粒级一次净选；

（5）主要技术指标。入料粒度范围较宽，0~300mm 全粒级入选；单机处理能力达 500t/h；分选精度 E_p>0.13~0.23，数量效率>95%；无黏结剂煤粉成型机成型率>90%，落下强度>50%。

7.4.4 典型用户及投资效益

典型用户：鄂尔多斯市转龙湾煤炭有限公司、徐矿集团新疆天山矿业有限公司以及神华集团所属煤矿等。

7.4.4.1 鄂尔多斯市转龙湾煤炭有限公司600型全粒级干法选煤项目

建设规模：600型全粒级干法选煤系统，处理能力300万吨/年。建设条件：新建300万吨/年干法选煤厂，占地面积8000m²，项目为露天生产，无须基建设施，配电利用原500万吨/年淘汰选煤厂电力系统。主要技改内容：新建全粒级干法选煤厂，处理能力300万吨/年。主要设备：全粒级干法选煤系统。节能技改投资额2430万元，建设期3个月。项目可实现年节能量2275t，碳减排量5332吨CO_2。年节能经济效益为597万元，投资回收期约6个月。

7.4.4.2 徐矿集团新疆天山矿业有限公司全粒级干法选煤项目

建设规模：新建150型全粒级干法选煤系统和400型全粒级干法选煤系统，处理能力分别为60万吨/年和200万吨/年。建设条件：新建260万吨/年干法选煤厂，占地面积5200m²，项目为露天生产，无须基建设施。主要技改内容：新建全粒级干法选煤厂，处理能力260万吨/年。

主要设备：150型和400型全粒级干法选煤系统。节能技改投资额2236万元，建设期3个月。

项目可实现年节能量1800t，碳减排量4200吨CO_2。年节能经济效益为471.7万元，投资回收期约8个月。

7.4.5 推广前景

在煤炭采掘过程中，矸石、硫分等矿物杂质被同步采出。由于煤质、粒径、含水率等不同条件的影响，现有技术不能满足井口一次性去灰、脱水、分级的需要，造成能源、运力浪费和环境污染。

煤炭洗选加工产业规模较大，年原煤处理需求可达30多亿吨。原煤洗选加工是节约能源、降低污染物排放的最经济有效的技术措施，节能减碳潜力巨大。该技术分别采用复合式干法选煤、X射线智能分选、振动混流煤炭脱水和粉煤无黏结剂成型等技术，实现井口一次净选分级加工，具有较大的节能潜力。

资料来源：国家发展和改革委员会《国家重点节能低碳技术推广目录（2017年本，节能部分）》。

7.5 高硫煤矸石高密度重介分选技术

7.5.1 适用范围

高硫煤矸石及高硫煤。

7.5.2 基本原理

三产品重介旋流器分选是第一段为主选，采用一定密度悬浮液进行分选，选出尾矿和再选入料，同时由于悬浮液浓缩的结果，为第二段准备了高密度悬浮液。第二段为再选，分选出中矿和硫铁矿两种产品。一段为圆台旋流器，二段为圆锥旋流器，物料进入旋流器后，在离心力场和密度场作用下，基本遵循"阿基米德"原理，当被选物料进入后逐步扩散，并按颗粒的密度分离，密度较高的很快靠近旋流器壁，在外螺旋流作用下，由底流口外出，密度较轻的在内螺旋上升流作用下，从溢流口排出，从而完成分选过程。

7.5.3 工艺技术或装备

（1）破碎解离试验确定合理的入料粒度上限；
（2）新型三产品重介旋流器。

7.5.4 推广前景

该技术通过合理地对煤矸石脱硫，既获得了宝贵的硫铁矿资源，又可生产出沸腾煤作为综合利用电厂的发电用煤，实现煤矸石的综合利用，对高硫煤矿区的煤矸石综合利用有广泛的应用前景。

推荐单位：重庆市规划和自然资源局。

申报单位：南桐矿业有限责任公司干坝子洗选厂。

资料来源：自然资源部《矿产资源节约和综合利用先进适用技术目录（2019年版）》。

7.6 选煤厂重介悬浮液分选密度闭环控制技术

7.6.1 适用范围

选煤厂重介洗选密度自动化控制。

7.6.2 基本原理

利用控制模块采集精煤产品实时灰分（灰分仪数据）、精煤产品小时灰分（化验室数据）、悬浮液密度（密度计数据）等数据。将各种监测数据以及预先设定好的PID、模糊或神经网络等算法输入算法模块，依据精煤产品灰分的变化、当前悬浮液密度以及产品指标要求，计算出目标悬浮液密度的大小，送给控制执行模块进行调节。

7.6.3 工艺技术或装备

（1）密度计、灰分仪等数据检测设备；
（2）重介灰分闭环控制系统；
（3）重介悬浮液清水补加电动执行器。

7.6.4 推广前景

该技术通过改造完善控制系统，提高洗煤厂控制精度，提升自动化水平，有效提高产品质量、产量，节约人工，社会环境效益明显。

推荐单位：中国煤炭工业协会。

申报单位：淮北矿业（集团）有限责任公司涡北选煤厂。

资料来源：自然资源部《矿产资源节约和综合利用先进适用技术目录（2019年版）》。

7.7 高效节能煤炭分粒级分选技术

7.7.1 适用范围

煤炭资源清洁加工利用。

7.7.2 基本原理

原煤筛分成块煤与末煤，分别入选，两者的重介质回收净化系统共用，分选密度能独立调控且保证分选精度，形成高效节能的分选技术，实现主厂房分选设备以及煤泥水浓缩设备的紧凑布置，形成高效节能的分选技术。

7.7.3 工艺技术或装备

（1）重介质悬浮液密度稳定性及精确调节技术；
（2）重介质悬浮液混合回收及悬浮液密度稳定技术；
（3）动力煤原煤高效分级技术；
（4）选煤工艺设备布置；
（5）煤泥水澄清浓缩池空间布置。

7.7.4 推广前景

该技术具有节能节地、吨煤电耗低等特点，按照我国原煤入选率要达到80%的目标测算，预计可节约用电6.67亿千瓦时，新增销售额156.28亿元，新增利润76.73亿元，经济社会效益显著，具有较好的推广前景。

推荐单位：中国煤炭工业协会。

申报单位：华北科技学院。

资料来源：自然资源部《矿产资源节约和综合利用先进适用技术目录（2019年版）》。

7.8　末煤高温流化床干燥提质工艺技术

7.8.1　适用范围

末煤脱水。

7.8.2　基本原理

采用550℃左右的热空气作为干燥热源，利用热源进行煤炭干燥。湿煤颗粒与燃烧煤粉产生的高温热烟气通过目前热效率最高的"流态化"干燥模式，在流化床干燥机内实现快速热交换，达到脱除水分、提高发热量的目的，以及防止煤炭冬季运输的冻车问题。

7.8.3　工艺技术或装备

（1）高温流化床干燥技术；

（2）控氧技术；

（3）安全自动化控制技术；

（4）高效固气分离技术；

（5）无尘化管道输送技术。

7.8.4　推广前景

该技术工业化应用高，技术成熟，在达到降水提质的目的同时防止过干燥，可以大幅度降低烟气中的粉尘、SO_x、NO_x 等有害成分的排放，清洁环保，可促进高产高效矿井的可持续发展。

推荐单位：山东省自然资源厅。

申报单位：淄博矿业集团有限责任公司。

资料来源：自然资源部《矿产资源节约和综合利用先进适用技术目录（2019年版）》。

7.9　浮选药剂添加智能控制系统

7.9.1　适用范围

煤泥浮选过程智能控制。

7.9.2 基本原理

根据入厂煤质的变化情况、入浮矿浆量、入浮浓度、产品指标要求等进行分析，结合现场人工经验，运用机器学习算法，建立基于浮选药剂添加预测模型的控制系统，实现加药量智能控制。

7.9.3 工艺技术或装备

（1）将不同平台检测到的数据统一到同一平台内。并对获得的数据，通过不同机器学习算法建立药剂预测模型，并建立模型的滚动优化机制；

（2）将所建立的药剂预测模型融合到控制系统中，通过在线检测得到的变量作为控制系统的输入量，实时预测当前药剂添加量，实现药剂量的智能控制。

7.9.4 推广前景

该技术可提高煤泥浮选过程自动化水平，降低劳动强度和药剂消耗，保证产品质量，经济效益显著，可在全国同类选煤厂推广应用。

推荐单位：中国煤炭工业协会。

申报单位：淮北矿业（集团）有限责任公司临涣选煤厂。

资料来源：自然资源部《矿产资源节约和综合利用先进适用技术目录（2019年版）》。

7.10 贫煤和贫瘦煤高炉喷吹技术

7.10.1 适用范围

凡低硫、低灰贫煤和贫瘦煤均可应用。

7.10.2 基本原理

根据贫煤和贫瘦煤显微结构以及喷吹、燃烧和安全性能，确定不同高炉炉型喷吹贫煤和贫瘦煤的喷煤指标及操作工艺，利用贫煤和贫瘦煤高炉喷吹安全监控系统、高炉喷吹贫煤和贫瘦煤的专用燃烧促进剂，解决高炉喷吹贫煤和贫瘦煤安全问题，实现贫煤和贫瘦煤的高炉高效喷吹燃烧。

7.10.3 工艺技术或装备

（1）贫煤、贫瘦煤煤粉高炉燃烧方式与参数；

（2）贫煤、贫瘦煤煤粉高炉喷吹燃烧工艺与流程控制技术；

（3）贫煤、贫瘦煤煤粉燃烧促进剂；

（4）贫煤、贫瘦煤煤粉燃烧安全防爆技术。

7.10.4 推广前景

该技术解决了高炉喷吹贫煤和贫瘦煤的安全问题，实现贫煤和贫瘦煤的高炉高效喷吹燃烧，节约稀缺的炼焦煤资源，降低生产成本，提高全员劳动生产率，应用效益显著。

推荐单位：山西省自然资源厅。

申报单位：山西潞安煤业集团有限责任公司。

资料来源：自然资源部《矿产资源节约和综合利用先进适用技术目录（2019年版)》。

7.11 煤泥复合循环流化床洁净焚烧利用技术

7.11.1 适用范围

煤炭洗选产生的低热值煤泥。

7.11.2 基本原理

焚烧锅炉的密相区采用异密度流化床燃烧技术和梯形不均等配风流化技术实现了大颗粒物料在流化床内的高效循环燃烧，增加了固体颗粒在床内的停留时间，大大提高了煤泥的燃烧效率。在悬浮室出口设有分离回输装置——组合式旋涡分离器，被热烟气带出的煤体物料和较大的煤泥颗粒团被分离器分离、捕捉，通过回输通道返回燃烧室下部密相区，既减少了煤体物料的损失，又实现了煤泥颗粒团的循环燃烧，从而获得高的燃烧效率。

7.11.3 工艺技术或装备

（1）煤泥泵送系统及煤泥蒸汽粒化床上给料技术；

（2）异密度流化床燃烧技术和梯形不均等配风流化技术；

（3）组合式旋涡分离器实现煤泥颗粒团的循环燃烧；

（4）采用石英砂与石灰石作为异密度流化床的煤体物料实现煤泥的异密度循环流化床燃烧；

（5）低氮燃烧技术和炉内脱硫技术；

（6）采用冗余设计提高控制系统可靠性。

7.11.4 推广前景

该技术可以减少煤泥造成的环境污染和土地浪费，将煤泥变废为宝，进行综合利用，节约大量优质煤炭资源，具有显著的节能减排和废弃物综合利用成效，能产生较好的环境效益、社会效益和经济效益。

推荐单位：国家能源集团。

申报单位：神华宁夏煤业集团有限责任公司、杭州聚能合同能源管理有限公司。

资料来源：自然资源部《矿产资源节约和综合利用先进适用技术目录（2019年版）》。

7.12 煤系共伴生油页岩资源综合利用技术

7.12.1 适用范围

具有煤系伴生油页岩资源的同类矿区。

7.12.2 基本原理

采用"SJ-Ⅳ直立方炉-低温热解—内燃内热-气体热载体"干馏工艺。工艺技术路线为：油页岩筛选制备、低温干馏、冷凝回收（煤气净化）、油品外销、尾气半焦发电。

7.12.3 工艺技术或装备

（1）采用SJ-Ⅳ型低温干馏方炉实现均匀布料、集气、加热、出料；

（2）通过调整气体量、混合比、干馏温度、出口温度、压力和出焦量实现方炉集中控制；

（3）尾气经过三级净化处理后用作回炉加热原料和发电燃料；

（4）输料、筛分和筛焦系统全封闭运行技术；

（5）熄焦、尾气净化系统采取封闭运行，减少了有害气体随水蒸气挥发；

（6）盈余废水通过处理后循环利用技术。

7.12.4 推广前景

该技术符合国家产业政策，以"节约能源、提高效益、保护环境"为原则，遵循清洁生产和循环经济理念，单炉设计处理能力500吨/（台·天），油收效率在同类项目中属中等偏上，在油页岩综合利用领域具有较强的优越性和示范性，为油页岩炼油、褐煤提质提供了一种选择途径。

推荐单位：甘肃省自然资源厅。

申报单位：窑街煤电集团有限公司。

资料来源：自然资源部《矿产资源节约和综合利用先进适用技术目录（2019年版）》。

7.13 煤矸石固废制备超细煅烧高岭土技术与装备

7.13.1 适用范围

适用于非金属矿超细深加工制备微米级超细粉体功能材料领域。

7.13.2 基本原理

煤矸石加工超细煅烧高岭土通常的生产工艺过程主要包括原矿破碎、粉碎、粉磨、配浆、超细研磨、干燥、解聚、煅烧、再解聚、成品包装等。工艺流程图如图7-1所示。

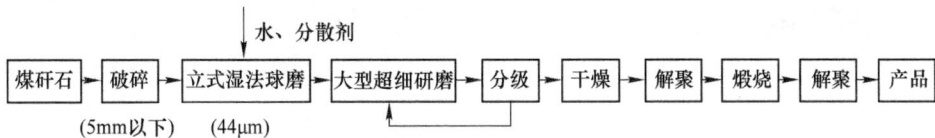

图7-1 工艺流程图

7.13.3 工艺技术或装备

核心技术是原矿粉碎粉磨技术与装备、超细加工技术与装备、煅烧技术与装备等。

（1）核心装备大型化，立式湿法球磨机取代传统干法粉磨设备，减少粉尘污染，采用超细研磨机，节能率约30%；

（2）采用高浓浆料分级机，相比分级设备工艺简化、效率提升；

（3）采用多炉膛立窑、内热式回转窑煅烧，高效节能。

技术指标：单线年产能10万吨；吨产品磨矿电耗120kW·h、煤耗290kg；产品细度最高能达-2μm的质量分数占90%以上，白度最高，能达96%，分散性低于45μm，吸油值最高能达100g/100g。

7.13.4 应用案例

内蒙古超牌建材科技有限公司超细煅烧高岭土项目。技术提供单位为内蒙古超牌建材科技有限公司。

7.13.4.1 用户用能情况简单说明

年产能10万吨，吨产品磨矿电耗120kW·h，吨产品耗标煤290kg。

7.13.4.2 实施内容及周期

新建超细煅烧高岭土生产线，安装、调试湿法球磨机、超细研磨机、高浓度浆料分级机和煅烧回转窑等设备。建成后，吨产品磨矿可节电80kW·h以上，煅烧、干燥等工序吨产品节约标煤160kg。实施周期6个月。

节能减排效果及投资回收期年节约总电量约 800 万千瓦时、折合约 2720t 标煤，煅烧、干燥等工序节约标煤 1.6 万吨，可形成综合节能 1.87 万吨标煤，按每吨标煤 600 元估算，每年可节约煤炭费用 1122 万元。该项目投资约 3795 万元，投资回收期约 3.4 年。

7.13.5 推广前景

预计未来 5 年，推广应用比例可达到 15%，可形成节能 28 万吨/年，减排 CO_2 75.6 万吨/年。

资料来源：工业和信息化部《国家工业节能技术装备推荐目录（2019）》。

7.14 矸石电厂及瓦斯发电余热热电冷联供技术

7.14.1 适用范围

高瓦斯、高地温矿井。

7.14.2 基本原理

利用矸石电厂和瓦斯电站发电余热为动力，采用溴化锂吸收式制冷机、离心式电制冷机制出的低温冷水，由保温管输送至井下冷媒分配站，再由井下冷媒分配站将冷水分配到井下各采区采掘头面，经末端设备（空冷器）将冷水中冷量转换为冷风，以达到降温效果。

7.14.3 工艺技术或装备

（1）溴化锂吸收式制冷技术；
（2）井下冷媒高低压交换、分配及控制技术。

7.14.4 推广前景

该技术从原理上实现了对能源的梯级利用，科学合理的联产系统配置与利用方式，具有较大的节能潜力。同时，系统能源利用效率的提高及瓦斯气清洁能源的应用，对降低二氧化碳及其他空气污染物（SO_x、NO_x 和烟尘等）排放具有积极作用。

推荐单位：安徽省自然资源厅。
申报单位：安徽淮南矿业（集团）有限责任公司。
资料来源：自然资源部《矿产资源节约和综合利用先进适用技术目录（2019年版)》。

7.15 煤泥管道输送系统新技术

7.15.1 适用范围

电厂锅炉综合利用发电。

7.15.2 基本原理

采用高压可控泵送、煤泥预先处理、物料正压吸入、多功能给料、系统物料分配、管道密封减震、低摩阻复合管，可把高浓度、高阻力的煤泥以无级变量的方式，从洗煤厂安全可靠地输送到坑口电厂低热值循环流化床锅炉，进行长期稳定燃烧。

7.15.3 工艺技术或装备

(1) 煤泥预处理技术；
(2) 高压可控泵送技术；
(3) 煤泥在管道中改向与分流技术；
(4) 管道的密封与减阻技术；
(5) 多功能给料技术以及控制技术。

7.15.4 推广前景

该技术可使企业最大限度地利用有限的煤炭资源，减少灰尘、气体及挥发性污染物的排放，减少物流和生产过程的损耗和能源消耗，改善劳动作业环境，达到资源节约、综合利用的目的。

推荐单位：陕西省自然资源厅。

申报单位：黄陵矿业煤矸石发电有限公司、北京中矿环保科技股份有限公司。

资料来源：自然资源部《矿产资源节约和综合利用先进适用技术目录（2019年版)》。

7.16 高矿化度矿井水深度处理技术

7.16.1 适用范围

高矿化度矿井水深度处理。

7.16.2 基本原理

矿井水采用沉淀、过滤等工艺净化处理后作为化工生产用水，对过滤后产生的浓盐水进行二次浓缩后采用蒸发结晶分盐技术进行结晶分盐，实现矿井水的零排放和资源化利用。

7.16.3 工艺技术或装备

（1）脱盐：原水调节池+高效沉淀池+V 型滤池+超滤+反渗透；

（2）二次浓缩：高密度沉淀池+多介质过滤器+弱酸阳离子交换器+高效反渗透；

（3）蒸发结晶分盐：臭氧氧化+MVR 蒸发浓缩+硫酸钠双效蒸发结晶+超滤纳滤+氯化钠双效蒸发结晶+杂盐干化。

7.16.4 推广前景

该技术可将矿井水处理后作为化工生产用水，节约了水资源，实现了矿井疏干水零排放，避免对水环境造成污染，提高生产和生活用水的安全性，经济环境效益明显，对矿井水综合利用及同类型企业实现矿井水全产业链闭路循环具有良好的示范作用。

推荐单位：中国煤炭工业协会。

申报单位：中天合创能源有限责任公司。

资料来源：自然资源部《矿产资源节约和综合利用先进适用技术目录（2019年版）》。

7.17 煤矿矿井水深度处理技术及成套设备

7.17.1 适用范围

煤矿及相关行业含悬浮物含盐废水处理，以及局部终端用水水质提标。

7.17.2 基本原理

将反渗透、纳滤技术等膜分离技术应用于煤矿井下生产系统，在满足煤矿特殊环境下能够本质安全地运行，通过对井下供水管网中的普通生产用水进行净化、深度处理，以达到液压支架等对水质有高要求设备的用水水质标准。

7.17.3 工艺技术或装备

（1）强化絮凝、浅层沉淀和压力式气水相互冲洗过滤相结合的净化处理技术和成套设备；

（2）多级过滤+反渗透与纳滤耦合的深度处理方法和成套设备；

（3）自动加药、自动排泥、全过程监控、远程数据传输的自动化监控系统。

7.17.4 推广前景

该技术已在两淮、神东、兖州等矿区 30 多个煤矿中应用，每年矿井水井下处理利用量 3000 多万吨，节省电费、水资源费、排污费和设备大修费 8000 多万元，可节约地下水资源，解决矿区缺水问题，经济、环境和社会效益显著，推广前景广阔。

推荐单位：安徽省自然资源厅。

申报单位：安徽省勘查技术院。

资料来源：自然资源部《矿产资源节约和综合利用先进适用技术目录（2019年版）》。

7.18 煤矿矿井水超磁分离井下处理技术

7.18.1 适用范围

煤炭行业煤矿井下矿井水处理。

7.18.2 基本原理

通过在混凝装置投加混凝剂、助凝剂和磁种，使悬浮物在较短时间内形成以磁种为"核"的微絮凝体，在流经磁分离机磁盘组时，水中所含的磁性悬浮絮团受到磁场力的作用，被吸附在磁盘盘面上，随着磁盘的转动，迅速从水体中分离出来，从而实现固液分离。分离出的污泥经刮渣和输送装置进入磁分离磁鼓，将这些絮团打散后通过磁鼓的分选，使磁种和非磁性物质分离出来，回收的磁种通过磁种投加泵打入混凝装置前端，循环利用。

7.18.3 工艺技术或装备

（1）技术稳定成熟：核心设备采用钕铁硼稀土永磁钢，磁场强度稳定；

（2）处理时间短：采用稀土磁钢，表面产生磁力是重力的 640 倍以上，能快速捕捉到微小的磁性絮团，泥水分离过程仅需 3~5s，系统内水力停留时间 3~5min；

（3）单位时间的处理效率高，处理量大，设备占地面积小；

（4）运行成本低：药剂使用量仅为常规水处理加药量的 1/3~1/2，装机功率<200kW，运行维护简单，节省人工；

（5）自动化程度高：整套系统可实现自动控制及远程控制，与智慧矿山建设相匹配。

（6）技术指标：悬浮物去除率>90%，COD 去除率>80%，总磷去除率>80%；力停留时间：3~5min；作用力为 640 倍重力；磁粉损失率<3%；节能率 9.5%。

7.18.4　应用案例

协庄煤矿项目。技术提供单位为山东环能环保科技有限公司。

协庄煤矿-300水平产生矿井废水最大水量约420m³/h,据其生产地质条件,水中主要污染物为悬浮物。协庄煤矿井下无水处理系统使污水进仓,增加清仓次数,主排水提升系统磨损严重,维修费用和提升电费高,耗能严重。

在协庄煤矿-300水平水仓前通道内建设500m³/h磁分离水处理系统,包括巷道改造、设备安装、主材安装、单机调试、调试运行。实施周期4个月。

改造完成后,矿井水的处理效果较好,平均进水悬浮物SS=350mg/L,出水在5~6mg/L,总磷、COD、铁锰的去除率在95%以上。清水入仓减少水仓清淤的安全风险及费用,减少矿井水提升系统的损坏,实现煤泥资源的最大化回收。

7.18.5　推广前景

全国矿井水综合利用率低,不仅使水中的煤泥资源大量浪费,而且对环境造成污染。我国矿井水处理普遍采用井下沉淀、提升污水上井二次处理工艺技术。矿井水在提升过程中需消耗电能,按照设计要求,吨水百米电耗一般约为0.50kW·h/(t·hm),实际运行常高于此值。由于电耗与所提升矿井水的密度直接相关,因此降低矿井水的密度即可节约提升能耗。

资料来源:工业和信息化部《国家工业节能技术装备推荐目录(2019)》。

7.19　矿井废弃热源综合利用技术

7.19.1　适用范围

拥有大量废水、废热的矿山企业。

7.19.2　基本原理

热源泵技术是利用地球表面浅层水源吸收的太阳能和地热能而形成的低温低位热能资源,采用热泵原理,通过少量的高位电能输入,实现低位热能向高位热能转移的一种技术。

7.19.3　工艺技术或装备

(1)减少能量转换次数,通过换热设备将余热能量直接传递给自身工艺;

(2)利用热功转换技术提高余热品位;

（3）吸收式或吸附式制冷系统利用廉价能源和低品位热能避免电耗，采用不含对臭氧层有破坏的 CFC 类物质的天然制冷剂；

（4）（水源）热泵技术回收低温余热资源。

7.19.4 推广前景

该技术充分利用矿井废热资源实现供暖、制冷、职工洗浴及井口防冻，整个系统无有害物质排放，有效改善矿区的生态环境，减少由于使用燃煤锅炉引起的有害气体排放，提高大气环境质量，充分利用可再生资源和节约常规优质能源，有利于社会的可持续发展。具有广阔的推广应用前景。

推荐单位：河北省自然资源厅。

申报单位：开滦（集团）有限责任公司东欢坨矿业分公司。

资料来源：自然资源部《矿产资源节约和综合利用先进适用技术目录（2019年版)》。

7.20 乙二醇双级提热热泵技术

7.20.1 适用范围

井工煤矿。

7.20.2 基本原理

矿井回风井排出的热风常年温度恒定，通过降膜式乙二醇溶液水源热泵机组回收矿井回风余热，以满足供热需求。

7.20.3 工艺技术或装备

（1）降膜式乙二醇溶液水源热泵机组；

（2）乏风取热装置；

（3）空气加热机组。

7.20.4 推广前景

该技术可有效避免冻管问题，提高效率实现深度提热，系统维护成本低，受温度、湿度影响小，可靠性好，可广泛应用于矿山、矿洞中。

推荐单位：中国煤炭工业协会。

申报单位：山西文龙中美环能科技股份有限公司。

资料来源：自然资源部《矿产资源节约和综合利用先进适用技术目录（2019年版)》。

7.21 煤矿矿井乏风能量利用技术

7.21.1 适用范围

适用各类矿井。

7.21.2 基本原理

矿井总回风温度、湿度基本保持恒定，其中蕴藏大量低温热能，通过热泵技术回收总回风中的低温热能，满足工业广场地面建筑采暖、井筒防冻及洗浴热水的需求。回风热交换器换热的同时可降低主扇噪声，并使总回风流得到净化，实现煤矿不燃煤，取消燃煤锅炉，减少大气污染。

7.21.3 工艺技术或装备

(1) 矿井乏风热能提取技术；
(2) 热交换技术。

7.21.4 推广前景

该技术实现了煤矿不燃煤，取消燃煤锅炉，减少大气污染，在煤矿中具有节能减排的突出效果，推广前景广泛。

推荐单位：河北省自然资源厅。
申报单位：河北金牛股份公司东庞矿。
资料来源：自然资源部《矿产资源节约和综合利用先进适用技术目录（2019年版）》。

7.22 矿井瓦斯发电

7.22.1 适用范围

瓦斯抽放系统纯瓦斯抽放量在100万立方米/年左右，瓦斯浓度在6%~25%之间的煤矿。

7.22.2 基本原理

由瓦斯抽排设备将井下瓦斯排至地面输送至瓦斯发电站，瓦斯发电机组是以成熟的内燃机技术为基础结合煤矿瓦斯的特点对柴油发电机组加以改造而成。它由原来燃油改为燃烧瓦斯，发动机驱动发电机运转达到由机械能转化为电能的目的。

7. 22. 3 工艺技术或装备

（1）瓦斯混合技术；
（2）自动控制技术；
（3）安全阻火技术。

7. 22. 4 推广前景

该技术在一定程度上改善能源结构，实现"以利用促抽采，以抽采促安全"的煤矿良性循环发展；在抽放站附近建立电站，实现"就地发电，就地使用，多余上网"的模式，缓解区域性电力短缺，具有安全、环保、节能的显著特点，经济效益和社会效益显著。

推荐单位：黑龙江省自然资源厅。

申报单位：沈阳焦煤鸡西盛隆矿业有限责任公司新城煤矿。

资料来源：自然资源部《矿产资源节约和综合利用先进适用技术目录（2019年版）》。

7. 23 煤矿通风瓦斯（乏风）发电利用技术

7. 23. 1 适用范围

建设有低浓瓦斯抽采系统的各类矿井。

7. 23. 2 基本原理

将煤矿抽采浓度低于8%的瓦斯与通风瓦斯（乏风）掺混，使混合瓦斯浓度达到1%左右，进入氧化装置的逆流氧化床，先用少量电能加热启动，达到甲烷氧化反应温度后停止电加热，乏风中的甲烷继续氧化反应，生成二氧化碳并产生热能，从而推动汽轮发电机组发电，由废变宝，减少大气污染。

7. 23. 3 工艺技术或装备

（1）煤矿井下瓦斯抽采技术；
（2）氧化装置加热启动控制技术；
（3）氧化床内温度场调节控制技术；
（4）氧化装置逃逸气体回收控制技术；
（5）蓄热陶瓷材料配方、结构形状及制造工艺；
（6）蒸汽制取及控制技术；
（7）乏风甲烷浓度在线检测技术；
（8）低浓度抽放瓦斯与乏风掺混安全控制技术。

7.23.4 推广前景

该技术主要以煤矿乏风、低浓度瓦斯等有机气体为燃料，可广泛用于煤矿、垃圾填埋场等。

推荐单位：陕西省自然资源厅。

申报单位：陕西彬长大佛寺矿业有限公司。

资料来源：自然资源部《矿产资源节约和综合利用先进适用技术目录（2019年版)》。

7.24 矿井乏风和排水热能综合利用技术

7.24.1 适用范围

煤炭行业煤矿中央并列式通风系统。

7.24.2 技术原理

为了充分利用地热，选用水源热泵机组取代传统的燃煤锅炉。冬季利用水处理设施提供的 20℃ 左右的矿井排水和乏风作为热能介质，通过热泵机组提取矿井水中蕴含的巨大热量，提供 45~55℃ 的高温水为井口供暖。夏季利用同样的水源，通过热泵机组制冷，整体降低进风流的温度来解决矿井高温热害问题。

7.24.3 工艺技术或装备

关键技术：热量提取及换热工艺，矿井供暖末端。

系统主要包括水处理、热量提取及换热系统、热泵系统和进口换热部分，矿井乏风和排水热能综合利用系统流程如图 7-2 所示。

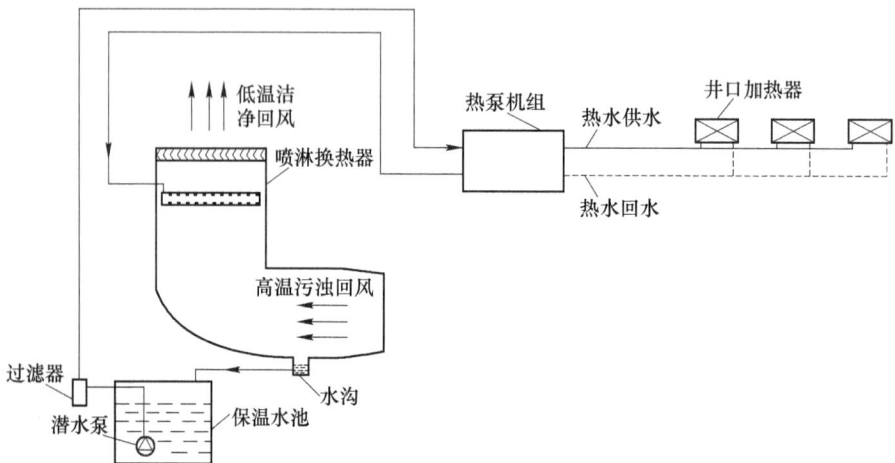

图 7-2 矿井乏风和排水热能综合利用系统流程

7.24.4 典型用户及投资效益

典型用户：孙村煤矿、新巨龙公司、华恒公司。

（1）用户一建设规模。4200kW 矿井乏风和排水系统。主要技改内容：3 台10t 的热力锅炉改造为三台热泵机组，增加热量提取装置。减少燃料排放，净化乏风，处理排水。节能技改投资额 750 万元，建设期 1 年。年节能经济效益 321万元，投资回收期 2 年。

（2）用户二建设规模。2600kW 矿井乏风和排水系统。主要技改内容：1 台20t 的热力锅炉改造为两台热泵机组，增加热量提取装置。减少燃料排放，净化乏风，处理排水。节能技改投资额 550 万元，建设期 1 年。每年可节能 880t，年节能经济效益 200 万元，投资回收期 2.7 年。

7.24.5 推广前景

全国煤矿 80%分布在北方地区，副井都需要供暖，否则影响安全生产。目前基本都采用锅炉供暖，直接消耗一次能源，采用该技术可有效利用矿井乏风和排水的热能，降低一次能源消耗。该技术推广应用经济效益和社会效益显著。

资料来源：国家发展和改革委员会《国家重点节能低碳技术推广目录（2017年本，节能部分）》。

7.25 超低浓度煤矿乏风瓦斯氧化利用技术

7.25.1 适用范围

煤炭行业乏风、超低浓度瓦斯以及垃圾填埋场等排出的低浓度甲烷或其他挥发性有机化合物。

7.25.2 基本原理

该技术采用逆流氧化反应技术（不添加催化剂）对煤矿乏风中的甲烷进行氧化反应处理，也可将低浓度抽排瓦斯兑入乏风中一并氧化处理，提高乏风的利用效率。氧化装置主要由固定式逆流氧化床和控制系统两部分构成。通过排气蓄热、进气预热、进排气交换逆循环，实现通风瓦斯周期性自热氧化反应。同时，通过采用适合在周期性双向逆流冷、热交变状态下稳定可靠提取氧化床内氧化热量的蒸汽锅炉系统，产生饱和蒸汽用于制热或产生过热蒸汽发电。

7.25.3 工艺技术或装备

（1）蜂窝陶瓷组合式大尺度立式氧化床技术；

（2）乏风流量分配技术；

（3）加热启动技术；

（4）大通径整体式角行程乏风气体换向技术；

（5）瓦斯氧化热量提取技术；

（6）乏风瓦斯浓度调节技术；

（7）氧化床温度场准稳态控制技术；

（8）主要技术指标：持续功率 800kW；稳定运行的最低瓦斯浓度≤0.3%；.甲烷氧化率≥97%；进出口气体温差≤40℃；进出口气体阻力损失≤4000Pa；换向阀切换耗时≤3s；连续工作 3 个月；故障低于 2 次。

7.25.4　典型用户及投资效益

应用单位：邯郸矿业集团有限公司聚隆煤矿。

节能改造情况：项目建设以 1 台 40000m³/h 乏风氧化装置为核心设备的乏风瓦斯氧化利用示范工程，项目工程总占地面积约 1500m²，其中建设厂房 500m²。

节能效果：1 台 40000m³/h 乏风氧化装置实现每小时销毁乏风 4 万立方米，生产蒸汽 3t，发电 510kW，设备年运行 7200h，每年节约 812.7t 标煤。

经济效益：项目投资约为 1100 万元，每年收益 150.9 万元，投资回收期约为 6.6 年。

7.25.5　推广前景

煤矿通风瓦斯俗称"乏风"，所含甲烷浓度在 0.75% 以下。据统计，我国煤矿每年排放的甲烷中，矿井乏风占 80% 左右，约为 150 亿立方米，其产生的温室气体效应约为 2 亿吨 CO_2 当量。乏风回收利用的技术问题一直没有得到很好的解决，大量乏风直接排放不仅浪费了能源，而且对环境也会产生不容忽视的影响。该技术推广应用经济效益和社会效益显著。

资料来源：国家发展和改革委员会《国家重点节能低碳技术推广目录（2017年本，节能部分)》。

7.26　智能高效柔性车皮清扫机器人

7.26.1　适用范围

C70、C64、C62 系列敞车车皮车厢清扫。

7.26.2　基本原理

真空吸尘是在电机通电后风机叶轮高速运转，使布置在清扫部件两侧的除尘箱内部形成瞬间真空，内部的气压大大低于外界的气压，在这个气压差的作用下，杂物随着布置在清扫部件前后端吸盘下方的吸口处气流进入除尘箱内，再经过两级过滤,杂物留在除尘箱内部收集箱,通过气缸控制卸灰孔的开合达到卸料的功能。

7.26.3 工艺技术或装备

(1) 多液压系统和真空系统的整合和智能控制技术;
(2) 刮、扫、吸多作业方式组合清扫装置;
(3) 精准目标定位与智能控制技术。

7.26.4 推广前景

该技术可解决选煤作业中人工清扫效率低、安全隐患高、用工量大、劳动力紧缺等问题,可根据列车的实时状态进行车皮同步、异步、选择清扫,提高工作效率和清扫干净度,可在选煤厂中推广应用。

推荐单位:中国煤炭工业协会。

申报单位:淮北矿业集团临涣选煤厂。

资料来源:自然资源部《矿产资源节约和综合利用先进适用技术目录(2019年版)》。

7.27 西部干旱半干旱煤矿区土地复垦的菌根等微生物修复技术

7.27.1 适用范围

西部干旱半干旱煤矿区。

7.27.2 基本原理

利用菌根等微生物自身优势,进行矿区土地复垦,从根本上提高西部煤矿区土地复垦的植物水分利用效率、修复受损根系功能、促进土壤养分和水分吸收运输、改良土壤结构、改善煤矸石理化性质。

7.27.3 工艺技术或装备

(1) 原位菌根材料采集、菌根分泌物收集;
(2) 西部煤矿区菌剂规模化生产与质量检测方法;
(3) 西部煤矿区微生物复垦关键技术。

7.27.4 推广前景

我国超过70%的煤炭产量分布在西部干旱半干旱区,煤炭高强度大规模开发对土地复垦提出了更高的要求,迫切需要一种新技术来提高土地复垦效率,缓解西部干旱半干旱区煤炭资源开发与生态环境的突出矛盾。微生物修复技术为西部煤矿区土地复垦探索出了一条新的途径。

推荐单位：国家能源集团。

申报单位：中国矿业大学（北京）、神华集团有限责任公司。

资料来源：自然资源部《矿产资源节约和综合利用先进适用技术目录（2019年版）》。

8 金属矿选矿及综合利用技术与装备

8.1 高效碎磨技术

8.1.1 适用范围

金属非金属矿选矿。

8.1.2 基本原理

采用破碎机、半自磨机与球磨机组合工艺，实现常规三段一闭路破碎+一段磨矿的功能，取代中碎、细碎、筛分作业，简化工艺流程，实现矿石的最终准备，满足后续选别需要。

8.1.3 工艺技术或装备

（1）关键技术：利用适宜的半自磨机、球磨机、顽石破碎机等关键设备，通过控制系统实时调整工艺、操作和设备等参数，实现生产产品合格、运营成本降低的目标；

（2）关键设备：半自磨机、球磨机、顽石破碎机、水力旋流器及其配套的控制系统。

8.1.4 推广前景

该技术可提高生产稳定性，作业率高，适应矿石性质的变化，提高劳动效率。适用于所有金属非金属矿选矿作业，特别适合于矿石含水含泥多而导致工艺流程不顺畅的情况，适用范围广。

推荐单位：中国矿业联合会。

申报单位：中国恩菲工程技术有限公司。

资料来源：自然资源部《矿产资源节约和综合利用先进适用技术目录（2019年版）》。

8.2 LKBB-I 大型等厚筛

8.2.1 适用范围

金属、非金属、建材、化工等行业的物料筛分。

8.2.2 基本原理

筛面按照等厚筛分的原理设计，呈多段角度，物料在不同角度段运动方式不同，从而快速散开分层，使细粒物料靠近筛面完成透筛。

8.2.3 工艺技术或装备

(1) 筛面多角度段设计；
(2) 钢螺旋弹簧与阻尼器；
(3) 耐磨防腐技术；
(4) 聚氨酯防堵筛板；
(5) 智能控制系统。

8.2.4 推广前景

LKBB-Ⅰ大型等厚筛设计理念先进，处理能力大，筛分效率高，节能环保。
推荐单位：中国冶金矿山企业协会。
申报单位：唐山陆凯科技有限公司。
资料来源：自然资源部《矿产资源节约和综合利用先进适用技术目录（2019年版)》。

8.3 磨矿分级专家控制系统关键技术

8.3.1 适用范围

磨矿分级生产流程。

8.3.2 基本原理

该技术整合了大量具有丰富磨矿分级作业经验的操作人员、工艺专家和控制专家的生产经验和技术知识，具备了对于磨矿分级控制有专家级别的知识、经验和处理问题的能力，能够通过合理的分析和推理，实现了对实际生产过程的指导。

8.3.3 工艺技术或装备

(1) 分布式磨矿分级专家控制系统；
(2) 磨矿分级作业的智能优化控制技术；
(3) 磨矿分级控制系统的协同控制技术。

8.3.4 推广前景

本技术以先进的测控技术为基础，从基础测控到高级智能控制，提出了一套完整的解决方案，设计思想先进，适用性强，运行可靠，有效解决了工艺复杂、矿石原料因素不确定等选矿控制问题。其推广应用对于提升我国选矿生产智能化水平和增强企业的核心竞争力具有重要的现实意义。

推荐单位：云南省自然资源厅。

申报单位：玉溪大红山矿业有限公司、中冶长天国际工程有限责任公司、昆明理工大学。

资料来源：自然资源部《矿产资源节约和综合利用先进适用技术目录（2019年版）》。

8.4 黑色金属矿山高压辊磨机超粉碎及预先抛尾技术与装备

8.4.1 适用范围

黑色金属矿山碎选工序多碎少磨和预先抛尾。

8.4.2 基本原理

高压辊球磨机通过对矿石施加静载高压，使其内部受到极大的损伤而产生众多的裂纹，甚至挤压成更细的颗粒，从而大大减少了后续磨矿的工作量，达到增产、节能的目的。高压辊磨技术的理论基础为层压粉碎理论，层压粉碎是指大量颗粒受到高度的空间约束而集聚在一起，在强大外力作用下互相接触、挤压所形成的群体粉碎。克服了传统破碎重点关注物料粒度上限的下降，即外力对大块颗粒的针对性破碎，而忽略或未主动利用全粒级的破碎和大、小块协同破碎。高压辊破碎产品经过大颗粒磁选机或顺流型湿式磁选机可以抛出大量尾矿，提高入磨品位，有效降低磨矿负荷，达到节能和改善生产指标的效果。

8.4.3 工艺技术或装备

（1）整机采用液压耦合传动、减速机无反力矩固定式机座；
（2）整机使用万向传动轴并且辊轴直接连接；
（3）镶嵌硬质合金柱钉辊面，耐磨性高，寿命长。

8.4.4 推广前景

该技术通过将高效破碎设备与永磁选别设备集成和优化，降低了矿石入磨粒度、磨矿能耗、设备占地面积和单位投资，提高设备作业率，提升了冶金矿山装备的整体技术水平，促进行业技术进步。

推荐单位：重庆市规划和自然资源局、安徽省自然资源厅、湖南省自然资源厅、四川省自然资源厅、中国冶金矿山企业协会。

申报单位：重钢西昌矿业有限公司、马钢（集团）控股有限公司南山矿业公司凹山选厂、长沙矿冶研究院有限责任公司、四川安宁铁钛股份有限公司、成都利君实业股份有限公司。

资料来源：自然资源部《矿产资源节约和综合利用先进适用技术目录（2019年版）》。

8.5　混合铁矿石精确化磨矿与高效回收关键技术

8.5.1　适用范围

混合铁矿石高效梯级回收。

8.5.2　基本原理

基于入磨矿石的抗压强度研究和氏球径半理论公式的应用，形成了适合我国矿山情况的球磨机最佳钢球直径精确计算的具体步骤。基于钢球磨损规律的分析，考虑衬板的磨损并提出球磨机"三测两表两平衡"精确化装补球方法，实现了磨机钢球充填率的动态平衡。根据矿石不同铁矿物的比磁化系数性质差异，采用弱磁—浓缩—集中隔渣—水平磁场脉动高梯度强磁粗选—垂直磁场脉动高梯度强磁扫选高效梯级选铁工艺，实现铁矿物的高效回收。

8.5.3　工艺技术或装备

（1）精确化磨矿分级工艺；
（2）混合铁矿石高效梯级回收利用技术。

8.5.4　推广前景

该技术提高了磨矿产品的均匀性，降低了尾矿中磷的含量，减少尾矿排放和占地，提高了尾矿再选的综合利用量，在难选混合铁矿中具有广阔的推广应用前景。

推荐单位：中国冶金矿山企业协会。
申报单位：南京宝地梅山产城发展有限公司矿业分公司。
资料来源：自然资源部《矿产资源节约和综合利用先进适用技术目录（2019年版）》。

8.6　鞍山式含碳酸盐赤铁矿石高效浮选技术

8.6.1　适用范围

主要处理含有菱铁矿等碳酸盐矿物的赤铁矿或磁铁矿矿石。

8.6.2 基本原理

在强酸性条件下可实现磁铁矿、赤铁矿与石英、菱铁矿和铁白云石的浮选分离；在强碱性条件下采用淀粉、$(NaPO_3)_6$ 和 $CaCl_2$ 组合可以实现石英与赤铁矿和磁铁矿的浮选分离。

8.6.3 工艺技术或装备

（1）"分步浮选"技术，第一步在中性条件下采用正浮选分选菱铁矿，第二步在强碱性条件下采用反浮选工艺分选赤铁矿与石英，生产出合格铁精矿；

（2）菱铁矿中性优先浮选组合药剂。

8.6.4 推广前景

该技术已在东鞍山地区得到工业化应用，为含碳酸盐复杂难处理资源高效利用提供了技术支撑，可以在太钢峨口铁矿、宝钢梅山铁矿、重钢綦江铁矿、酒泉钢铁公司、新疆切列克其铁矿等地进行推广应用。

推荐单位：鞍钢集团有限公司。

申报单位：鞍钢集团有限公司辽宁东鞍山烧结厂。

资料来源：自然资源部《矿产资源节约和综合利用先进适用技术目录（2019年版）》。

8.7 低品位菱铁矿、褐铁矿回转窑磁化焙烧–磁选新技术

8.7.1 适用范围

低品位菱铁矿、褐铁矿、低品位氧化锰矿等。

8.7.2 基本原理

利用新型大型磁化焙烧回转窑成套装置，将菱铁矿、褐铁矿加热到一定温度后在相应气氛中进行物理化学反应，经磁化焙烧后，铁矿物的磁性显著增强，脉石矿物磁性则变化不大。各种弱磁性铁矿石经磁化焙烧后再通过磁选便可进行有效的磁选分离，实现铁矿物的有效分选。

8.7.3 工艺技术或装备

（1）低品位菱铁矿、褐铁矿回转窑还原磁化焙烧–磁选选矿联合选矿工艺；

（2）回转窑磁化焙烧技术；

（3）大型工业回转窑内中低温、弱还原气氛精确控制技术；

（4）焙烧矿冷却及输送方式；

（5）燃料与还原剂互补利用技术；

（6）还原磁化焙烧回转窑。

8.7.4 推广前景

该技术在新疆、云南等地区成功应用，实现了低品位菱铁矿、褐铁矿的高效回收，资源和经济效益显著，可在陕西等相似资源地区进行大范围推广应用。

推荐单位：新疆维吾尔自治区自然资源厅。

申报单位：新疆克州亚星矿产资源集团有限公司。

资料来源：自然资源部《矿产资源节约和综合利用先进适用技术目录（2019年版）》。

8.8 难利用黑色金属矿流态化焙烧处理技术及装备

8.8.1 适用范围

难选赤褐铁矿、菱铁矿、针铁矿等，或难利用氧化锰矿、选铁尾矿等。

8.8.2 基本原理

将难选铁矿或难利用氧化锰矿等以粉体颗粒状态直接送入流化床反应器，在一定温度、气氛和流化状态下，矿物发生高效焙烧反应和物相转变，将弱磁性铁氧化物转变为强磁性铁氧化物，焙烧矿粉经磨矿-弱磁选获得高品质铁精矿，产率和回收率大大提高。弱还原焙烧反应能够将二氧化锰矿还原为易被酸浸的一氧化锰，实现难利用氧化矿的资源化利用。

8.8.3 工艺技术或装备

（1）流态化低温还原反应动力学研究；

（2）分粒级流态化反应条件调控及其流化床反应器设计；

（3）流态化气封进料装置、流化床粉尘回收与循环技术；

（4）粉体预热及非氧化气氛下排料、冷却技术、低热值尾气循环利用技术。

8.8.4 推广前景

通过该技术能改善难选矿石的选矿性能，提高难选铁矿、锰矿利用率，具有推广价值。

推荐单位：中国冶金矿山企业协会。

申报单位：中国科学院过程工程研究所。

资料来源：自然资源部《矿产资源节约和综合利用先进适用技术目录（2019年版）》。

8.9 低品位及难选磁铁矿磁场筛选法分选工艺

8.9.1 适用范围

低品位及难选磁铁矿。

8.9.2 基本原理

磁场筛选法分选原理是在低弱相对均匀磁场中，利用单体铁矿物与连生体矿物的磁性差异，使磁铁矿单体矿物实现有效团聚形成的磁链后增大了与连生体的尺寸差、比重差，再经过安装在磁场中的专用筛将呈分散状态存在的连生体筛除分离，品质较高磁铁矿单体在筛上回收，实现铁精矿品位显著提高。

8.9.3 工艺技术或装备

在低弱均匀磁场中放入比矿物粒度粗许多倍的筛子充分筛除夹杂的连生体矿粒，能保护性实现磁铁矿单体的及早回收，减少在磨矿筛分回路中的过磨，提高精矿品位同时提高了生产能力。

8.9.4 推广前景

按每年新增应用 CSX 型磁场筛选机的铁矿山精矿产量 2000 万吨预算，按提高精矿品位 2 个百分点，给矿山企业带来的直接经济效益达 6 亿元。按提高生产能力 5%计算，年增经济效益 5 亿元，两项合计给矿山企业带来的直接经济效益总计达 11 亿元。再有提高了入炉原料铁品位，在冶炼中减少了废渣的排放，因此是符合国家低碳环保、节能减排的政策。

推荐单位：新疆维吾尔自治区自然资源厅。

申报单位：新疆金宝矿业有限公司铁矿选矿厂。

资料来源：自然资源部《矿产资源节约和综合利用先进适用技术目录（2019年版）》。

8.10 镜铁山式难选氧化铁矿提质降杂选矿技术

8.10.1 适用范围

低品位菱铁矿、褐铁矿、镜铁矿复合难选氧化铁矿石等。

8.10.2 基本原理

低品位菱铁矿、褐铁矿、镜铁矿复合难选氧化铁矿石反浮选提质降杂工艺采用阳离子反浮选工艺的优点是药剂制备简单，脱硅效果好。阳离子捕收剂大多数指胺类捕收剂，胺类捕收剂解离后带有疏水羟基的阳离子，阳离子在矿物表面依靠静电引力吸附在荷负电的矿物表面，由于大多数硅酸盐矿物在水中带负电，零电点普遍较低，总体上讲，胺类阳离子捕收剂可将各类硅酸盐矿物有效浮起。

8.10.3 工艺技术或装备

（1）采用焙烧磁选、强矫顽力人工磁铁矿脱磁、细磨、阳离子反浮选等技术措施，采用耐低温的绿色环保阳离子捕收剂与水质酸化处理的工艺方案，实现含铁脉石与铁矿物的分离；

（2）将大型充气式机械搅拌浮选机首次应用于铁精矿阳离子反浮选。

8.10.4 推广前景

该技术脱硅效果好，对脉石适应性强，药剂制度简单，不用加温，水路不结垢，工艺流程顺行，生产稳定，操作管理方便，为低品位菱铁矿、褐铁矿、镜铁矿复合难选氧化铁矿石的提质降杂提供了一条新的工艺路线。

推荐单位：甘肃省自然资源厅。

申报单位：酒泉钢铁（集团）有限责任公司，长沙矿冶研究院有限责任公司。

资料来源：自然资源部《矿产资源节约和综合利用先进适用技术目录（2019年版）》。

8.11 微细粒难选贫铁矿选矿新工艺

8.11.1 适用范围

似鞍山式磁铁-赤铁矿以及其他难选贫铁矿。

8.11.2 基本原理

选择对铁元素有较强亲和力和络合作用的高分子化合物，在矿浆中这些化合物被吸附到铁矿物表面形成铁矿物絮团。该絮团有较大的比重，它们在重力场作用下迅速下沉而实现与低比重的脉石矿泥的有效分离（化学絮凝）。磁性矿在磁场存在的条件下易被磁化，被磁化的磁铁矿微粒之间彼此定向排列形成"磁链"仍可以一定"强度"保存下来，在化学絮凝基础上再附加一种磁力絮凝，从而产生"化学力"和"磁力"相复合的一种新型选择性絮凝技术。脱泥沉砂进入反浮选。

8.11.3 工艺技术或装备

（1）细碎、细磨、选择性絮凝脱泥；

（2）阴离子反浮选；

（3）微细粒精矿压滤。

8.11.4　推广前景

该技术解决了祁东铁矿中混合矿、赤铁矿的回收利用问题，对类似矿山具有推广价值，资源利用潜力大。

推荐单位：湖南省自然资源厅。

申报单位：湖南省湖南三安矿业有限责任公司。

资料来源：自然资源部《矿产资源节约和综合利用先进适用技术目录（2019年版）》。

8.12　白云鄂博综合回收铁、稀土、铌、萤石选矿新工艺

8.12.1　适用范围

含铁、稀土、铌、氟、硫、钪等资源的尾矿资源综合利用。

8.12.2　基本原理

利用矿物表面物理、化学性质的差异对矿物进行分选。

8.12.3　工艺技术或装备

（1）应用浮选、磁选（包括中磁、强磁）、重选联合流程；

（2）开发了萤石抑制剂、正浮选铁捕收剂和高效选铌捕收剂。

8.12.4　推广前景

该技术能够全面综合回收白云鄂博氧化矿尾矿中有用资源，适用于含铁、稀土、铌、氟、硫、钪等资源的尾矿资源综合利用，在同类型矿尾矿综合回收利用领域具有广阔的推广应用前景。

推荐单位：中国冶金矿山企业协会。

申报单位：包头钢铁（集团）有限责任公司。

资料来源：自然资源部《矿产资源节约和综合利用先进适用技术目录（2019年版）》。

8.13　弱磁性矿石高效强磁选关键技术及装备

8.13.1　适用范围

弱磁性矿物分选。

8.13.2 基本原理

SLon 系列高梯度磁选机利用磁力、脉动流体力和重力的综合力场选矿。采用半封闭式铁轭和水内冷空心矩形线圈组成电磁磁系，导磁不锈钢棒为磁介质，分选环立式旋转，转环下部选矿，上部冲洗磁性产品，冲洗磁性产品的方向与给矿方向相反，粗颗粒不必穿过磁介质便可容易地冲洗出来，选矿区下部配有脉动机构，驱动分选区矿浆脉动，使磁介质堆中的矿粒群始终保持松散状态。

8.13.3 工艺技术或装备

（1）半封闭式铁轭和水内冷空心矩形线圈组合磁系技术；
（2）大颗粒物料强磁干式分选技术。

8.13.4 推广前景

该技术可大幅度提高选钛回收率和钛精矿产量，具有富集比大、适应性强、处理微细粒物料选矿效率高等优点，在微细粒级钛铁矿选矿回收率提高和降低选钛生产成本、提高经济效益等方面有显著成效。

推荐单位：中国五矿集团有限公司。

申报单位：赣州金环磁选设备有限公司。

资料来源：自然资源部《矿产资源节约和综合利用先进适用技术目录（2019年版）》。

8.14 弱磁性铁矿石预选及磨选工艺

8.14.1 适用范围

低品位铁矿石。

8.14.2 基本原理

利用破碎筛分的矿石颗粒间相对密度、粒度、形状的差异及其在水介质中运动速率和方向的不同，采用跳汰重选预选方式实现分选，预先得高炉矿产品（品位大于 54%），同时预先抛除部分尾矿（废石），选别中矿与破碎后粉矿及细粒级矿物进入下段贫矿选矿工艺继续选别，获得铁精矿产品。

8.14.3 工艺技术或装备

粗颗粒分选跳汰机。

8.14.4 推广前景

针对弱磁性铁矿石，采用粗粒级跳汰重选技术，提高贫矿入选品位，减少入磨矿量，实现节能降耗，经济效益明显。有效整合原富矿及贫矿选矿系统，将贫富分采改为混采，提高采矿效率及资源综合利用率。

推荐单位：海南省自然资源厅。

申报单位：海南矿业股份有限公司。

资料来源：自然资源部《矿产资源节约和综合利用先进适用技术目录（2019年版）》。

8.15 基于提质降杂磁选机的全磁选工艺

8.15.1 适用范围

分选磁性矿物与非磁性矿物。

8.15.2 基本原理

提精降杂磁选机工作原理是矿浆通过夹缝式布料器直接给入分选区，磁性矿物被高效磁力直接吸附于分选筒表面，分离出液面。磁精矿在滚筒表面受到内置搅动磁场的作用使矿粒团聚—分散—再团聚—再分散，在多级漂洗水的漂洗下，有效剔除精矿中的硅、硫、磷等杂质和贫连生体，使精矿品位得到提高。

电磁淘洗精选机工作原理是沿斜切线散射均匀给料，有利于破坏磁团聚现象，使矿浆在分选筒内能够更好地进行分选，降低精矿中的杂质含量，提高精矿回收率，获得高品位磁铁矿精矿以及磁选过程中精矿等中间产品。

8.15.3 工艺技术或装备

（1）提精降杂磁选机；
（2）电磁淘洗机。

8.15.4 推广前景

全磁选工艺代替反浮选，能省掉浮选药剂以及浮选工艺配套设备的使用，可改善现场作业环境，降低工人劳动强度，减少了药剂对环境的污染，有助于保护环境，建设绿色和谐矿山。

推荐单位：中国冶金矿山企业协会。

申报单位：山东华特磁电科技股份有限公司。

资料来源：自然资源部《矿产资源节约和综合利用先进适用技术目录（2019年版）》。

8.16　含弱磁性微细粒矿物工业废渣分选用新型高效永磁机及综合利用技术

8.16.1　适用范围

含弱磁性微细粒矿物工业废渣分选及其综合利用。

8.16.2　基本原理

利用物质组成比磁化系数的差异，对其进行综合物理分选，将物质（如尾矿渣）中比磁化系数相对大的部分（高磁性部分）与比磁化系数相对小的部分（低磁性或无磁性部分）分离开来，再对这两部分分别加以处置或利用。

8.16.3　工艺技术或装备

（1）永磁筒偏心内表面轴向分选技术；
（2）永磁弧形槽偏心内表面轴向分选技术；
（3）采用闭合型磁系布局。

8.16.4　推广前景

该技术可回收利用 FCC 废催化剂、钛白酸解渣、钛磁铁矿尾矿渣、铜冶炼渣等多种工业废渣，综合利用低品位赤铁矿、低品位原生金红石、硅微粉等资源，大幅度减少工业废渣的排放，节约废渣堆存的土地资源，市场前景好。
推荐单位：湖北省自然资源厅。
申报单位：湖北声荣环保节能科技有限公司。
资料来源：自然资源部《矿产资源节约和综合利用先进适用技术目录（2019年版）》。

8.17　贫磁铁矿石选矿工艺与新型干式磁选机

8.17.1　适用范围

贫磁铁矿石选矿；高炉渣、钢渣等含铁固体废弃物资源化利用选铁。

8.17.2　基本原理

CTX 系列快速磁翻转高场强磁滚筒强化干选；CB 系列板式磁选机优化干选；选矿厂破碎干选工艺流程优化设计；阶段磨矿阶段磁选工艺流程优化设计技术。

8.17.3　工艺技术或装备

（1）选矿厂破碎干选工艺流程优化设计技术；
（2）阶段磨矿阶段磁选工艺流程优化设计技术。

8.17.4　推广前景

该技术可提高入磨品位，降低铁精矿生产成本，可有效盘活我国低品位磁铁矿石资源储量 30%以上，适用于我国所有磁铁矿。

推荐单位：中国冶金矿山企业协会。

申报单位：北京科技大学、北京君致清科技有限公司。

资料来源：自然资源部《矿产资源节约和综合利用先进适用技术目录（2019年版）》。

8.18　悬浮式干式磁选机在超贫磁铁矿选矿应用

8.18.1　适用范围

从破碎后的铁矿石原矿中分选铁矿石。

8.18.2　基本原理

悬浮式干式磁选机为平面结构，磁系在上层皮带的下方，物料在下层皮带上，物料在运动中被磁系吸引到上层皮带实现分选。特点是分选效率高，富集比大，对降低超贫磁铁矿的成本有利。

8.18.3　工艺技术或装备

悬浮式干式磁选机。

8.18.4　推广前景

该技术适用于磁铁矿石原矿破碎产品的干式分选，尤其对超贫磁铁矿的分选效果更好，在超贫磁铁矿石的节能降耗方面效果明显。

推荐单位：河北省自然资源厅。

申报单位：承德天宝矿业集团有限公司。

资料来源：自然资源部《矿产资源节约和综合利用先进适用技术目录（2019年版）》。

8.19　CFP 系列磁浮选柱及浮选工艺技术

8.19.1　适用范围

难磨、难选矿物以及同类型铁矿。

8.19.2 基本原理

新型 CFP 系列磁浮选柱采用常温反浮选，浮选药剂阳离子在常温下就可以正常工作，药剂制度简单，只采用一种捕收剂就可以在现场应用；采用磁场代替淀粉抑制剂，实现对矿物有针对性的抑制，同时解决了淀粉抑制剂对过滤、分级等工艺环节的影响；通过选别工艺的简化，实现选矿的节能。

8.19.3 工艺技术或装备

（1）采用磁浮选柱替代反浮选；
（2）用磁场代替淀粉，解决了淀粉制剂过滤、分级问题；
（3）用阳离子捕收剂代替阴离子捕收剂，实现低温浮选，降低能耗；
（4）磁浮选柱替代反浮选机，节约功耗，节约占地面积。

8.19.4 推广前景

该设备具有占地面积小、结构简单、无搅拌设备、节能高效、适合于选别细粒级矿物等特点。解决了嵌布粒度细、嵌布粒度不均匀矿物的分选问题。解决方法不同于原来的磁选和浮选，是一种将磁选、浮选相结合的提前选出合格精矿，中矿再磨的分选系统。该技术适合处理同类型的铁矿，为铁矿资源的开发应用提供了可靠的技术依据，具有良好的推广应用价值。

推荐单位：山东省自然资源厅。
申报单位：莱芜钢铁集团鲁南矿业有限公司、沈阳华大科技有限公司。
资料来源：自然资源部《矿产资源节约和综合利用先进适用技术目录（2019年版）》。

8.20 新型铁矿石反浮选药剂

8.20.1 适用范围

铁矿石反浮选脱硅。

8.20.2 基本原理

依据同系、同烯、同电异素、同分异构、同型和拼合等设计原理，对捕收剂进行重新设计和复配，合成含有羧基、羟基和醚基于一体的低温捕收剂 TD-II 和高效抑制剂 K6-1。

8.20.3 工艺技术或装备

（1）高效雾化技术及设备；
（2）高效除雾技术及设备。

8.20.4 推广前景

使用抑制剂 K6-1 和新型捕收剂 TD-Ⅱ可降低浮选温度，明显减少燃煤用量和硫化物、氮氧化物、烟尘、二氧化碳排放，经济和环境效益显著。

推荐单位：鞍钢集团有限公司。

申报单位：鞍山钢铁集团有限公司东鞍山烧结厂。

资料来源：自然资源部《矿产资源节约和综合利用先进适用技术目录（2019年版)》。

8.21 干式粉磨分选集成技术

8.21.1 适用范围

磁铁矿干式粉磨、分级、选别。

8.21.2 基本原理

该装备由组合材质、封闭式结构齿条辊面高压辊磨机、风力分离器、风重磁旋力磁选联合机组等设备构成。齿条辊面高压辊磨机挤压矿石时，齿条辊面形成的高应力挤压带和剪切带是传统柱钉辊面的数倍，易促进矿石形成脱离解离及细粒级物料的生成。风重磁旋力磁选机组可对经辊压、风力分级后的磁铁矿粉矿进行干式选别，该设备的关键是利用风力对被选物料的多重扰动，既有磁滚筒外对下落物料的定向风力扰动，也有从磁滚筒内对吸附在磁滚筒表面的磁性矿物随机的风力扰动。

8.21.3 工艺技术或装备

(1) 合金齿条辊面高压辊磨机，该设备提高产品细粒含量；

(2) 采用风力分离器，实现-0.074mm 粒级产率 65%~93%分级；

(3) 采用风重磁旋力磁选联合机组，利用风力扰动作用，提高分选效率和技术指标。

8.21.4 推广前景

该技术具有降低磨选成本、生产操作简单、管理方便、节能降耗及环保、技术经济指标先进等特点，可广泛应用于黑色金属、有色金属及非金属矿山的干式磨选，替代或部分替代传统工艺流程，特别适合处理低品位磁铁矿。

推荐单位：中国冶金矿山企业协会。

申报单位：重庆京庆重型机械股份有限公司。

资料来源：自然资源部《矿产资源节约和综合利用先进适用技术目录（2019年版）》。

8.22 钒钛磁铁矿综合回收利用技术

8.22.1 适用范围

钒钛磁铁矿选钛技术领域。

8.22.2 基本原理

运用选矿手段及方法，从钒钛磁铁矿中分离钛铁矿、硫钴矿、铁精矿，进行提纯。

8.22.3 工艺技术或装备

（1）粗粒钛铁矿高效回收工艺技术：采用"强磁—磨矿分级—强磁—浮选"流程，强磁流程采用"粗选—精选—精选扫选"结构；

（2）细粒钛铁矿高效回收工艺技术：采用"强磁—强磁—浮选"流程，强磁流程采用"粗选—粗选扫选—精选—精选扫选"结构；

（3）高效粗粒钛铁矿捕收剂。

8.22.4 推广前景

该技术实现了钛铁矿中钛、铁、硫、钴资源的高效回收，降低了选矿成本，可在攀西地区、全国乃至世界钒钛磁铁矿钛铁矿回收领域中推广应用。

推荐单位：四川省自然资源厅。

申报单位：攀钢集团矿业有限公司选钛厂。

资料来源：自然资源部《矿产资源节约和综合利用先进适用技术目录（2019年版）》。

8.23 低钛型钒钛磁铁矿选矿新技术

8.23.1 适用范围

低品位钒钛磁铁矿、低钛型钒钛磁铁矿高效选矿。

8.23.2 基本原理

针对攀西白马钒钛磁铁矿原矿铁钛品位低、矿石矿物组成和结构构造复杂、橄榄石含量高、选矿难度大等特点，通过开展工艺矿物学、实验室试验、扩大连续试验和工业性试验研究，开发出"阶段磨矿阶段弱磁分选"选铁工艺、"选铁尾矿分级—粗粒级重选细粒级强磁选预选—磨矿—强磁—浮选"选钛工艺。"阶段磨矿阶段弱磁分选"选铁工艺，能够及时丢掉合格尾矿，既保证矿物充分解离以获得较高质量的钒铁精矿，又能减少矿石过磨，大幅度降低选铁作业段的选矿成本；"选铁尾矿分级—粗粒级重选细粒级强磁选预选—磨矿—强磁—浮选"选钛工艺对白马矿区选铁尾矿粒度分布范围较大适应性强，选铁尾矿采用分级，粗细粒级产品分别采用重选和强磁选的方式，可以有效克服单一重选对微细粒级选铁尾矿回收率低，单一强磁选对粒度较粗选铁尾矿回收率较低的弱点。提高了入浮物料在进入浮选作业前的预选阶段的回收率。

8.23.3 工艺技术或装备

（1）阶次磨矿—阶次弱磁选选铁工艺；
（2）粗细分选、重选、磁选、浮选联合选钛工艺；
（3）自主研发 Em1006、Emks 选钛捕收剂。

8.23.4 推广前景

该技术对整个攀西地区乃至全国的钒钛磁铁铁矿资源回收利用都有指导意义。既能增加境界内矿石储量，又能延长矿山服务年限，提升钒钛磁铁矿资源综合回收利用效率，符合国家发展循环经济的产业政策，将会创造巨大的经济效益和社会效益。

推荐单位：中国地质调查局。
申报单位：中国地质科学院矿产综合利用研究所。
资料来源：自然资源部《矿产资源节约和综合利用先进适用技术目录（2019年版）》。

8.24 低品位含铀硼铁矿资源综合利用技术

8.24.1 适用范围

低品位含铀硼铁矿及类似共伴生资源的矿物加工分离和资源综合利用。

8.24.2 基本原理

通过对低品位含铀硼铁矿的选矿加工获得硼精矿、富镁低硅的含硼铁精矿、铀精矿，其中硼精矿和铀精矿采用化学工艺进行深加工。利用硼的基础上，综合利用了铁、铀、镁等资源。

8.24.3 工艺技术或装备

（1）露天水平分层缓帮开采工艺；

（2）三段一闭路破碎、预先检查筛分、干式抛尾再选回收工艺；

（3）硼化工工艺；

（4）水冶技术。

8.24.4　推广前景

该技术可使辽宁凤城的翁泉沟硼铁矿资源得到利用，经济效益显著，在国内同类矿山具有广泛的推广应用前景。

推荐单位：辽宁省自然资源厅。

申报单位：辽宁首钢硼铁有限责任公司。

资料来源：自然资源部《矿产资源节约和综合利用先进适用技术目录（2019年版）》。

8.25　超贫铁矿共伴生磷铜资源综合回收与节能降耗技术

8.25.1　适用范围

铁矿共伴生资源综合回收。

8.25.2　基本原理

利用磁铁矿集合体粗粒嵌布具有强磁性的特性实现磨前干式弱磁选抛尾，及时抛出15%左右的粗粒脉石；利用细粒磁铁矿在脉石矿物中的弥散嵌布特性体现出的弱磁性实现铜磷浮选前的强磁选抛尾，抛出大量低品位不能有效回收的连生体；磁选后的非磁性矿物细粒含量增加，加入专用絮凝剂选择性絮凝有用矿物，实现微细粒有用资源的有效回收。强磁预选方案就是将选铜、磷浮给矿样通过高梯度强磁后，铜、磷矿物得到了富集，减少入浮矿量，降低铜、磷资源回收成本。

8.25.3　工艺技术或装备

（1）选铁磨前弱磁干式预抛废-选磷浮前强磁抛尾技术；

（2）选铁尾矿选择性絮凝脱泥-强化浮选回收细粒铜矿物技术；

（3）选铁尾矿粗粒回收磷矿物技术。

8.25.4　推广前景

该技术可大幅提高超低品位钒钛磁铁矿矿床铁、磷、铜（伴生金银）资源的综合利用水平，在共伴生有价组分综合回收经济性的提升与节能降耗方面具有优势，对推动我国低品位矿床与共伴生资源开发有很好的借鉴意义，具有良好的推广应用前景。

推荐单位：中国矿业联合会。

申报单位：北京华夏建龙矿业科技有限公司。

资料来源：自然资源部《矿产资源节约和综合利用先进适用技术目录（2019年版)》。

8.26 利用低贫锰矿和含硫烟气生产高纯硫酸锰及二氧化锰工艺技术

8.26.1 适用范围

含硫烟气中二氧化硫与低品位锰资源化利用。

8.26.2 基本原理

（1）利用含硫烟气中二氧化硫和氧气与低品位碳酸锰和软锰矿进行气液氧化还原反应，使二氧化硫转变为硫酸根同时获得硫酸锰溶液，实现了含硫烟气中二氧化硫与低品位硫酸锰和软锰矿的同步资源化；

（2）利用公司硫化-酸化专利技术对烟气脱硫产生的粗硫酸锰溶液进行精制处理，同步分离了钾、钠、钙、镁及所有重金属元素，制备了高纯硫酸锰溶液；

（3）利用高纯硫酸锰溶液经再次精制、蒸发、结晶生产二次锂离子电池专用高纯硫酸锰产品；

（4）利用高纯硫酸锰溶液，经再次精制、专用电解及后处理工艺，生产高纯高性能电解二氧化锰产品，应用于锂离子二次电池及高性能、高功率一次碱性电池。

8.26.3 工艺技术或装备

（1）利用低品位锰矿烟气脱硫制备锂离子二次电池专用高纯硫酸锰产品；

（2）硫化-酸化杂质分离技术；

（3）高性能电解二氧化锰制备技术工艺。

8.26.4 推广前景

该技术可以对含锰8%～12%低品位锰矿进行高效利用，为国内大量低品位锰矿制备生产锰系产品提供新的途径。利用相关技术生产的高纯硫酸锰和高性能电解二氧化锰产品，品质和成本具有市场竞争力，为锂离子电池发展奠定了坚实的基础。

推荐单位：贵州省自然资源厅。

申报单位：贵州红星发展大龙锰业有限责任公司。

资料来源：自然资源部《矿产资源节约和综合利用先进适用技术目录（2019年版)》。

8.27 电解金属锰生产节能减排关键技术

8.27.1 适用范围

电解金属锰生产过程中锰矿的高效选别与资源化利用、节能降耗和锰渣无害化处理及资源化利用。

8.27.2 基本原理

空气射流对锰矿浸出过程进行强化，提高锰矿浸出效率；使用空气曝气，强化溶液中二价铁的氧化，减少氧化除铁工艺软锰矿的用量；采用强磁选-反浮选、稀酸活化-电场强化-反浮选、电催化氧化等脱磷技术回收锰矿石，对高磷锰矿石进行浸出、脱磷，实现了高磷锰矿高效浸出及脱磷；对高硫锰矿石进行碱性预处理，利用处理剂将其中的低价硫去除或者氧化成高价硫之后，再采用加酸浸出的方式得到硫酸锰；脉冲电解等节能电解新模式，设计多孔阳极等新型电极，对阳极电化学过程进行控制。

8.27.3 工艺技术或装备

（1）空气射流强化锰矿浸出与空气氧化除铁新技术；
（2）复杂难选高硫、高磷锰矿脱硫除磷关键技术；
（3）脉冲电解-多孔阳极电解新技术；
（4）电解锰渣预处理与废水中硫酸锰、硫酸铵资源化利用技术；
（5）脉冲电解-多孔阳极新型电解装置。

8.27.4 推广前景

该技术提高了可溶性硫酸铵与硫酸锰的回收率，使废水锰离子达到国家排放标准，推广前景好。

推荐单位：广西壮族自治区自然资源厅。
申报单位：中信大锰矿业有限责任公司。
资料来源：自然资源部《矿产资源节约和综合利用先进适用技术目录（2019年版）》。

8.28 含钒页岩双循环高效氧化提钒技术

8.28.1 适用范围

原生型、混合型或氧化型含钒页岩资源。

8.28.2 基本原理

以工艺自身产生的富钒渣为催化剂，在加速复合添加剂分解的同时，强化对含钒页岩云母结构的高效解离破坏，促使三价钒从晶格束缚中转变为游离状态，从而被焙烧气氛中的 O_2 氧化，通过自催化-高效解离-循环氧化，实现低价钒的循环氧化和回收。

8.28.3 工艺技术或装备

（1）双循环高效氧化提钒新工艺；
（2）全新的在线循环新思路；
（3）自催化-高效解离-循环氧化提钒方法。

8.28.4 推广前景

该技术解决了我国含钒页岩提钒工艺中的重大关键技术难题，可以在湖南、陕西、浙江、安徽等含钒页岩资源丰富的地区推广应用，使我国低品级含钒页岩资源被有效利用，极大地促进我国钒行业的发展。

推荐单位：湖北省自然资源厅。
申报单位：湖北郧西平凡矿业有限公司。
资料来源：自然资源部《矿产资源节约和综合利用先进适用技术目录（2019年版）》。

8.29 钛精矿烘干高效干湿联合除尘脱硫环保技术

8.29.1 适用范围

烘干烟气除尘脱硫。

8.29.2 基本原理

根据烟尘及二氧化硫等有害物质的化学成分与物流运动特性，采用实心喷雾技术、雾化洗涤技术、凝聚雾化技术、冲击湍流技术、过滤吸收技术、除雾分离技术等，使烟气中粗颗粒粉尘通过旋风除尘器预除尘，细粒级粉尘及 SO_2 经多组高效雾化喷头洗涤混合，冷凝为水，酸性废水进入选钛浮选生产流程，降低选矿pH 值调整剂酸耗量，烟气最终达到环保标准排放。

8.29.3 工艺技术或装备

（1）高效雾化技术及设备；
（2）高效除雾技术及设备。

8.29.4   推广前景

该技术以传统烘干除尘技术为基础，采用粗细分级、干湿结合的方式在高效除尘的同时有效脱硫，具有结构简单、脱硫除尘效率高、生产运行成本低、投资少及设备设施使用寿命长等特点，实现了高效除尘、脱硫、除雾一体化，避免酸雨、SO_2、粉尘、可吸入悬浮微粒等有害物质对人类的影响，能有效保护大气环境，降低矿物损失，综合效益显著，对打造清洁环保车间及绿色矿山，促进矿产资源集约节约综合利用都具有较大的示范作用。

推荐单位：中国矿业联合会。

申报单位：四川安宁铁钛股份有限公司。

资料来源：自然资源部《矿产资源节约和综合利用先进适用技术目录（2019年版）》。

8.30   悬振锥面选矿机用于金属矿提质降尾技术

8.30.1   适用范围

适用于 $-37 \sim 19 \mu m$（$-400 \sim 800$ 目）范围内的微细粒矿物的重力选别。

8.30.2   基本原理

当搅拌均匀的矿浆从分选锥面中心的给矿器进入盘面初选区时，矿浆流即形成扇形铺展向周边流动，在其流动的过程中流膜由厚逐渐变薄，流速也随之降低。矿粒群在自身重力和旋回振动产生的剪切斥力的作用下在盘面上适度的松散、分层。圆锥盘的转动将不同密度的矿物依次带进尾矿槽、中矿槽和精矿槽。

8.30.3   工艺技术或装备

依据拜格诺剪切松散理论和流膜选矿原理研制的新型微细粒重选设备，矿粒群在自身重力和旋回振动产生的剪切斥力的作用下，在盘面上实现分层、分选。

8.30.4   推广前景

该技术具有环保指数高，应用空间广，能源消耗低，处理能力大，入选粒级宽，基建投资小等优点。针对我国矿产资源贫、细、杂的特点，特别对矿产资源中细粒级回收率低，尾矿产生量大的选矿厂，开发和利用尾矿资源效果显著。

推荐单位：云南省自然资源厅。

申报单位：昆明钢铁集团有限责任公司上厂铁矿。

资料来源：自然资源部《矿产资源节约和综合利用先进适用技术目录（2019年版）》。

8.31 低品位硫化铜矿生物提铜大规模产业化应用关键技术

8.31.1 适用范围

次生硫化铜矿、低品位原生硫化铜矿。

8.31.2 基本原理

生物浸铜大多采用堆浸法，高效浸矿菌的选育与应用以及控制浸出过程生物、化学和物理等因素的合理匹配，保持各工艺环节的酸、铁、水、杂质平衡，维持浸矿过程优势菌的最佳活性。

8.31.3 工艺技术或装备

（1）选育和应用高效专属浸矿菌——高效浸矿混合菌 TFRⅢ 和硫氧化细菌，形成样品采集-高效浸矿菌种选育-堆浸工业引种及调控方法；

（2）系统集成实时荧光定量 PCR 与基因克隆文库技术；

（3）浸矿优势菌群与工业堆场操作工艺、物理化学因素最佳匹配的调控方法；

（4）通过调控浸出体系氧化还原电位实现次生硫化铜矿选择性生物浸出；

（5）高 S/Cu 比（黄铁矿/硫化铜矿物）低品位硫化铜矿生物选择性浸出新工艺；

（6）萃取过程负载有机相洗涤除杂、电积过程酸雾抑制和电积贫液酸铁膜分离除杂等工程化技术。

8.31.4 推广前景

该技术可应用于次生硫化铜矿开发利用、低品位原生硫化铜矿废石堆浸，也可应用于难处理金矿生物预处理、低品位镍钴矿和低品位硫化锌矿的生物浸出。其工艺和装备简易、对环境友好、产品附加值高、建厂规模可大可小、推广应用范围广阔。

推荐单位：福建省自然资源厅。

申报单位：紫金矿业集团股份有限公司。

资料来源：自然资源部《矿产资源节约和综合利用先进适用技术目录（2019年版)》。

8.32 低品位铜钼矿的柱机联合分选技术

8.32.1 适用范围

低品位铜钼矿的分选。

8.32.2   基本原理

采用柱机联合的设备配置，在粗、精选作业上应用静态微泡浮选柱，有效提高浮选泡沫富集比，保证精矿品位，扫选应用 BF-24 浮选机，提高回收率，将静态微泡浮选柱和 BF 浮选机有机地结合；设计混合浮选–混合精矿再磨–铜钼分选工艺，取消了常规工艺的浓缩过程，分选过程易于操作和控制；自主设计稳定旋流静态微泡浮选柱液面的装置，并提出铜钼分离精选尾矿集中返回工艺；将铜钼混合浮选中矿返回到旋流器给矿，将中矿中单体解离度较差的贫连生体、未解离的包裹体经分级进入二段球磨机再磨；开发并应用新型铜钼分离调整剂 T17 等，解决了低品位铜钼矿浮选分离的技术瓶颈。

8.32.3   工艺技术或装备

（1）混合浮选–混合精矿再磨–铜钼分选–精选尾矿集中返回工艺；
（2）提出难选低品位铜钼矿柱机联合配置方案；
（3）设计稳定旋流静态微泡浮选柱液面的装置；
（4）开发新型高效环保浮选药剂 T17 并与硫化钠联合添加抑制硫化铜矿物。

8.32.4   推广前景

该技术投资小、能耗低、流程短、工艺简单、药剂成本低、生产环保、分选指标好，对于同类低品位矿产资源的综合回收利用具有良好的借鉴作用，在低品位有色金属矿产资源的综合回收领域具有广泛的应用前景和推广价值。

推荐单位：新疆维吾尔自治区自然资源厅。

申报单位：新疆白银矿业开发有限公司。

资料来源：自然资源部《矿产资源节约和综合利用先进适用技术目录（2019 年版）》。

8.33   斑岩铜矿及伴生元素浮选技术

8.33.1   适用范围

斑岩型多金属矿床。

8.33.2   基本原理

从矿石特性、浮选药剂、工艺流程、浮选设备、过程控制着手，采用"多维调控快速浮选工艺–高效选择性捕收剂–柱机联合浮选流程–浮选过程控制"技术路线，对斑岩铜矿铜及伴生元素浮选新技术进行研究，提高资源综合利用水平，实现铜及伴生元素的高效回收。

8.33.3 工艺技术或装备

（1）铜钼高效选择性捕收剂；

（2）多维调控快速浮选新技术；

（3）柱+机联合浮选关键技术；

（4）浮选控制优化、集成关键技术。

8.33.4 推广前景

该技术解决了制约斑岩铜矿铜与伴生钼高效选矿的技术瓶颈，实现了铜、钼等资源的高效回收。提高了共生、伴生资源的回收水平。已成功应用于江西铜业股份有限公司德兴铜矿，并推广应用于云南华联锌铟有限公司等单位，对我国斑岩型铜矿资源回收具有示范意义。

推荐单位：中国有色金属工业协会。

申报单位：江西铜业、北京矿冶科技集团有限公司。

资料来源：自然资源部《矿产资源节约和综合利用先进适用技术目录（2019年版）》。

8.34 高次生铜大型斑岩铜钼矿铜钼分离关键技术

8.34.1 适用范围

高次生斑岩铜钼矿。

8.34.2 基本原理

铜钼混合精矿经过陶瓷过滤机脱水脱药，重新调浆进入分离流程，降低捕收剂对铜矿物的活化，减少分离中抑制剂用量，降低精矿产品矿浆碱度和过滤机工作负荷，提高整个分离流程稳定性。对分离浮选工艺参数的优化，使精矿品位和回收指标更加稳定。优化药剂制度，使用 XY751 代替硫化钠作为抑制剂，解决药剂制备和添加困难问题，保证药剂的连续添加。

8.34.3 工艺技术或装备

（1）铜钼分离工艺矿物学技术；

（2）铜钼分离混合精矿脱药技术；

（3）分离流程优化设计与改造；

（4）分离浮选工艺参数优化；

（5）铜钼分离药剂制度优化。

8.34.4 推广前景

该项技术能解决高次生铜条件下铜钼分离困难，钼回收率低的难题，能大大增加铜钼矿床中伴生钼的回收，可推广至大型低品位铜钼伴生矿山。

推荐单位：中国黄金集团有限公司。

申报单位：中国黄金集团内蒙古矿业有限公司。

资料来源：自然资源部《矿产资源节约和综合利用先进适用技术目录（2019年版)》。

8.35 难选高硫铜钴多金属矿清洁高效选矿关键技术

8.35.1 适用范围

高硫铜钴矿分选。

8.35.2 基本原理

一是原生电位调控浮选技术原理。在硫化矿磨矿-浮选体系中，硫化矿物与钢球表面同时存在自身氧化的局部电池以及硫化矿之间、硫化矿与钢球之间产生的迦伐尼电偶，利用这些氧化-还原反应叠加所形成的一个混合电位（即混合电位理论）与高海拔地区磨矿介质、矿浆 pH 值、浮选药剂等多参数进行耦合，达到增强黄铜矿矿物表面疏水性的目的，同时抑制黄铁矿表面疏水物质形成，最终实现铜硫高效浮选分离。

二是选矿药剂与矿物表面作用原理。研发了 ZJS-22 活化剂及应用于浮选硫钴矿物新技术，取代硫酸，在高碱度条件下，通过 ZJS-22 作用于黄铁矿表面的选择性吸附作用，降低黄铁矿矿物颗粒表面水化层的稳定性来降低矿物表面亲水程度，提高了黄铁矿的活化效果。

8.35.3 工艺技术或装备

（1）电位调控浮选技术；

（2）新型选矿药剂；

（3）新型选矿废水处理剂。

8.35.4 推广前景

该技术实现了高碱选硫钴，有效降低了尾矿废水回用对选矿指标的影响，使尾矿废水全部循环利用，达到零排放的环保目标，实现了清洁生产，为高硫铜钴多金属矿高效清洁生产提供了技术示范。

推荐单位：中国有色金属工业协会。

申报单位：青海威斯特铜业、有研科技集团有限公司、紫金矿业集团股份有限公司。

资料来源：自然资源部《矿产资源节约和综合利用先进适用技术目录（2019年版）》。

8.36 低品位铜铅锌铁复杂多金属资源清洁高效综合利用技术

8.36.1 适用范围

复杂多金属矿综合回收。

8.36.2 基本原理

采用流程优化、新药剂应用、回水循环利用等技术手段，形成复杂多金属的清洁高效综合回收选矿技术体系，解决了多金属硫化矿嵌布粒度复杂、分离效果差、回收率低等技术难题。

8.36.3 工艺技术或装备

（1）"铜铅混选—铜铅分离（抑铜浮铅）—混选尾矿选锌—选锌尾矿选铁"工艺；

（2）新型无毒、绿色、高效有机铜矿物抑制剂；

（3）中矿跨越式返回一段磨矿异步解离技术；

（4）回水全部循环利用技术。

8.36.4 推广前景

该技术实现了多种有价元素的清洁、高效综合回收，对推动行业科技进步、提高市场竞争能力、促进低品位多金属矿资源的开发具有示范作用。该技术正在多家同类型矿山推广应用，技术重现性好，成熟度高。

推荐单位：山东省自然资源厅。

申报单位：山东黄金集团有限公司。

资料来源：自然资源部《矿产资源节约和综合利用先进适用技术目录（2019年版）》。

8.37 高海拔复杂多金属选矿技术集成及工程转化

8.37.1 适用范围

高海拔复杂多金属矿。

8.37.2 基本原理

应用浮选药剂、浮选流程、浮选设备等浮选工艺，废水回用、尾矿干堆等技术，提高选矿指标，减少废水排放；采用新型选矿工程设计手段，优化选矿设计，减少资源和工期浪费。

8.37.3 工艺技术或装备

(1) 铜铅钼混合浮选再分离、混浮尾矿再浮锌工艺；
(2) 铜铅混浮回水系统和铜铅分离回水系统；
(3) 尾矿干堆技术。

8.37.4 推广前景

该技术为甲玛铜铅锌复杂多金属矿选矿厂的顺利建设和迅速投产并取得盈利奠定了良好的技术基础。新型浮选药剂和选矿废水分支处理分质回用技术降低了基建投资，减少了生产成本，为矿山创造了良好的经济效益。为我国建设高原型大型矿山提供了宝贵的经验，起到良好的借鉴和示范作用。

推荐单位：中国铝业股份有限公司。

申报单位：长沙有色冶金设计研究院有限公司。

资料来源：自然资源部《矿产资源节约和综合利用先进适用技术目录（2019年版）》。

8.38 高原地带低品位复杂铜多金属矿高效综合回收关键技术集成及应用

8.38.1 适用范围

铜多金属矿石综合回收。

8.38.2 基本原理

铜多金属和浮选界面活性位点分布定位及其迁移动态识别–铜铅锌硫化矿同名离子自活化–氧化矿表层和内层同步硫化及强化活化–铜铅锌钼金银多基团捕收剂强化捕收–泥质铜铅锌氧化矿控泡浮选–低品位铜金铁共伴生矿浮磁联合综合回收。

8.38.3 工艺技术或装备

(1) 铜多金属和浮选界面活性位点分布定位及其迁移动态识别；
(2) 铜铅锌硫化矿同名离子自活化；
(3) 氧化矿表层和内层同步硫化及强化活化；

（4）铜铅锌钼金银多基团捕收剂强化捕收；

（5）泥质铜铅锌氧化矿控泡浮选技术。

8.38.4 推广前景

该技术解决了复杂难选的氧化铜铅锌综合回收问题，高效回收了铜、铅、锌等资源，取得了良好的经济效益，为铜多金属矿综合回收提供了技术路径，推广前景好。

推荐单位：中国黄金集团有限公司。

申报单位：西藏华泰龙矿业开发有限公司。

资料来源：自然资源部《矿产资源节约和综合利用先进适用技术目录（2019年版)》。

8.39 烯丙基异丁基硫氨酯合成工艺关键技术

8.39.1 适用范围

适合低碱度条件下，黄铁矿中黄铜矿的选择性捕收。

8.39.2 基本原理

一是采用水作溶剂，用 KH-1 相转移催化法进行烯丙基异硫氰酸酯合成反应。二是用 KH-2 作催化剂进行合成烯丙基异丁基硫代氨基甲酸酯。

8.39.3 工艺技术或装备

（1）合成烯丙基异丁基硫代氨基甲酸酯产品的新型高效催化剂；

（2）新产品生产工艺：第一步合成中间产品烯丙基异硫氰酸酯，用相转移催化法进行合成反应，研制新型高效的 KH-1 相转移催化剂；第二步用 KH-2 作催化剂合成烯丙基异丁基硫代氨基甲酸酯。

8.39.4 推广前景

该成品生产工艺简单，生产过程中污染小，药剂中无有害物质残留，合成转化率和产品含量比国外现有工艺有很大提高，烯丙基异丁基硫代氨基甲酸酯产品的开发研制有着非常重要的现实意义，具有很高的推广价值。

推荐单位：中国有色矿业集团有限公司。

申报单位：沈阳有研矿物化工有限公司。

资料来源：自然资源部《矿产资源节约和综合利用先进适用技术目录（2019年版)》。

8.40 生物提铜矿山生物安全性鉴定技术

8.40.1 适用范围

低品位有色金属矿山湿法冶炼。

8.40.2 基本原理

生物浸出作用机理传统上分为直接作用和间接作用两种。直接作用是指浸出过程中，细菌吸附于矿物表面，通过蛋白分泌物或其他代谢产物直接将硫化矿氧化分解的作用，硫化矿氧化分解为硫酸和金属离子。间接作用指微生物将存在于浸出体系溶液中及把硫化矿物氧化过程产生的亚铁离子氧化成三价铁离子，三价高铁离子进一步氧化硫化矿物生成亚铁离子和有价金属，构成循环体系。利用细菌等微生物的催化氧化作用溶解矿石中的有价金属铜。

8.40.3 工艺技术或装备

(1) 高效浸矿菌的选育与快速检测系统；
(2) 紫金山铜矿选择性生物浸出技术；
(3) 生物提铜矿山生物安全性鉴定技术。

8.40.4 推广前景

该技术可直接推广应用于次生硫化铜矿的开发利用，而且还可以推广应用于低品位原生硫化铜矿的废石堆浸，已在江西德兴铜矿、四川新光铜厂应用，大幅度提高了铜浸出速率。关键技术也可应用于难处理低品位铜镍钴多金属矿的生物浸出，正在吉林白山铜镍钴矿推广应用，有效提高了铜、镍、钴金属的回收率。工艺和装备简单、对环境友好、省水、产品附加值高，建厂规模可大可小，所需建厂条件简单。因此，不论矿产资源的储量是大是小、位置是否偏远、交通是否发达，均可以进行推广应用，其推广应用的范围广阔。目前正在新疆土屋铜矿、哈腊苏铜矿、索尔库都克铜矿等西部偏远山区推广应用，大幅度降低了生产成本，提高了产品附加值，应用前景十分广阔。

推荐单位：中国黄金协会。

申报单位：紫金矿业集团股份有限公司。

资料来源：自然资源部《矿产资源节约和综合利用先进适用技术目录（2019年版）》。

8.41 铅锌银多金属硫化矿原生电位调控浮选工艺

8.41.1 适用范围

多金属硫化矿。

8.41.2 基本原理

通过对矿浆中各矿物电化学过程的研究，有效控制矿浆电位，实现多矿物的有效分离。

8.41.3 工艺技术或装备

（1）调节和控制包括矿浆 pH 值、捕收剂种类、用量及用法、浮选时间以及浮选流程结构等参数；

（2）将传统浮选过程控制参数与矿浆原生电位结合起来，从浮选电化学的角度研究矿浆原生电位对浮选过程的影响并从中寻找各因素之间的最佳匹配方案，从而确立最佳浮选条件。

8.41.4 推广前景

该技术可指导复杂多金属难分离硫化矿矿山实际生产，特别是在含贵金属铜铅锌硫铁的各种类型矿山，可大幅度提高贵金属铜铅锌等主金属的回收率，同时还可有效回收硫铁矿物、磁性铁矿物以及其他无机矿物。

推荐单位：福建省自然资源厅。

申报单位：有研科技集团有限公司、北京矿冶科技集团有限公司、福建金东矿业股份有限公司。

资料来源：自然资源部《矿产资源节约和综合利用先进适用技术目录（2019年版）》。

8.42 铅锌多金属矿资源高效开发与综合利用关键技术

8.42.1 适用范围

适用于铜、铅锌等有色金属矿的高效开发与其伴生元素的综合利用，并适用于矿山尾矿、废石、废水"三废"的资源化利用。

8.42.2 基本原理

用开发的盘区卸荷开采技术提高采矿回采率；用开发的分流分速高浓度分步调控浮选+酸渣伴生元素渣浸+浮选尾矿脉动高梯度磁选技术提高铅锌银回收率，

实现硫铁金银锰铜有价伴生元素综合回收利用；用开发的固体废物短流程资源化利用技术实现尾矿和废石采场充填、多余尾矿脱水制砖做水泥；用开发的废水分质快速循环回用技术实现废水的循环利用。

8.42.3 工艺技术或装备

（1）铅锌多金属矿分流分速高浓度分步调控浮选技术；
（2）金属矿山全部固体废物短流程利用技术；
（3）选矿厂废水无排放快速分质循环利用技术；
（4）盘区卸荷分层充填采矿工艺技术。

8.42.4 推广前景

该技术能有效解决我国铅锌多金属矿开发普遍存在的资源综合回收率低和矿区环境污染的问题，不仅适用于铅锌多金属矿，也适用于其他有色金属矿，尤其适合于土地、水资源紧缺和生态环境脆弱地区的矿业开发。为铅锌多金属矿山的矿产资源节约与综合利用提供了较好技术支撑和示范，对促进我国金属矿山行业技术进步，建设资源节约型、环境友好型的现代化矿山具有重大推动作用。

推荐单位：江苏省自然资源厅。

申报单位：南京银茂铅锌矿业有限公司。

资料来源：自然资源部《矿产资源节约和综合利用先进适用技术目录（2019年版）》。

8.43 铅锌多金属矿高效节能短流程选矿技术

8.43.1 适用范围

多金属硫化矿及伴生有价元素的开发利用。

8.43.2 基本原理

通过创新优化传统的选矿工艺流程及相应的工艺条件，在不增加碎磨设备的前提下，利用多碎少磨、短流程细磨、三角形磨球配比原理、新型磁性衬板、高效分级及原矿分级溢流浓缩脱水、高浓度铅锌硫选别等技术，在选矿废水全部分质快速循环利用回用的情况下，实现了铅锌多金属矿产资源的高效回收和节能环保选矿。

8.43.3 工艺技术或装备

（1）短流程多碎细磨技术；
（2）球磨机初装球三角形配比及合理补加球与磁性衬板匹配技术；

（3）铅锌硫化矿高浓度选别技术；

（4）废水分质循环利用技术。

8.43.4 推广前景

该技术推广应用到同类铅锌矿山的选矿，不但可以进一步提高我国铅锌资源的回收率，而且可以显著提高共伴生银、硫、锰等综合利用率，大幅度降低选矿电耗、降低废水处理量，改善操作环境，降低环境污染，大幅度节约水资源，具有推广价值。

推荐单位：江苏省自然资源厅。

申报单位：南京银茂铅锌矿业有限公司、北京环磨科技有限公司。

资料来源：自然资源部《矿产资源节约和综合利用先进适用技术目录（2019年版）》。

8.44 超低品位混合型铅锌矿高效协同分选技术

8.44.1 适用范围

低品位氧硫混合型锌矿。

8.44.2 基本原理

采用高浓度、低气量、浅泡沫层的浮选技术，提高矿浆比重，增强目的矿物浮选动力，粗选出矿石中硫化锌矿物与氧化锌矿物连生体，粗精矿再磨后经过"硫化锌精选-硫化锌精选尾矿浮选回收氧化锌"的精选流程，实现了锌精矿提质降杂的过程中硫化锌矿物和氧化锌矿物异步回收，锌精矿含硅4%以内。

8.44.3 工艺技术或装备

（1）"锌矿物粗磨协同回收-硫氧异步精选"工艺；

（2）粗磨粗选-局部细磨工艺和氧化锌矿物粗-精选差异化浮选药剂制度；

（3）高浓度高液位低充气量浮选技术。

8.44.4 推广前景

该技术的成功应用为国内外同类型矿石资源的高效开发和资源综合利用提供了新的有效途径，不仅对新疆紫金锌业有限公司生产发展具有重要的现实意义，同时极具推广应用前景，对国内外同类难选氧硫混合型锌矿高效分选技术具有指导作用。

推荐单位：新疆维吾尔自治区自然资源厅。

申报单位：新疆紫金锌业有限公司。

资料来源：自然资源部《矿产资源节约和综合利用先进适用技术目录（2019年版）》。

8.45　铅锌选矿全流程自动控制信息处理系统集成技术

8.45.1　适用范围

选矿过程控制。

8.45.2　基本原理

通过系统集成、软件融合、视频监控等手段，完成整个选厂各工艺流程的自动化控制要求，并结合 MES、ERP 等生产制造企业管理系统，以及视频在线监测，完成选厂从数字化、信息化、自动化的融合。

8.45.3　工艺技术或装备

（1）大型磨矿设备的全远程自动控制技术；

（2）浮选机充气量的监视与控制技术；

（3）浮选控制系统的精准加药控制技术；

（4）生产用水的远程自动控制技术。

8.45.4　推广前景

该技术改善了现场作业环境和生产效率，解决了破碎工艺的扬尘污染，对现场作业人员的健康安全以及周边环境污染防治起到了重要的作用；实现了磨矿环节水量的自动控制调节，一定程度上节约了水资源；实现了尾矿库在线实时监测，改善尾矿库周边环境，达到节能减排的目的。提高了企业效率，推动了产业化升级改造，在同类具有重要的推广意义。

推荐单位：中国矿业联合会。

申报单位：甘肃金徽矿业有限责任公司、丹东东方测控技术股份有限公司。

资料来源：自然资源部《矿产资源节约和综合利用先进适用技术目录（2019年版）》。

8.46　智能块矿机器分选系统选锑研究与应用

8.46.1　适用范围

锑、钨、铅、锌等矿石的预选。

8.46.2 基本原理

原矿破碎筛分后，将符合分选系统粒级要求的块矿输送到振动给料器；块矿被振动分散后，掉落到高速皮带上，向前运行 1~2m 后获得稳定的速度，形成均匀平铺在皮带上的矿石流；矿石流通过射线源正下方时，由高压激发的 X 射线以扇面形式从上向下照射，皮带上经过扇面的矿石块会减弱射线强度，使穿透矿石的 X 射线因石块中金属元素含量的高低而产生不同程度的衰减。皮带下方的探测器可以感知衰减后的 X 射线强度，并把该信息转化为光电数字信号，通过千兆网卡传送给工控机处理。射线扇面会覆盖皮带的有效宽度，探测器则与皮带宽度相同，以保证皮带上的每块矿石都被检测到；工控机中运行智能分选软件，对探测器采集的数据进行成像处理并进行分析识别，根据预先学习设定的分选参数，判别标记石块为低品位废石或高品位矿石，同时把已标记的石块位置信息发送给喷吹控制单元。

当石块飞离皮带经过气排枪时，喷吹控制单元根据分选软件提供的矿石信息，分别控制 120 个电磁阀的启停，通过气排枪的喷嘴可以精准地喷吹已标记的高品位矿石，使其改变飞行轨迹落入精矿仓，而被标记的低品位废石则沿原有的抛物线轨迹落入废石仓。

8.46.3 工艺技术或装备

（1）低品位锑块矿识别技术；
（2）根据扫描射线反馈的信息差异，确定最佳块矿粒度范围；
（3）块矿石高效分离技术；
（4）块矿石智能机器选矿生产线；
（5）XNDT-104 智能分选系统。

8.46.4 推广前景

该技术通过提前抛废，极大减少了磨矿作业量，降低了选矿成本，增加了选厂处理量，可在有色行业内大范围推广。

推荐单位：中国有色金属工业协会。

申报单位：锡矿山闪星锑业有限责任公司、北京霍里思特科技有限公司。

资料来源：自然资源部《矿产资源节约和综合利用先进适用技术目录（2019年版）》。

8.47 钼精矿新工艺及产业化技术

8.47.1 适用范围

钼矿床或铜钼共生矿床的选矿。

8.47.2 基本原理

采用特定药剂制度，浮选法快速提高钼精矿品位；浮选柱、浮选机配合使用，同时实现了对微细粒级及较粗粒级的有效回收；对钼精矿泡沫进行有效擦洗，充分暴露矿物新鲜表面；应用高效旋流器，解决旋流器与泵的能力匹配问题，稳定给矿压力，提高分级效率与再磨分级细度。

8.47.3 工艺技术或装备

(1) 联合使用浮选柱、浮选机，对微细粒、较粗粒级进行有效回收；
(2) 立式螺旋搅拌磨对钼精矿泡沫进行有效擦洗；
(3) 应用旋流器提高再磨分级细度。

8.47.4 推广前景

该技术能够有效处理矿石中品位低、嵌布粒度细、矿物组成复杂的难选矿石，提高选矿回收率，节约选矿成本。同时，57%钼精矿品位高、含杂低，对氧化钼、钼酸铵、钼粉等后续产品加工技术及装备水平要求相对较低，生产成本大幅降低，产品附加值大幅提升。

推荐单位：陕西省自然资源厅。
申报单位：金成堆钼业股份有限公司。
资料来源：自然资源部《矿产资源节约和综合利用先进适用技术目录（2019年版）》。

8.48 钼矿绿色选矿工艺与特大型选矿装备集成技术

8.48.1 适用范围

大型铜钼矿选矿工程。

8.48.2 基本原理

采用"原矿粗磨分质分选-粗精矿分段合并-再磨擦洗-新型低毒 BK510 钼铜分离-柱机联合精选-综合回收铜"实现铜钼矿资源高效回收利用。

8.48.3 工艺技术或装备

(1) 碎磨选用 SABC 流程：粗碎+半自磨+顽石破碎+球磨；
(2) 浮选工艺：钼浮选工艺采用钼快速浮选、粗选、二次扫选、预精选、三次浮选柱精选及三次精扫选工艺流程；铜浮选采用一次粗选、二次扫选、三次精选工艺流程；硫浮选采用一次粗选、三次精选工艺流程；

（3）精矿脱水：钼精矿采用浓密+压滤+干燥三段脱水工艺，铜精矿采用浓密+压滤两段脱水工艺，硫精矿采用浓密+过滤两段脱水工艺。

8.48.4 推广前景

该技术实现了高品位的精矿产品生产、资源的综合开发、"三废"的合理处置与回收利用，以及先进的生产工艺和高效低耗的设备配置等，将资源优势转化为经济优势，对促进行业的产业升级及地方经济的发展具有积极的作用。同时，该技术成功解决了寒冷林区特大型钼矿选矿技术难题，对高寒地区同类矿山具有较高的推广应用价值。

推荐单位：黑龙江省自然资源厅。

申报单位：伊春鹿鸣矿业有限公司。

资料来源：自然资源部《矿产资源节约和综合利用先进适用技术目录（2019年版)》。

8.49 钼矿伴生极低品位铜综合回收技术

8.49.1 适用范围

钼矿综合回收。

8.49.2 基本原理

黄铜矿可浮性较好，在中性及弱碱性矿浆中，能较长时间保持其天然可浮性，在选钼过程中容易富集，为保证精矿中铜含量符合冶炼要求，在钼精选作业段通常添加氰化钠或巯基乙酸钠来抑制黄铜矿，使黄铜矿主要存在于精选尾矿中，在精扫尾矿中铜含量在0.4%左右，以硫酸铜为活化剂、丁基黄药为捕收剂，通过粗选、精选、扫选的浮选流程，铜精矿品位达到国标要求。

8.49.3 工艺技术或装备

（1）精扫尾矿浓缩阶段加入石灰，消除有害重金属离子；

（2）采用硫酸铜作为铜矿物活化剂；

（3）将丁基黄药用作捕收剂。

8.49.4 推广前景

钼矿伴生极低品位铜综合回收技术，成功解决了铜综合回收工艺及产业化重大技术难题。取得的创新性研究成果，给国内外尾矿综合回收工艺提供了技术参考，推动了选矿工业技术进步。

推荐单位：河南省自然资源厅。

申报单位：洛阳栾川钼业集团股份有限公司。

资料来源：自然资源部《矿产资源节约和综合利用先进适用技术目录（2019年版）》。

8.50 铝土矿大型无传动节能高效浮选新技术与新装备

8.50.1 适用范围

铝土矿及其他矿产资源的选矿。

8.50.2 基本原理

矿浆从给料管进入分配系统，然后由分配系统分配到各矿化系统。空气从进气口压入矿化系统，在矿化系统内，高速流动的矿浆将空气打碎成微气泡并与矿浆形成含有大量微细气泡的气、固、液三相体系，在高紊流状态下实现气泡与矿浆的高效矿化。矿化系统与矿化喷头之间由矿化管连接，含有大量微气泡的三相体系在矿化管内二次混合并高度紊流矿化，然后仍保持较高能量状态进入矿化喷头，由矿化喷头上的喷嘴喷射入浮选槽内，并在浮选槽内形成大量分散性能良好的微泡，目的矿物在微泡浮力的作用下以低紊流状态向上升浮至泡沫层后溢出到精矿槽；在升浮过程中亲水性的矿物颗粒下沉，最后到达浮选槽底部由底流出口排出，实现目的矿物有效分选。

8.50.3 工艺技术或装备

(1) 粗粒闪浮技术；
(2) 无堵塞喷射式矿化技术；
(3) 尾矿、中矿沉降式分选技术；
(4) 高浓度浮选技术；
(5) $\phi6000mm$ 大型无传动浮选槽。

8.50.4 推广前景

该技术装备适用于铝土矿的选矿，设备能耗低、建设面积小，对于降低铝土矿选矿成本，进一步优化工艺技术指标，提高铝土矿选矿行业竞争力有着重要意义，经济社会效益显著，符合国家产业发展，具有较好的推广前景。

推荐单位：河南省自然资源厅。

申报单位：中铝郑州有色金属研究院有限公司。

资料来源：自然资源部《矿产资源节约和综合利用先进适用技术目录（2019年版）》。

8.51 复杂难处理钨细泥高效选矿新工艺

8.51.1 适用范围

复杂难处理钨细泥。

8.51.2 基本原理

采用捕收力强、选择性好的钨矿组合捕收剂 GYB+FW 替代常规浮选药剂进行常温浮选。采用离心选矿机进行高效重选，有效地提高了钨细泥选矿的金属回收率及钨精矿品位。

8.51.3 工艺技术或装备

(1) "细泥预处理—常温浮选—重选" 简单工艺流程；
(2) 捕收力强、选择性好的钨矿组合捕收剂 GYB+FW；
(3) 高效离心选矿机。

8.51.4 推广前景

该技术成功应用于行洛坑钨矿，可推广到国内外与行洛坑钨矿矿石性质相类似的钨矿山，使国内外复杂难处理钨细泥的综合回收技术指标显著提高。针对贫、细、杂难选钨资源开发及钨尾矿资源的二次开发与利用，推广应用该技术，特别是微细粒的离心选矿机对提高钨回收率具有重要意义。

推荐单位：福建省自然资源厅。

申报单位：宁化行洛坑钨矿有限公司。

资料来源：自然资源部《矿产资源节约和综合利用先进适用技术目录（2019年版)》。

8.52 矽卡岩型低品位白钨矿高效利用新技术

8.52.1 适用范围

低品位白钨矿选矿。

8.52.2 基本原理

通过组合用药使 Na_2CO_3 与 Na_2SiO_3 产生协同作用，在高碱度条件下强化对脉石矿物的抑制；研制了 ZF 高效白钨捕收剂，提高了钨粗选分离效率。钨精选通过采用中矿集中返回工艺流程提高 WO_3 金属循环量和中矿品位，使精选分离作业过程更稳定，并采用 PS 助剂与水玻璃组合抑制剂强化对硫化矿、钙化物和含磷脉石矿物的选择性抑制，产出高品质白钨精矿。

8.52.3 工艺技术或装备

（1）白钨矿粗选技术——组合抑制剂、高效捕收剂，提高粗选浓度；

（2）白钨粗精矿常温精选技术——组合抑制剂强化对脉石矿物的抑制，精选中矿集中返回工艺；

（3）浮选尾矿废水处理及回用技术；

（4）白钨精矿微波干燥新工艺；

（5）改性钨尾矿及制备方法。

8.52.4 推广前景

该新技术先进、适应性强、稳定可靠、选矿指标良好、环境友好，可在湖南、江西和云南文山周边地区矿石性质相近的矽卡岩型白钨矿浮选中应用推广，对国内外类似的矽卡岩型低品位白钨矿山具有良好的示范作用和推广应用前景。

推荐单位：湖南省自然资源厅。

申报单位：湖南有色新田岭钨业有限公司。

资料来源：自然资源部《矿产资源节约和综合利用先进适用技术目录（2019年版）》。

8.53 智能图像选矿工艺技术

8.53.1 适用范围

黑钨矿山的预选。

8.53.2 基本原理

利用图像识别技术识别合格矿及围岩，并用喷阀将合格矿分拣出来，从而替代传统人工分选。大量的矿石通过振动给料的方式均匀且快速地从相机拍摄区域的上方自由落下，高速相机对所有经过拍摄区域的矿石进行拍照；通过图像处理软件区分出脉石与废石；当矿石下落经过喷射区域时，图像处理软件区分出的脉石被高速气流击中，进入脉石分料仓，从而实现矿石快速的自动化分选。

8.53.3 工艺技术或装备

（1）图像识别技术；

（2）AWS100-C2S1型智能图像选矿机。

8.53.4　推广前景

该技术有效取代传统手选对钨原矿进行预处理抛尾，降低人员成本，提高废石丢弃率，减少后续作业处理压力，有效提高选矿效率。为黑钨矿山预选工艺的自动化提供技术支撑。

推荐单位：广东省自然资源厅。

申报单位：韶关石人嶂矿业有限责任公司。

资料来源：自然资源部《矿产资源节约和综合利用先进适用技术目录（2019年版）》。

8.54　黑白钨矿物强磁分离选别技术

8.54.1　适用范围

黑白钨混合矿石。

8.54.2　基本原理

采用"强磁分流-黑白钨分别浮选"流程，高梯度强磁选使90%以上的黑钨矿物进入磁选精矿产品中，白钨矿主要在磁选尾矿中，黑钨矿物和白钨矿物基本分离；采用浮选工艺分别浮选黑钨矿和白钨矿物，选别指标稳定，产品质量高。

8.54.3　工艺技术或装备

（1）"高梯度强磁选分离黑白钨-黑白钨分别浮选"工艺流程；

（2）采用螯合捕收剂直接浮选黑钨矿；

（3）采用脂肪酸捕收剂浮选回收白钨矿。

8.54.4　推广前景

该技术可大幅提高钨选矿回收率，已在多个矿山的钨多金属回收中得到推广应用，取得了良好效果，可推广到我国其他黑白钨混合矿。

推荐单位：中国五矿集团有限公司。

申报单位：湖南省柿竹园有色金属有限责任公司。

资料来源：自然资源部《矿产资源节约和综合利用先进适用技术目录（2019年版）》。

8.55　复杂难选低品位镍矿选矿技术

8.55.1　适用范围

低品位难处理镍矿石。

8.55.2 基本原理

浮选时在合理的工艺流程中添加选矿药剂来调节浮选物料和浮选截止的物理化学特性，以扩大浮选物料间的疏水-亲水性（即可浮性）差别，添加适当的选矿药剂改善有用矿物的表面特性，使有用矿物表面疏水，进而附着在气泡上随之上浮，提高浮选效率。

8.55.3 工艺技术或装备

（1）"易浮矿物优选浮选+难选矿物强化再选+分段精选"浮选工艺；
（2）"羧甲基纤维素+六偏磷酸钠+硫酸铵"高效组合调整剂，与捕收剂黄药和起泡剂 MIBC 配合使用；
（3）半自磨及浮选柱（粗选）设备组合处理低品位镍矿石。

8.55.4 推广前景

该项技术已成功应用于工业生产，过程运行稳定，技术指标先进，取得了显著的经济效益和良好的社会效益，抗风险能力强，可行性好。

推荐单位：陕西省自然资源厅。
申报单位：陕西省煎茶岭镍业有限公司煎茶岭镍矿。
资料来源：自然资源部《矿产资源节约和综合利用先进适用技术目录（2019年版）》。

8.56 难选轻稀土矿低碳高效利用新技术

8.56.1 适用范围

轻稀土矿选矿。

8.56.2 基本原理

通过捕收剂 EM-WX 的螯合作用，增大细粒级稀土矿物表观粒度，强化细粒稀土矿物高效回收和预富集；通过自主研制的泡沫促进剂 EM-312 的稳定和发泡作用，强化细粒稀土矿物与捕收剂的接触，实现常温条件下形成稳定的稀土疏水聚团，稀土疏水聚团再经加密网状介质高梯度强磁机进行磁选提纯，最终大幅提高稀土的选矿回收率和稀土精矿的品位。

8.56.3 工艺技术或装备

采用浮选促进剂 EM-312，实现了"浮团聚磁选"新工艺，使得稀土矿实现常温浮选，降低稀土选矿药剂毒性，减少稀土选矿废水对环境影响，实现稀土矿短流程浮选，提高选矿效率。

8.56.4 推广前景

该技术降低了原矿入选品位，实现了 REO 品位 2% 左右的低品位稀土矿的分选，可有效促进我国难选稀土矿的开发利用。为德昌、内蒙古包头白云鄂博、四川冕宁牦牛坪等地稀土合理开发利用提供了技术支撑，最大限度地使稀土资源得到充分的资源利用。

推荐单位：中国地质调查局。

申报单位：中国地质科学院矿产综合利用研究所。

资料来源：自然资源部《矿产资源节约和综合利用先进适用技术目录（2019年版）》。

8.57 离子吸附型稀土矿绿色高效浸萃一体化新技术

8.57.1 适用范围

离子吸附型稀土资源。

8.57.2 基本原理

（1）绿色浸取：稀土离子（RE^{3+}）通过较弱的静电作用吸附在高岭土、白云母等硅铝酸盐矿物（$[cec]m \cdot nRE^{3+}$）上。当这些 RE^{3+} 遇到化学性质活泼的阳离子（如 NH_4^+、Mg^{2+} 等）时，可发生阳离子交换反应，因而离子相稀土可被一定浓度的电解质溶液交换和淋洗下来。

（2）高效萃取富集：在低酸度条件下，利用 P_5O_7、P_2O_4 等酸性磷（膦）类萃取剂（$[HL]_2$）与水溶液中的稀土离子（RE^{3+}）进行阳离子交换而使 RE^{3+} 从水溶液中提取分离出来。

8.57.3 工艺技术或装备

（1）生态环境友好型镁盐及其复合体系浸取离子吸附型稀土矿新技术；

（2）低浓度稀土浸出液非皂化与非平衡耦合离心萃取富集新技术；

（3）离子分相耦合原位气浮除油回收有机相新技术；

（4）低浓度稀土溶液萃取的大流比、高通量新型结构离心萃取机。

8.57.4 推广前景

该技术根据矿区土壤成分调节镁盐及其复合体系浸取剂的组成，使土壤中交换态钙/镁比例满足土壤养分比值要求，从源头解决氨氮污染难题。同时，解决了有机相乳化、损失大的工艺难题和大流比、高通量的设备难题，首次实现低浓度稀土浸出液直接萃取富集的工业应用，获得了高效富集与不产生氨氮废水和含放射性废渣的双重效果。该技术可以逐步在国内其他省区甚至国外离子吸附型稀土矿山推广应用，应用前景十分广阔。

推荐单位：中国有色金属工业协会。

申报单位：有研稀土新材料股份有限公司、中铝广西有色稀土开发有限公司、有研科技集团有限公司、郑州天一萃取科技有限公司。

资料来源：自然资源部《矿产资源节约和综合利用先进适用技术目录（2019年版)》。

8.58　含砷、锑复杂难处理金矿高效提金综合新技术

8.58.1　适用范围

泥化严重、含锑、砷复杂金矿的资源综合回收利用。

8.58.2　基本原理

采用多技术梯次回收的新工艺流程进行资源综合回收利用。

8.58.3　工艺技术或装备

（1）差异硬度梯次磨浮技术；
（2）比重微差异联合重选；
（3）大颗粒高浓度浮选；
（4）环保提金技术；
（5）微细乳状尾矿干排技术。

8.58.4　推广前景

该技术对同类难处理矿石的高效回收提供了借鉴，特别是在甘肃、陕西、四川等地区适合推广应用。

推荐单位：甘肃省自然资源厅。

申报单位：甘肃省合作早子沟金矿有限责任公司。

资料来源：自然资源部《矿产资源节约和综合利用先进适用技术目录（2019年版)》。

8.59　含砷难处理金矿加压预氧化关键技术

8.59.1　适用范围

含砷、锑、碳质等难处理金矿。

8.59.2　基本原理

在高温高压和氧气的作用下，通过氧化反应，包裹金的硫化物、砷矿物得到分解，使得被包裹的金得到解离从而得以浸出，从而提高回收率。所形成的含砷渣为稳定的砷酸铁，对环境无污染，产生的酸性氧化液可以循环回用，使得整体工艺清洁、环保。

8.59.3　工艺技术或装备

（1）加压预氧化成套工艺技术集成；
（2）环境友好型的稳定固砷技术；
（3）系统酸平衡、热平衡调控关键技术；
（4）高温高压工艺装备工程化关键技术。

8.59.4　推广前景

该技术解决了含砷难处理金矿直接提取回收率低、焙烧处理砷污染严重的难题，工艺新颖，工艺技术先进，自动化程度高。高效利用矿石里面的硫自热反应，生产过程无须外供热源，生产回水全部回用，砷100%无害化固定，特别适合处理高砷、高碳、高硫、微细粒浸染型金矿。相比传统的焙烧法，金回收率更高、无砷污染问题。此外，该技术建设周期短、投资小、达产快，是未来含砷难处理金矿清洁生产回收技术的趋势。

推荐单位：中国黄金协会。
申报单位：紫金矿业集团股份有限公司。
资料来源：自然资源部《矿产资源节约和综合利用先进适用技术目录（2019年版）》。

8.60　环保型浸金试剂推广应用技术

8.60.1　适用范围

含金矿石及尾矿中金的回收。

8.60.2　基本原理

将一种环保型浸金试剂替代目前主流浸出工艺中所用的有毒性药剂氰化钠，浸出效果和氰化钠相当。

8.60.3　工艺技术或装备

环保型浸金试剂。

8.60.4 推广前景

该技术经济环保，适用于对低品位金矿及尾矿资源进行回收，具有较好的经济、环境和社会效益。

推荐单位：中国黄金集团有限公司。

申报单位：长春黄金研究院有限公司。

资料来源：自然资源部《矿产资源节约和综合利用先进适用技术目录（2019 年版）》。

8.61 金矿细菌氧化处理工艺技术

8.61.1 适用范围

难处理金矿资源回收。

8.61.2 基本原理

利用细菌的氧化作用，氧化包裹在金颗粒表面的硫化矿物，使其溶解于水溶液中以打开包裹，使金能够与浸出剂充分接触，实现金矿中金回收。

8.61.3 工艺技术或装备

（1）浸矿工程菌种的筛选、培养、驯化；
（2）生物氧化反应器的设计与放大技术；
（3）细菌适应温度；
（4）缩短浸出时间，浸出率大幅度提高；
（5）氧化液中有价元素综合回收。

8.61.4 推广前景

按目前我国已经探明的难处理金矿石资源储量 2000t 计算，约有 30% 可以采用生物氧化技术回收利用，随着地质探矿工作的不断深入，这一比例还将逐年增加。

推荐单位：中国黄金协会、黑龙江省自然资源厅。

申报单位：长春黄金研究院有限公司、黑龙江乌拉嘎黄金矿业有限责任公司。

资料来源：自然资源部《矿产资源节约和综合利用先进适用技术目录（2019 年版）》。

8.62 含铜低品位金矿资源利用技术

8.62.1 适用范围

含铜金矿资源中金和铜的回收。

8.62.2 基本原理

该技术在以"细粒级重选+炭浸、粗粒级堆浸+活性炭吸附"联合提金为主的工艺基础上，与"单体颗粒金尼尔森高效快速回收、高氰强化氰化浸出、堆浸高铜贵液介质调整—深度脱铜—高效聚沉回收铜和氰化钠、低铜贵液的活性炭选择性吸金抑铜、含铜载金炭预先选择性解吸并回收铜和含铜氰废水活性炭吸附—强解吸"组合集成为含铜低品位金矿处理新工艺，实现伴生铜资源和金品位更低的含铜金矿资源综合回收，达到以提取金为主、综合回收铜和氰化钠的目的。

8.62.3 工艺技术或装备

(1) 含铜低品位金矿"细粒重选+炭浸、粗粒堆浸+活性炭吸附"工艺；
(2) 尼尔森选矿机重选；
(3) 堆浸高铜贵液金铜分离工艺及成套设备，实现金铜分离；
(4) 活性炭选择性吸金抑铜关键技术；
(5) 含铜载金炭采用氧化-酸浸技术实现选择性吸附铜；
(6) 含铜氰化废水中铜资源综合利用及废水全循环利用技术。

8.62.4 推广前景

该技术的成功应用，盘活了低品位金矿资源约800万吨，极大地提升了紫金山低品位含铜金矿高效提金及铜综合回收的整体水平，综合效益显著。技术具有装备简单、投资少、对环境友好、资源利用效率高等特点。为我国低品位含铜难处理金矿和废弃资源提供了技术支持。

推荐单位：中国有色金属工业协会。
申报单位：紫金矿业集团股份有限公司。
资料来源：自然资源部《矿产资源节约和综合利用先进适用技术目录（2019年版)》。

8.63 微细粒金银铁难处理多金属氧化矿选冶联合关键技术

8.63.1 适用范围

金银嵌布粒度细，共伴生有铁、铜、铅等难选冶金银氧化矿。

8.63.2 基本原理

根据氰化物浓度0.05%~0.10%时金银溶解速度大于铜，氰化物浓度大于0.10%时铜溶解速度激增的原理，采用分段添加氰化钠的方式，增设数控衡定加药装置，精确控制游离氰根离子浓度，减弱铜矿物的溶解，实现金、银的选择性浸出；采用混合助浸剂 BY-2，在浸出槽内部设置垂直导流槽，引入底部供氧方式，长时间保持高浓度溶氧量，实现了富氧环境下金、银的快速浸出；将炭吸附作业前移，提高提炭频率，延长了总吸附时间，降低了金取代吸附银行为的发生，提高银的吸附率；采用旋流器预先脱除-0.02mm 粒级的矿泥，降低了矿泥的干扰，优化弱磁、强磁磁场体系及分选行为，提高了整个磁选作业铁总回收率。

8.63.3   工艺技术或装备

(1) 基于金银优先浸出的游离氰根离子浓度精确控制技术；
(2) 基于富氧强化的高效浸出技术；
(3) 基于金银吸附差异的优先浸吸技术；
(4) 基于预先分离脱泥的梯级场强分离技术。

8.63.4   推广前景

该技术攻克了含金、银、铁多金属氧化矿泥含量高、结合铜含量高、银与锰铁共生率高、有价矿物嵌布粒度微细、难以高效综合利用难题，提高了难选冶金矿的综合利用水平，可在微细粒金银铁难处理多金属难选冶氧化矿推广应用，也可在同类贵金属矿山的资源综合回收利用中大规模推广，应用前景十分广阔。

推荐单位：中国黄金协会。
申报单位：云南黄金矿业集团股份有限公司。
资料来源：自然资源部《矿产资源节约和综合利用先进适用技术目录（2019年版)》。

8.64   原矿焙烧提金技术与工艺

8.64.1   适用范围

含砷、含有机碳的金矿回收。

8.64.2   基本原理

通过控制焙烧条件破坏包裹金的硫化物，使载金矿物结构上出现裂隙、同时固砷、固硫；抑制有机碳对后续提金工艺的负面影响，达到显著提高金回收率的目的。

8.64.3   工艺技术或装备

(1) 一炉两段连续焙烧技术及装备；
(2) 焙烧余热利用技术及装备；
(3) 干式磨矿磨煤一体化技术。

8.64.4 推广前景

该技术应用范围广阔，可用于国内含硫、含砷、含碳、微细粒浸染型难选难浸金矿资源，开发利用低品位"呆滞"的金属资源，使低品矿石得到充分利用，资源经济效益显著。

推荐单位：中国黄金集团有限公司。

申报单位：贵州金兴黄金矿业有限责任公司。

资料来源：自然资源部《矿产资源节约和综合利用先进适用技术目录（2019年版）》。

8.65 黄金矿山低品位资源规模化开发关键技术

8.65.1 适用范围

黄金矿山及类似金属矿山高效选矿及降本增效。

8.65.2 基本原理

在"高压辊磨机在金矿石碎磨工艺中的应用研究、金矿低品位资源动态评估研究及开发应用"基础上，提出了大型浮选柱+浮选机联合非均衡过程强化浮选工艺和高压辊磨机+大型球磨机联合粉磨工艺，并进行合理匹配，保证了低品位金矿石利用效果及规模效益。

8.65.3 工艺技术或装备

（1）关键技术：高压辊磨机+大型球磨机联合粉磨工艺，大型浮选柱+浮选机联合浮选工艺；

（2）关键设备：高压辊磨机（RP-S7-140×110）、大型球磨机（MQY5.5×8.5m）、旋流静态微泡浮选柱（FSCMC-5000×8000）、KYF-160。

8.65.4 推广前景

该技术兼顾了低品位金矿石利用效果及规模效益，实现了黄金矿山低品位资源规模化高效利用，为含金资源规模化、精细化、产业化生产提供了可靠技术支撑，提升了国内黄金产业链技术与装备水平，促进了选矿技术及产业的发展，具有较强的推广前景。

推荐单位：中国黄金协会。

申报单位：山东黄金矿业（莱州）有限公司三山岛金矿、中国矿业大学。

资料来源：自然资源部《矿产资源节约和综合利用先进适用技术目录（2019年版）》。

8.66　高氯咸水替代淡水高效选矿技术

8.66.1　适用范围

适用于沿海地区坑内（井下）咸水或海水丰富、淡水资源匮乏的地区。

8.66.2　基本原理

在现有磨浮流程及设备不变的情况下，磨矿作业和浮选作业全部利用坑内高氯咸水替代淡水进行磨矿和浮选，合理优化工艺作业条件及药剂条件，达到或超过淡水磨矿和浮选的生产经济技术指标。

8.66.3　工艺技术或装备

两段磨矿两段分级工艺。

8.66.4　推广前景

该技术使坑内高氯咸水得到充分的利用，对于淡水资源缺乏的沿海地区矿藏开发具有重大的意义，为采用坑内高氯咸水选矿及海水选矿的矿山提供了参考。技术应用过程中，要做好防腐蚀工作，对选矿厂建筑物、构筑物、设备、电缆、电线等进行防腐蚀处理。

推荐单位：山东省自然资源厅。

申报单位：山东黄金矿业（莱州）有限公司三山岛金矿。

资料来源：自然资源部《矿产资源节约和综合利用先进适用技术目录（2019年版）》。

8.67　锶矿（天青石）高效选矿新技术

8.67.1　适用范围

锶矿（天青石）的高效选别及其共伴生矿、低品位锶矿的综合回收利用。

8.67.2　基本原理

根据"能收早收，能抛早抛"的选矿原则，利用天青石与黄铁矿、脉石矿物的颜色差异，在破碎筛分作业中，利用分段筛分技术和色选工艺优先把高品位天青石分离，利用色选工艺将跳汰精矿进行天青石和黄铁矿分离，提前回收进入产品。再根据天青石与脉石及其他矿物的可浮性差异，将重选尾矿利用浮选方法，对锶、硫等有价元素全面回收，选锶废水全部分质循环利用，尾矿全部用于井下采空区胶结充填和制砖。实现了稀有锶矿及其共伴生资源的高效综合回收利用，做到了清洁生产。

8.67.3 工艺技术或装备

(1) 跳汰锶精矿色选分离黄铁矿技术；
(2) 锶矿（天青石）优先重选分离技术；
(3) 锶矿石及共伴生有价元素浮选分离技术；
(4) 锶矿选别节能环保技术。

8.67.4 推广前景

该技术的推广应用，降低了能源和材料消耗，大幅减少磨矿、浮选的入选矿量，极大地降低了浮选药剂的消耗，减少了对环境污染，有效地降低锶精矿中硫含量，大大减少后续冶炼过程中二氧化硫气体排放，有效降低成本、改善环境，对推动矿业绿色发展具有重要意义。同时，随着技术推广应用可进一步提高锶和硫的回收率和精矿品位，为我国的锶矿选别提供了很好的借鉴和示范作用。

推荐单位：江苏省自然资源厅。

申报单位：南京金焰锶业有限公司。

资料来源：自然资源部《矿产资源节约和综合利用先进适用技术目录（2019年版）》。

8.68 大型高效无传动浮选技术

8.68.1 适用范围

有色金属、钢铁、非金属等资源加工行业。

8.68.2 基本原理

无传动浮选槽的整个槽体无任何传动装置，其上部为圆柱形，下部为圆锥形，浮选槽锥形下部开有底流出口，泡沫槽的下端开有泡沫出口。浮选槽的工作原理为：矿浆从给料管进入分配系统，然后由分配系统分配到各矿化系统。空气从进气口压入矿化系统，在矿化系统内，高速流动的矿浆将空气打碎成微气泡并与矿浆形成含有大量微细气泡的气、固、液三相体系，在高紊流状态下实现气泡与矿浆的高效矿化。矿化系统与矿化喷头之间由矿化管连接，含有大量微气泡的三相体系在矿化管内二次混合并高度紊流矿化，然后仍保持较高能量状态进入矿化喷头，由矿化喷头上的喷嘴喷射入浮选槽内，在浮选槽内形成大量分散性能良好的微泡。整个浮选过程没有机械搅拌和传动装置，可有效降低选矿过程的能耗。

8.68.3 工艺技术或装备

无传动浮选槽是一种适应矿物浮选的装备技术，具有处理量大、富集比和分选效率高、适应范围广、节能且智能控制等优点，其主要的关键技术如下：

(1) 多级高效矿化技术；

(2) 粗粒闪浮技术；

(3) 细粒高效微泡浮选技术；

(4) 双向协同液面控制技术；

(5) 高浓度浮选技术；

(6) 全浮选槽技术。

无传动浮选槽主要由矿浆分配器、发泡器、充气环管、矿化管、喷头、分选槽筒体、泡沫收集槽、中矿管、底流管等组成。

无传动浮选槽装备技术对铝土矿浮选脱硅和浮选脱硫通常采用简单的一粗一精一扫短流程工艺。浮选脱硅也可采用一粗两扫工艺流程，根据不同矿石对磨矿粒度的要求，在上述工艺流程中也可增加分级和二段磨矿工艺。

原矿经过一段磨矿分级后，溢流产物与扫选泡沫（或底流）及精选底流（或泡沫）混合到一起进入浮选槽粗选作业，粗选泡沫经过一次精选（或扫选）作业后获得泡沫精矿（或尾矿），粗选底流进入扫选（或精选）作业，扫选（或精选）泡沫返回粗选作业，扫选（或精选）底流直接作为尾矿（或精矿）。

8.68.4 典型用户

典型用户：开曼铝业（三门峡）有限公司、山西道尔投资有限公司、鲁山县冠华实业有限公司等。

(1) 开曼铝业（三门峡）有限公司 120 万吨/a 选矿脱硫项目。

建设规模：120 万吨/a 选矿脱硫项目浮选生产线，给料控制系统的压力为 0.08~0.2MPa，气量控制系统的压力控制为 0.1~0.6MPa。主要建设内容为流程改造、中矿循环系统改造、矿浆分配器及新型矿化系统改造更换、自动控制系统安装等。主要设备：ϕ3000mm 无传动浮选槽、渣浆泵、智能自控系统等。节能技改投资额 1000 万元（包括设备购置、流程改造及安装工程费用），建设期 6 个月。相比传统浮选机每年可节能 3840t/a，年碳减排量为 9000 吨 CO_2。年节能经济效益 600 万元，投资回收期约 2 年。

(2) 山西道尔投资有限公司 120 万吨/a 选矿脱硅项目。

技术提供单位：中国铝业郑州有色金属研究院有限公司。

建设规模：120 万吨/a 选矿脱硅项目浮选生产线，给料控制系统的压力为 0.08~0.2MPa，气量控制系统的压力控制为 0.1~0.3MPa。主要建设内容为低品位铝土矿浮选脱硅生产线改造。主要设备为 $\phi4500mm$ 无传动浮选槽、渣浆泵、智能自控系统等。节能技改投资额 1040 万元（包括设备购置、流程改造及安装工程费用），建设期 6 个月。相比传统浮选机每年可节能 3072t/a，年碳减排量为 7200 吨 CO_2。年节能经济效益 538 万元，投资回收期约 2 年。

8.68.5　推广前景及节能减排潜力

我国贫矿资源所占比例较大，随着资源逐年开发利用，富矿资源量越来越少，迫切需要解决贫矿资源的高效选矿问题。目前，我国广泛使用的传统机械搅拌式浮选机存在占地面积大、能耗高、分选效果不佳等缺点；而浮选柱法虽然是浮选装备节能降耗的发展方向之一，但也存在粗粒难以上浮、磨损严重等缺点。与采用传统机械搅拌式浮选机相比，大型高效无传动浮选装备在实际工业生产中浮选作业单位电耗可下降约 $10kW \cdot h/t$ 原矿。与传统机械搅拌式浮选机相比，对于同规模的选矿厂，该技术具有投资更少、流程更短、能耗更低的特点。

资料来源：国家发展和改革委员会《国家重点节能低碳技术推广目录（2017年本，节能部分)》。

8.69　选矿厂自动检测控制系统

8.69.1　适用范围

金属矿选矿厂生产过程自动检测及控制。

8.69.2　基本原理

融合选矿过程机理模型、在线检测仪、选矿控制模块、MES 系统、视频监控系统等，形成选矿厂自动控制系统。

8.69.3　工艺技术或装备

（1）选矿厂控制系统，包括选矿工艺过程的机理模型、在线检测仪表、选矿控制模块；

（2）选矿 MES 系统，包括网络平台、应用系统管理平台、MES 应用系统；

（3）视频监控系统，包括视频监控系统架构、监控中心平台、监控前端设计、组网设计、设备选型。

8.69.4　推广前景

该技术能稳定选矿厂生产指标，提高劳动生产率，经济效益显著。

推荐单位：中国冶金矿山企业协会。

申报单位：丹东东方测控技术股份有限公司。

资料来源：自然资源部《矿产资源节约和综合利用先进适用技术目录（2019年版）》。

8.70 氰根在线检测分析技术

8.70.1 适用范围

黄金氰化冶炼。

8.70.2 基本原理

基于自动滴定的技术原理，采用 $AgNO_3$ 试剂作为滴定剂，利用银环电极或光度检测装置，测量自动滴定过程中银离子浓度变化或溶液吸光度的变化情况，判定滴定终点得到测量结果，实现氰根离子（或低氰环保药剂离子）浓度全自动、在线分析。

8.70.3 工艺技术或装备

（1）矿浆滤液滴定技术；
（2）矿浆取样技术；
（3）样品预处理技术；
（4）溶液精密计量输送技术；
（5）信号处理技术。

8.70.4 推广前景

该系统测量精度高、运行可靠、产品化程度高，在提高经济效益和保障安全生产方面取得明显的效果，可在黄金行业推广应用。

推荐单位：辽宁省自然资源厅。
申报单位：辽宁排山楼黄金矿业有限责任公司。
资料来源：自然资源部《矿产资源节约和综合利用先进适用技术目录（2019年版）》。

9 非金属矿选矿与综合利用技术及装备

9.1 低品位鳞片石墨矿"大型湿法搅拌磨"综合利用技术

9.1.1 适用范围

低品位石墨矿。

9.1.2 基本原理

通过强化磨矿过程管理，加强脉石与石墨矿的解离，达到既保护大鳞片又提高"三率"目的，从而提高低品位石墨矿的综合利用范围。

9.1.3 工艺技术或装备

（1）大型湿法搅拌磨；
（2）磨、浮工艺优化。

9.1.4 推广前景

该技术可对低品位石墨资源高效回收，能够既保护大鳞片又提高"三率"。该技术的推广应用能够盘活鸡西麻山地区、石磷地区及柳毛部分地区的大量低品位石墨资源，达到节约与综合利用不可再生矿产资源的目的。

推荐单位：黑龙江省自然资源厅。

申报单位：黑龙江鸡西天盛非金属矿业有限公司。

资料来源：自然资源部《矿产资源节约和综合利用先进适用技术目录（2019年版）》。

9.2 晶质石墨矿选矿自动控制系统

9.2.1 适用范围

晶质石墨选矿。

9.2.2 基本原理

利用石墨鳞片晶体疏水性，经烃类捕收剂捕收，在浮选机内与气泡结合浮出矿浆面，石墨精矿富集在泡沫中，由刮板刮出浮选机槽体，得到石墨浮选精矿。

9.2.3 工艺技术或装备

（1）两段式破碎筛分系统；
（2）烘干自动化工艺与立式压滤机结合应用；
（3）选厂自动化控制系统。

9.2.4 推广前景

该技术实现了选矿工艺数字化管理的创新，有效推动企业向"绿色选矿、数字化选矿"发展，解决了石墨行业"脏乱、落后、污染"等问题，实现了更有助于增加企业的经济效益、环境效益和社会效益，对石墨选矿行业可持续发展具有指导意义。

推荐单位：黑龙江省自然资源厅。
申报单位：鸡西长塬矿业有限责任公司。
资料来源：自然资源部《矿产资源节约和综合利用先进适用技术目录（2019年版）》。

9.3 萤石选择性磨矿关键技术

9.3.1 适用范围

萤石的磨矿。

9.3.2 基本原理

利用入磨矿物各组分之间可磨性的差异，通过对磨矿方式和操作条件加以调节控制，使磨矿过程具有某种选择性，机械强度大的矿物因粉碎速度慢而粒度粗，在粗粒级发生富集；机械强度小的矿物因粉碎速度快而粒度细，在细粒级发生富集。最后通过筛分、分级等工艺实现矿物的分选、分离。

9.3.3 工艺技术或装备

圆筒筛预抛尾技术：通过调节萤石磨矿的球磨机格子板的格子孔大小及在分级前加装圆筒筛的方法，可以抽除 8.6% 的合格尾矿（抛尾的尾矿中 CaF_2 含量 10.12%，浮选最终尾矿含量 9.57%），扩大了选厂产能，并保障了选矿回收率基本不变。

9.3.4 推广前景

该技术能够实现磨前抛尾、有效提高浮选品位等特点，对有用矿物与脉石矿物可磨性差异较大的矿山具有借鉴意义。

推荐单位：中国非金属矿工业协会。

申报单位：中钢集团锡林浩特萤石有限公司。

资料来源：自然资源部《矿产资源节约和综合利用先进适用技术目录（2019年版）》。

9.4 低品位萤石粗精矿再磨浮选工艺技术

9.4.1 适用范围

低品位萤石矿，品位5%以上的萤石原矿。

9.4.2 基本原理

低品位萤石资源开发利用主要成本、质量问题，通过改进工艺扩大规模，科学管理，可得到解决。

9.4.3 工艺技术或装备

浮选工艺中增加粗精矿再磨，充分解离萤石单体，降低入选品位，提高选矿回收率，入选品位由最低30%降至5%，回收率由82%提高至90%以上。

9.4.4 推广前景

萤石资源被世界各国列为战略资源，中国萤石行业现存大量的尾矿和低品位萤石资源，既造成资源浪费又污染环境，采用该技术可有效增加中国萤石资源利用量，对我国低品位萤石资源利用具有借鉴意义。

推荐单位：福建省自然资源厅。

申报单位：顺昌县埔上萤石有限公司。

资料来源：自然资源部《矿产资源节约和综合利用先进适用技术目录（2019年版）》。

9.5 复杂伴生萤石低温高效浮选技术

9.5.1 适用范围

萤石矿选矿。

9.5.2 基本原理

一是在萤石浮选过程中，开发新型耐低温CYP-01萤石捕收剂，使用纯碱、水玻璃等药剂来调节矿浆的物理化学特性，提高浮选效率。二是通过药剂的浸洗作用，剥离矿浆中已吸附于萤石矿物表面的浮选药剂，露出新鲜的萤石矿物表面，并减少水玻璃等药剂在萤石矿物表面的"二次污染"，从而恢复和改善萤石的可浮性。三是利用萤石与方解石等其他脉石矿物存在的最佳浮选电位差异，通过调控浮选矿浆体系电位，改变矿物表面性质，实现含钙矿物、黑色及褐色含铁硅酸盐和石英等脉石的分步抑制，提高萤石精矿品位。

9.5.3 工艺技术或装备

（1）CYP-01 耐低温萤石捕收剂；
（2）萤石高效活化技术；
（3）复杂脉石矿物分步抑制技术。

9.5.4 推广前景

该技术解决了我国伴生萤石资源回收率低、精矿指标差、药剂消耗量大等关键性技术问题，有效开发利用我国储量巨大的伴生萤石资源，能极大提高我国萤石资源综合利用率，盘活国内近 1.8 亿吨的伴生萤石资源，具有广阔的应用市场前景和推广价值。

推荐单位：中国五矿集团有限公司。

申报单位：长沙矿冶研究院有限责任公司。

资料来源：自然资源部《矿产资源节约和综合利用先进适用技术目录（2019 年版）》。

9.6 中低品位磷矿综合利用无磷石膏排放绿色工艺

9.6.1 适用范围

15%以上中低品位磷矿生产石膏晶须和磷铵钙镁肥。

9.6.2 基本原理

首先用盐酸分解磷矿、分离出酸不溶物，在分离的清液中加入硫酸，清液中的钙与硫酸反应得到硫酸钙，连续化生产、制备得到硫酸钙晶须（即石膏晶须）；分离硫酸钙后的滤液返回系统循环利用，酸解液中的磷酸、镁等物质的浓度在循环中逐渐提高，当磷酸浓度达到工艺要求时提取并配合酸不溶物进行氨化、干燥得到磷铵钙镁肥。

9.6.3 工艺技术或装备

（1）盐酸酸解磷矿分离酸不溶物的关键技术；

（2）脱钙酸解液循环浓缩磷酸的关键技术；

（3）低浓度混酸氨化固化生产磷铵钙镁肥的关键技术。

9.6.4 推广前景

该技术采用盐酸分解磷矿，具有反应迅速、分解率高、各种矿均适用等优点，广泛适应我国储量丰富的各类中低品位磷矿。

推荐单位：湖北省自然资源厅。

申报单位：湖北沃裕新材料科技有限公司。

资料来源：自然资源部《矿产资源节约和综合利用先进适用技术目录（2019年版）》。

9.7 低品位制黄磷技术

9.7.1 适用范围

低品位磷矿富化制磷。

9.7.2 基本原理

低品质磷矿富化成球制磷新技术将低品质的磷矿经浮选富化得到磷精矿粉，磷精矿粉经高压、黏结、固化制成磷精矿球团，制成的磷精矿球团完全达到制磷所需粒径、强度的要求。低品质磷矿在富化过程中除去不利于黄磷生产的二氧化碳、有机物等物质，富化了磷矿中五氧化二磷（磷矿品位）、二氧化硅等有利于黄磷生产的物质，使黄磷生产过程更低碳、更环保、更节能，同时达到低品质磷矿资源综合利用的目的。

9.7.3 工艺技术或装备

（1）低品位磷矿浮选富集技术；

（2）磷精矿粉球团技术。

9.7.4 推广前景

该技术利用低品位磷矿制取黄磷炉料，适用于黄磷行业，在全国磷矿加工企业均可推广。

推荐单位：四川省自然资源厅。

申报单位：马边无穷矿业有限公司。

资料来源：自然资源部《矿产资源节约和综合利用先进适用技术目录（2019年版）》。

9.8 贫细杂难选胶磷矿资源化利用关键技术

9.8.1 适用范围

贫、细、杂难选胶磷矿选矿。

9.8.2 基本原理

针对高碳酸盐型胶磷矿磨矿细度高、粗细粒级分布不均、浮选速率差异大、有用矿物与脉石矿物均含 Ca^{2+} 分选难度高、工艺流程复杂等技术难点，首创柱-槽联合短流程浮选工艺；针对含高倍半氧化物的硅质及硅酸盐型胶磷矿嵌布粒度细、杂质成分多且含量高等技术难题，首创正-反-反高效脱除硅质、碳酸盐型和倍半氧化物等脉石矿物的浮选工艺，开创浮选法脱除倍半氧化物。针对碳酸盐型胶细粒级分选难度高、浮选速率低等特点，开发了相适应的直冲逆流式浮选柱，开创大型浮选柱在胶磷矿浮选的先例。基于矿物差异化分选和药剂复配原理，开发出适应能力、选择性和捕收性强的高效复合型、混合型 YP 系列捕收剂。通过研究不同工业类型胶磷矿粗选、精选和扫选作业的流程结构和浮选速率，完善了胶磷矿浮选厂工程设计过程中的驻留时间放大技术。

9.8.3 工艺技术或装备

(1) 胶磷矿柱-槽联合短流程及常温正-反-反浮选新工艺；
(2) 胶磷矿反浮选大型直冲逆流式浮选柱；
(3) 新型高效 YP 系列捕收剂；
(4) 胶磷矿浮选厂工程设计驻留时间放大技术。

9.8.4 推广前景

该技术为解决贫细杂难选胶磷矿高效利用提供可靠的技术手段，成果的应用促进了低品位磷矿资源的开发利用，提高资源利用率，延长矿山服务年限，对磷复肥和磷化工的可持续发展具有重要意义。

推荐单位：云南省自然资源厅。
申报单位：云南磷化集团有限公司。
资料来源：自然资源部《矿产资源节约和综合利用先进适用技术目录（2019年版）》。

9.9 胶磷矿重介质旋流器选矿技术

9.9.1 适用范围

磷矿岩与脉石存在密度差的中低品位胶磷矿。

9.9.2 基本原理

利用磷矿物与脉石矿物的密度差，原矿经破碎到单体解离粒度与悬浮液给入无压三产品重介质旋流器中，分选出精矿和尾矿。悬浮液经回收净化，循环使用。

9.9.3 工艺技术或装备

（1）胶磷矿重介质分选技术；
（2）分选介质制备技术；
（3）分选介质回收和净化技术；
（4）无压三产品重介旋流器。

9.9.4 推广前景

该技术分选效率高、生产成本低、环境污染小，在全国范围推广应用可实现中低品位磷矿开发利用的升级换代，有效解决中低品位磷矿综合利用率低、价格低等问题。此外，该技术还可用于硫铁矿、萤石矿以及其他碳酸盐选矿等领域，具有广阔的推广前景。

推荐单位：湖北省自然资源厅、中国石油企业协会。

申报单位：湖北三宁矿业有限公司、中国寰球工程公司华北规划设计院。

资料来源：自然资源部《矿产资源节约和综合利用先进适用技术目录（2019年版)》。

9.10 磷矿伴生氟资源综合利用技术

9.10.1 适用范围

适用于由含有氟的磷矿湿法制取磷酸的企业。

9.10.2 基本原理

以湿法磷酸生产过程中副产的氟硅酸为原料，脱砷后浓缩，浓氟硅酸与硫酸制得 HF；HF 进一步处理得到满足国标要求的无水 HF 产品；SiF_4 气体返回到接触器浓缩原料氟硅酸。

9.10.3 工艺技术或装备

（1）氟硅酸脱砷技术；
（2）无水氟化氢防腐技术；
（3）精馏提纯技术；
（4）氟硅酸浓缩技术。

9.10.4 推广前景

该技术实现了磷矿中氟资源的产业化回收，回收的氟资源可用于生产无水氟化氢，资源经济效益显著，促进了资源综合利用和循环经济发展，具有广阔的推广前景。

推荐单位：贵州省自然资源厅。

申报单位：贵州瓮福（集团）有限责任公司。

资料来源：自然资源部《矿产资源节约和综合利用先进适用技术目录（2019年版)》。

9.11 磷矿伴生碘资源回收新技术

9.11.1 适用范围

磷矿伴生碘资源、卤水中的碘、油气田水中的碘、其他含碘废水中碘的回收。

9.11.2 基本原理

采用强氧化性的 H_2O_2 作氧化剂，用 SO_2 来吸收从稀磷酸中吹出的碘，通过 SO_2 对吹出的碘进行循环吸收，使碘得到富集，从而达到碘回收的目的。

9.11.3 工艺技术或装备

开发催化氧化、两段吸收的改进吹出法工艺。工艺主要包括催化氧化萃取工序、两段还原吸收工序、净化工序、结晶和干燥工序。

9.11.4 推广前景

该技术实现了磷矿伴生极低品位碘资源的回收，使被废弃的磷矿伴生极低品位碘资源能够被利用，资源经济效益显著，可在磷化工行业广泛推广。

推荐单位：贵州省自然资源厅。

申报单位：贵州瓮福（集团）有限责任公司。

资料来源：自然资源部《矿产资源节约和综合利用先进适用技术目录（2019年版)》。

9.12 地沟油制备胶磷矿捕收剂关键技术

9.12.1 适用范围

胶磷矿浮选。

9.12.2 基本原理

通过脂肪酸用于胶磷矿浮选机理研究，了解脂肪酸浮选胶磷矿有效成分。采用地沟油水解、乳化结晶分离以及化学合成等工艺制备胶磷矿捕收剂。

9.12.3 工艺技术或装备

（1）地沟油制备胶磷矿浮选捕收剂工艺技术指标；
（2）地沟油制备胶磷矿浮选捕收剂原料企业标准；
（3）地沟油制备胶磷矿捕收剂全套生产工艺技术。

9.12.4 推广前景

通过技术创新，将地沟油制备成磷矿捕收剂，为地沟油的资源化利用提供新的途径，有利于降低企业生产成本，有效防止地沟油污染环境。

推荐单位：中国化学矿业协会。

申报单位：云南磷化集团有限公司磷资源开发利用工程技术研究分公司。

资料来源：自然资源部《矿产资源节约和综合利用先进适用技术目录（2019年版)》。

9.13 反浮选-冷结晶法生产氯化钾工艺

9.13.1 适用范围

从氯化物型盐湖卤水钾镁盐矿中提取氯化钾。

9.13.2 基本原理

反浮选-冷结晶法工艺技术是利用光卤石、氯化钠在特殊捕收剂上的吸附能力不同使光卤石与氯化钠分离，使光卤石原料的纯度达到工艺所允许的范围（$NaCl \leqslant 7.0\%$），然后加水分解光卤石，氯化镁进入液相，控制光卤石分解体系中氯化钾的过饱和度，达到在常温条件下使氯化钾颗粒长大的目的。

9.13.3 工艺技术或装备

（1）反浮选药剂技术；
（2）光卤石分解结晶器技术；
（3）成套装备设计制造技术。

9.13.4 推广前景

该技术可对传统冷分解浮选法、兑卤盐法的中、小规模氯化钾（钾肥）

生产装置进行改造和整合，促进技术、产品升级和选矿回收率提高，从而实现我国盐湖钾矿利用水平的升级，为节约氯化钾资源、增加钾肥总量做出积极贡献。

推荐单位：青海省自然资源厅。

申报单位：青海盐湖钾肥分公司。

资料来源：自然资源部《矿产资源节约和综合利用先进适用技术目录（2019年版）》。

9.14　含钾尾矿溶解转化热溶结晶法生产氯化钾技术

9.14.1　适用范围

钾肥生产尾矿中钾资源回收以及低品位钾矿综合利用。

9.14.2　基本原理

将尾矿或低品位钾矿中的氯化钾溶解制得含钾卤水，卤水输送至盐田晒制钾石盐矿。钾石盐通过热溶结晶工艺生产出高品位氯化钾。

热溶结晶法工艺是钾石盐矿用循环母液加热到 90℃ 以上进行溶浸，氯化钾全部溶解于溶液中，绝大部分的氯化钠仍以固体存在，经离心分离后除去；澄清的氯化钾饱和液经真空冷却结晶出氯化钾产品。

9.14.3　工艺技术或装备

（1）尾矿溶洗钾盐回收率控制技术；

（2）钠盐池、调节池溶浸过程中钾溶解率的控制技术；

（3）钾石盐矿的高效晒制技术；

（4）热溶真空结晶技术及工艺设备的选型和工艺控制。

9.14.4　推广前景

该技术实现了钾肥生产尾矿和低品位钾矿中钾资源的综合回收，工艺成熟。生成过程中不需添加药剂，生产产品防结块性好。随着技术的推广应用，将为社会提供高品质氯化钾产品，以满足国内钾肥需求。

推荐单位：青海省自然资源厅。

申报单位：青海盐湖三元钾肥股份有限公司。

资料来源：自然资源部《矿产资源节约和综合利用先进适用技术目录（2019年版）》。

9.15 冷结晶-正浮选生产氯化钾技术

9.15.1 适用范围

利用光卤石高效生产氯化钾。

9.15.2 基本原理

依据氯化钠、氯化钾表面性质的差异，加入对氯化钾有浮选作用的浮选药剂，从而增加氯化钾表面的疏水性。在浮选机内经搅拌与充气产生大量的弥散气泡，在矿浆中借助于气泡浮力，将这些带有氯化钾矿粒的泡沫刮出，从而达到分选出氯化钾的目的。

9.15.3 工艺技术或装备

(1) 针对光卤石原矿分布广特点，设计工艺所需专用结晶器，代替冷分解-正浮选工艺的分解槽；

(2) 确定优化结晶器结构参数和工艺操作参数，在光卤石完全分解的同时实现氯化钾晶体增大目的。

9.15.4 推广前景

该技术解决了传统方法氯化钾产品粒度细、不易干燥的缺点，降低了产品耗水量、天然气能耗和尾液排放量，在我国氯化钾生产产业中推广潜力大。

推荐单位：青海省自然资源厅。

申报单位：青海盐湖工业股份有限公司。

资料来源：自然资源部《矿产资源节约和综合利用先进适用技术目录（2019年版）》。

9.16 硫酸亚型盐湖卤水生产硫酸钾技术

9.16.1 适用范围

硫酸亚型含钾盐湖。

9.16.2 基本原理

利用硫酸盐型光卤石矿分解、浮选，得到氯化钾精矿，综合利用泻利盐型浮选尾矿和氯化钾精矿转化软钾镁矾矿，得到的软钾镁矾矿和氯化钾精矿通过洗涤、升温结晶得到硫酸钾颗粒。

9.16.3 工艺技术或装备

(1) 光卤石矿分解、浮选技术；
(2) 泻利盐和氯化钾精矿转化技术；
(3) 硫酸钾结晶洗涤技术；
(4) 成套装备设计制造技术。

9.16.4 推广前景

该技术的推广，将改变盐湖卤水单一性利用的局面，使盐湖卤水利用向综合型利用开发方面发展，对于盐湖型硫酸钾制造企业在硫酸盐短缺时，为卤水晒制及装置工艺调整提供新方向。

推荐单位：中国化学矿业协会。

申报单位：国投新疆罗布泊钾盐有限责任公司。

资料来源：自然资源部《矿产资源节约和综合利用先进适用技术目录（2019年版）》。

9.17 低品位湖盐生产液体盐工艺

9.17.1 适用范围

湖盐。

9.17.2 基本原理

采用挖掘机采掘湖区贫矿，经过洗涤、筛分生产出液体盐原料；将盐盖、二层盐、粉盐等贫矿、尾矿加入淡水溶解，制成饱和卤水后，经管道输送进行销售。

9.17.3 工艺技术或装备

(1) 机械洗盐生产工艺关键技术；
(2) 液体盐生产工艺关键技术，包括化盐、卤水澄清。

9.17.4 推广前景

该技术生产的液体盐可作为成品盐销售，弥补成品盐产出不足的问题，有效地延长了盐湖企业的开采年限，对盐湖企业的可持续发展起到了重要作用，对当地环境治理保护及经济发展具有重要意义，在湖盐企业推广应用前景广阔。

推荐单位：内蒙古自治区自然资源厅。

申报单位：内蒙古兰太实业股份有限公司。

资料来源：自然资源部《矿产资源节约和综合利用先进适用技术目录（2019年版)》。

9.18 吸附法从老卤中提锂技术

9.18.1 适用范围

盐湖卤水和老卤中锂资源回收。

9.18.2 基本原理

从生产钾肥排放的高镁锂比（最低 500∶1）老卤中提取微量的锂离子，通过有选择性吸附能力的吸附树脂吸附，再经淋洗剂从树脂内脱析出来，形成含少量镁离子的含锂溶液，该溶液经深度除镁工艺除去镁离子，得到阳离子只有锂离子的纯锂溶液。

9.18.3 工艺技术或装备

(1) 高镁锂比卤水中分离锂镁；
(2) 吸附法提锂生产工艺；
(3) 锂吸附剂选择性吸附性能；
(4) 反渗透在吸附法提锂工艺中的应用；
(5) 盐湖地区盐田防渗处理。

9.18.4 推广前景

该技术使盐湖老卤锂资源综合利用率显著提高，对我国其他盐湖锂资源的开发利用提供了技术支撑。
推荐单位：青海省自然资源厅。
申报单位：青海盐湖工业股份有限公司。
资料来源：自然资源部《矿产资源节约和综合利用先进适用技术目录（2019年版)》。

9.19 老卤电解法生产金属镁技术

9.19.1 适用范围

具有氯化镁资源和优势电能资源地区。

9.19.2 基本原理

以钾肥生产过程中产生的卤水废液（$MgCl_2$33%）为原料，卤水经过二次精制在空气、氯化氢气氛下二次脱水制取无水氯化镁，并经电解制取金属镁。

9.19.3 工艺技术或装备

（1）无水氯化镁生产技术；
（2）无水氯化镁大型无隔板槽镁电解技术；
（3）电解镁液的高纯度净化技术。

9.19.4 推广前景

该技术以生产钾肥排放的老卤为原料，生产金属镁锭，延伸了盐湖矿产资源开发的产业链，促进了盐湖资源的可持续发展，推动了柴达木盆地循环经济的发展。按照目前钾肥的产量，能产生33%~34% $MgCl_2$ 废液3000万吨，可满足年产244万吨金属镁的原料需求。采用该技术镁冶炼总回收率可达到96%以上，并且每生产1t金属镁的同时可产生约3t的氯气，用以生产PVC产品，实现冶金与化工的融合发展。

推荐单位：青海省自然资源厅。
申报单位：青海盐湖工业股份有限公司。
资料来源：自然资源部《矿产资源节约和综合利用先进适用技术目录（2019年版)》。

9.20 硫铁矿选矿提质升级技术

9.20.1 适用范围

硫铁矿选矿工艺优化，高品质硫精矿生产。

9.20.2 基本原理

据矿物颗粒表面物理化学性质的不同，按矿物可浮性的差异进行分选。结合矿粒因自身表面的疏水特性或经浮选药剂作用后获得的疏水（亲气或油）特性，使用各种药剂来调节浮选物料和浮选介质的物理化学特性，以扩大浮选物料间的疏水-亲水性（即可浮性）差别，提高浮选效率。通过对选矿工艺流程的技术改造，寻求生产高品质（含硫大于等于48%）硫精矿的工艺流程。

9.20.3 工艺技术或装备

（1）硫铁矿选矿工艺流程优化；
（2）选矿药剂制度优化。

9.20.4 推广前景

该技术通过在药剂制度、矿浆酸碱度、工艺流程等方面优化，实现高品位硫精矿生产，向国内同类型矿山企业提供了技术借鉴。

推荐单位：广东省自然资源厅。

申报单位：广东广业云硫矿业有限公司。

资料来源：自然资源部《矿产资源节约和综合利用先进适用技术目录（2019年版）》。

9.21 低品位硫铁矿资源综合高效利用技术与装备

9.21.1 适用范围

低品位硫铁矿。

9.21.2 基本原理

通过浮选富集低品位硫铁矿资源成高品位硫精矿，达到硫、铁和热能资源无废化高效综合利用。

9.21.3 工艺技术或装备

（1）低品位硫铁矿浮选技术；

（2）硫精矿焙烧制硫酸和铁精矿回收技术；

（3）硫精矿制酸余热回收技术；

（4）硫铁矿选矿尾矿磁选技术。

9.21.4 推广前景

该技术工艺过程稳定、生产技术成熟、经济与社会效益显著，可以在低品位硫铁矿及硫酸生产企业中推广，在全国其他同行业推广使用后，可以有效提高我国硫、铁资源利用率，有利于缓解我国硫铁资源紧缺现状，对低品位硫铁矿资源综合高效利用具有十分重要意义。

推荐单位：安徽省自然资源厅。

申报单位：安徽新中远化工科技有限公司。

资料来源：自然资源部《矿产资源节约和综合利用先进适用技术目录（2019年版）》。

9.22 机制砂石细粉高效回收与废水循环利用工艺技术

9.22.1 适用范围

建筑石矿及其他非金属矿加工。

9.22.2 基本原理

以建筑石矿含泥沙悬浮液为对象，使用高效旋流分离技术实现了砂、泥的高效机械分离；基于小循环工艺强化料层截留筛分技术实现了砂、水的高效分离和细砂的高效回收；采用稳态沉降和机械压滤两段排泥工艺，实现了泥、水的高效分离。最终产物为低水分细砂、低浓度循环水、低水分泥饼。

9.22.3 工艺技术或装备

（1）高效泥沙旋流分离技术；
（2）料层截留及强化技术；
（3）管流混凝稳态沉降和压滤两段排泥工艺。

9.22.4 推广前景

该项技术可实现取水量、排污量、土地资源占用量的大幅度减少，以及资源回收率和清洁生产水平、环境保护水平的大幅度提升，资源环境及社会经济效益显著，具有良好的应用和推广前景。

推荐单位：浙江省自然资源厅。

申报单位：湖州新开元碎石有限公司、南京工业大学、中国矿业大学。

资料来源：自然资源部《矿产资源节约和综合利用先进适用技术目录（2019年版）》。

9.23 机制砂生产技术

9.23.1 适用范围

建筑石料及其他非金属矿加工相关领域。

9.23.2 基本原理

通过粗砂粒筛分、砂粒破碎整形、多规格砂粒混合工艺路线，实现优质机制砂低成本、高效率的生产。最终生产出可替代天然砂的优质机制砂。

9.23.3 工艺技术或装备

（1）3mm 砂粒无堵塞高效筛分技术；
（2）砂粒除泥和特细砂回收技术；
（3）砂粒高速冲击破碎和整形技术；
（4）砂粒皮带混合生产优质机制砂技术。

9.23.4 推广前景

该技术有助于企业良性运营，缓解企地矛盾，有利于我国天然砂限采政策的推广，降低砂石矿山尾矿对环境造成的影响，具有在当地乃至全国的建筑石料矿山行业较好的示范效应和推广价值。

推荐单位：浙江省自然资源厅。

申报单位：湖州新开元碎石有限公司、中国矿业大学。

资料来源：自然资源部《矿产资源节约和综合利用先进适用技术目录（2019年版）》。

9.24 绿色砂石骨料装备智能化综合利用技术

9.24.1 适用范围

砂石料生产。

9.24.2 基本原理

利用动力学仿真和模态分析技术，实现对关键部位温度、振动和磨损的检测；增加智能润滑系统，实现设备智能化运行；通过高压变频技术和吸音减振技术，达到节能降噪效果。实现装车、进料、仓储和设备管理的自动化、智能化，随时随地掌握砂石生产过程数据。

9.24.3 工艺技术或装备

（1）破碎过程仿真与破碎机优化设计技术；

（2）智能装车、仓储系统和进料系统；

（3）多传感器数据融合技术；

（4）节能降耗的智能控制系统。

9.24.4 推广前景

该技术有利于实现在役设备的故障预防和可持续性维护，实现矿山全流程全过程数据融合和决策优化，有利于提高矿山安全生产效率，可广泛用于建材、交通、矿山、化工、水利、冶金等行业。

推荐单位：中国矿业联合会。

申报单位：枣庄鑫金山智能机械股份有限公司、北京百旺环境科技股份有限公司、高品质砂石骨料研发中心、高品质砂石骨料院士工作站。

资料来源：自然资源部《矿产资源节约和综合利用先进适用技术目录（2019年版）》。

9.25 楼站式高品质机制砂石制备技术

9.25.1 适用范围

高品质机制砂石制备，绿色矿山建设，机制砂石骨料工厂。

9.25.2 基本原理

采用干法生产工艺实现矿石破碎整形、粉量控制、颗粒分级等过程的有效控制，利用风选有效分离破碎过程中泥粉，并将工艺装备集成楼式。

9.25.3 工艺技术或装备

(1) 破碎整形-级配调整技术；
(2) 复合选粉以及颗粒分级技术；
(3) 自适应加湿技术；
(4) 高层多点重载荷楼站式技术；
(5) 一体式收尘储粉-散装技术；
(6) 智能控制技术；
(7) 整形制砂机、高效选粉分级机、加湿机等装备。

9.25.4 推广前景

该技术使用矿山矿石、尾矿和废石制备高品质机制砂石。该成果为我国的绿色矿山建设提供强大的技术支撑和装备保障，具有广阔的应用前景，潜在的经济效益、社会效益明显。

推荐单位：中关村绿色矿山产业联盟。

申报单位：北京百旺环境科技股份有限公司、枣庄市鑫金山智能机械股份有限公司、高品质砂石骨料院士工作站、高品质砂石骨料研发中心。

资料来源：自然资源部《矿产资源节约和综合利用先进适用技术目录（2019年版）》。

9.26 时产350t新型高品质机制砂装备——RV制砂机

9.26.1 适用范围

高性能混凝土用高品质机制砂制备、绿色矿山建设、机制砂石骨料工厂。

9.26.2 基本原理

RV制砂机采用卧式转子及独特的破碎腔结构，转子上环形辊子和蹄形锤头交错布置，电机带动转子旋转，环形辊子对物料进行滚动碾压，蹄形锤头对物料进行反击破碎，同时条缝篦板及时排料，这样提高了破碎效率，降低了石粉含量，同时优化了机制砂粒形状。

9.26.3 工艺技术或装备

（1）创新性冲击+滚动碾压破碎整形技术；
（2）防过破碎技术；
（3）破碎腔柔性调整技术；
（4）一键液压启盖智能检修技术。

9.26.4 推广前景

该技术设备产量大，单台主机可生产 350t/h 高品质机制砂；产品品质高，能完全满足高性能混凝土使用要求；能耗低，生产每吨机制砂耗电小于 1.5kW·h。其相对于传统制砂主机具有明显优势，能为高性能混凝土用高品质机制砂制备和绿色矿山建设提供核心装备支撑，应用前景广阔。

推荐单位：中关村绿色矿山产业联盟。

申报单位：北京百旺环境科技股份有限公司、枣庄市鑫金山智能机械股份有限公司、高品质砂石骨料院士工作站、高品质砂石骨料研发中心。

资料来源：自然资源部《矿产资源节约和综合利用先进适用技术目录（2019年版）》。

9.27 高品质骨料粒形级配优化系统

9.27.1 适用范围

高性能混凝土用骨料、高等级公路、桥梁、高铁、大坝等。

9.27.2 基本原理

从一般破碎的普通混合石料中分离出针片状颗粒，实现对针片状颗粒的精准整形；机制碎石筛分后，基于标准级配要求，进行专门的级配调整和级配余料的精准破碎；级配优化后的石料即为高品质骨料。

9.27.3 工艺技术或装备

（1）针片状颗粒筛分技术；
（2）骨料级配调整技术；
（3）精准破碎整形技术；
（4）针片状专用条形筛网；

（5）高性能混凝土用骨料整形机；

（6）级配调整装置。

9.27.4   推广前景

该工艺能够降低机制碎石针片状颗粒含量，优化产品级配，调整空隙率指标。可解决高品质机制碎石生产难题，可广泛应用于利用机制砂制建筑骨料行业。

推荐单位：中国砂石协会。

申报单位：江苏山宝集团有限公司、南京工业大学。

资料来源：自然资源部《矿产资源节约和综合利用先进适用技术目录（2019年版）》。

9.28   难选硅线石"磁浮磁"选矿技术

9.28.1   适用范围

适用于各种类型难选硅线石矿石。

9.28.2   基本原理

硅线石矿石基本分两大类型，一是黑云硅线片岩，属易选矿石，二是石榴硅线片岩和石榴黑云硅线片岩，内含大量含铁矿物，属难选矿物，原浮-磁工艺流程很难选出合格产品，通过加强预先磁选脱除大量"可浮性相近"的含铁矿物，增加硅矿石矿物可浮性，实现有效分选。

9.28.3   工艺技术或装备

湿式强磁式永磁磁选机。

9.28.4   推广前景

该技术针对黑龙江鸡西地区硅线石特点，采用"磁浮磁"选矿工艺流程，提高了精矿品位和回收率，在国内同类型硅线石矿床采选方面具有推广价值，对硅线石矿产资源节约与综合利用具有重要意义。

推荐单位：黑龙江省自然资源厅。

申报单位：黑龙江鸡西天盛非金属矿业有限公司。

资料来源：自然资源部《矿产资源节约和综合利用先进适用技术目录（2019年版）》。

9.29 提高高岭土淘洗率及可塑性的技术

9.29.1 适用范围

砂质高岭土原矿选矿。

9.29.2 基本原理

砂质高岭土原矿主要由高岭石类和云母类等黏土矿物和石英组成,其中高岭石类和云母类属于价值较高的黏土矿物;在内在结构形貌上,高岭石类和云母类等黏土矿物呈鳞片结构且矿物之间呈嵌型结构的特征,故对高岭土原矿先采用机碓破碎的手段,可对原矿价值较高的黏土矿物进行解离细碎,而高岭土原矿中石英由于硬度高和自身结构的原因其颗粒基本保持不变。这种低成本的有选择性解离和细碎矿物的手段,大大提高了高岭土原矿淘洗率。同时高岭土被机碓过程逐渐变细,当颗粒细到微米粒级时,具有层间结构的高岭石类矿物晶体受到挤压、冲击改变外形结构,尤其是龙岩高岭土管状、蜂窝状较多,可塑性差,通过机碓后不仅微米粒级增加,而且矿物晶体外型和粒度分布得到改善,从而提高可塑性。

9.29.3 工艺技术或装备

(1) 高岭土原矿机碓解离技术;
(2) 机碓高岭土原矿配矿技术;
(3) 机碓高岭土原矿选矿技术;
(4) 关键设备:碓机、水力旋流器。

9.29.4 推广前景

该技术针对风化型砂质高岭土的特点,采用机碓加水选的工艺流程,提高了精矿回收率及可塑性,减少高岭土原矿使用,延长矿山服务年限,在国内同类型高岭土具有广阔的推广前景和巨大的应用价值。

推荐单位:福建省自然资源厅。

申报单位:龙岩高岭土有限公司、龙岩市兴盛高岭科技有限公司。

资料来源:自然资源部《矿产资源节约和综合利用先进适用技术目录(2019年版)》。

9.30 低品位滑石光选提纯技术

9.30.1 适用范围

低品位滑石小粒、尾矿和混合矿。

9.30.2 基本原理

依据滑石与脉石矿物之间硬度、反光性等物理性质的差异，通过选择性破碎分级及光选技术实现其分离，得到纯度较高的优质滑石产品。

9.30.3 工艺技术或装备

(1) 振动筛选用偏心块结构，筛体分3层，筛网采用合金耐磨材质；
(2) 皮带输送机采用电动滚筒移动式结构，并配有磁性滚筒；
(3) 水选机旋转筒体及内部旋转分料装置均采用变频调速；
(4) 提纯装置采用 Biuder 公司光选设备。

9.30.4 推广前景

该技术符合国家非金属矿产业发展方向，对合理利用国内滑石资源，调控不可再生资源的综合利用，提升尾矿及低品位滑石的附加值，提高滑石行业的加工技术和装备水平，拓展滑石资源节约与综合利用的技术领域，具有重要意义。

推荐单位：辽宁省自然资源厅。

申报单位：辽宁艾海滑石有限公司。

资料来源：自然资源部《矿产资源节约和综合利用先进适用技术目录（2019年版)》。

9.31 硬石膏制硫酸废渣联产水泥

9.31.1 适用范围

天然石膏、工业副石膏、脱硫石膏等化工硫酸生产及水泥建材领域。

9.31.2 基本原理

以石膏为主原料，通过对石膏进行分解煅烧，分解后的含二氧化硫的窑气送制酸系统制硫酸。煅烧后的渣即得高贝利特水泥熟料。

9.31.3 工艺技术或装备

(1) 以硬石膏为主要原料的生产配方；
(2) 石膏烟气制硫酸成品酸脱色方法；
(3) 回转窑。

9.31.4 推广前景

该技术将大大拓展石膏的利用范围，显著提高产品附加值。此外，该技术还可广泛应用于工业副产石膏（磷石膏、氟石膏、盐石膏、脱硫膏等），推广应用前景广阔。

推荐单位：湖南省自然资源厅。

申报单位：湖南嘉丰建材有限公司。

资料来源：自然资源部《矿产资源节约和综合利用先进适用技术目录（2019年版)》。

9.32 方解石粉体高效加工技术

9.32.1 适用范围

方解石矿选用与深加工。

9.32.2 基本原理

在粉磨的基础上，将方解石矿物制备成重质碳酸钙浆料，加入优良的水溶性表面改性剂，最后采用湿法超细搅拌磨，生产出超细改性重质碳酸钙。将粉磨后的重质碳酸钙加入表面处理剂，在高速机械搅拌下，先对碳酸钙进行表面活化处理，然后再加入降黏剂，通过复合共混改性，将降黏剂吸附在碳酸钙的表面，生产出低黏度活性碳酸钙。

9.32.3 工艺技术或装备

（1）低黏度活性碳酸钙及其制备方法；

（2）湿法研磨超细改性重质碳酸钙生产技术；

（3）碳酸钙生产用雷蒙磨粉机；

（4）碳酸钙生产均化装置。

9.32.4 推广前景

该技术可实现方解石矿产资源的充分利用，提高资源附加值、方解石矿产资源深加工水平，还可大幅降低塑料、橡胶制品等下游行业的生产成本，具有良好的经济效益和社会效益，推广应用前景良好。

推荐单位：福建省自然资源厅。

申报单位：东南新材料股份有限公司。

资料来源：自然资源部《矿产资源节约和综合利用先进适用技术目录（2019年版)》。

9.33　粉石英生产高纯超细准球形硅微粉和特种二氧化硅新材料技术

9.33.1　适用范围

粉石英矿及其他非金属矿物加工。

9.33.2　基本原理

以粉石英矿为原料，采用高纯化提纯技术、超细化粉磨技术、颗粒整形技术和功能化表面复合工艺技术，成功生产出高纯超细准球形硅微粉和特种二氧化硅系列绿色新材料。

9.33.3　工艺技术或装备

（1）高纯化提纯创新工艺；
（2）超细粉磨创新技术；
（3）颗粒整形技术；
（4）功能化表面复合工艺技术。

9.33.4　推广前景

该技术依据矿石性质，实现矿产资源的差异化利用，实现资源利用功效的最大化，提高产品功效和附加值，大幅度提高矿产资源利用效率和水平，对国内同类型资源的开发利用起重要的示范和推动作用。

推荐单位：湖南省自然资源厅。

申报单位：湖南省金马新材料科技有限公司。

资料来源：自然资源部《矿产资源节约和综合利用先进适用技术目录（2019年版)》。

9.34　低品位膨润土干法提纯及应用技术

9.34.1　适用范围

低品位膨润土高效利用。

9.34.2　基本原理

采用干法提纯技术对低品位天然钠基膨润土矿进行提纯。采用原矿均化、堆场钠化技术使膨润土充分混匀，提高膨润土原矿技术指标。

9.34.3 工艺技术或装备

（1）低品位天然钠基膨润土矿干法提纯技术；
（2）原矿均化、堆场钠化技术。

9.34.4 推广前景

该技术成熟、可靠，适合北方干旱缺水地区，与湿法提纯技术相比省去脱水和干燥的过程，工艺流程短，生产成本低，主要应用于低品位非金属矿石的综合利用，具有很好的推广价值。

推荐单位：中国建材集团有限公司。

申报单位：新疆中非夏子街膨润土有限责任公司、湖北中非膨润土有限公司。

资料来源：自然资源部《矿产资源节约和综合利用先进适用技术目录（2019年版)》。

9.35 长石中性浮选技术

9.35.1 适用范围

长石选矿及提纯。

9.35.2 基本原理

采用中性药剂浮选技术，使天然硅砂中的石英和长石分离，浮选得到的石英精砂产品质量达到国家优质硅砂的质量要求，选矿过程中产生的废水对环境无污染；对选矿副产品长石进行再加工提纯处理得到合格长石精矿。

9.35.3 工艺技术或装备

（1）磁选、浮选分离技术；
（2）中性药剂浮选技术。

9.35.4 推广前景

采用该技术对浮选石英尾矿进行再加工后获取的长石产品，质量好、指标稳定，提高了资源利用率，已成为天然长石的替代品，对内蒙古地区砂产业发展起到积极促进作用，对同类资源具有良好示范效果。

推荐单位：内蒙古自治区自然资源厅。

申报单位：通辽矽砂工业公司。

资料来源：自然资源部《矿产资源节约和综合利用先进适用技术目录（2019年版)》。

9.36 硅藻土制备高效净水剂、脱水剂产业化生产技术

9.36.1 适用范围

硅藻土尾矿废弃物利用。

9.36.2 基本原理

通过对低品位硅藻土或废弃硅藻土进行水洗提纯，在提高硅藻土有效成分的同时，提高了硅藻土的表面活性，在此基础上进行无机/有机活性基元的担载，形成原位生长纳米结构过渡金属氧化物，改善硅藻土的吸附絮凝功能和硅藻土滤水性能，制备用于环境治理修复的硅藻土复合功能性材料。

9.36.3 工艺技术或装备

（1）在不破坏硅藻土天然微孔结构的前提下，进行硅藻土有用矿物与脉石的有效分离；

（2）在多相化学体系中，实现无机/有机活性基元组分在硅藻土表面定向生长的控制。

9.36.4 推广前景

该技术使二三级硅藻土得到合理利用，对硅藻土资源的综合开发利用具有重要促进作用。

推荐单位：吉林省自然资源厅。

申报单位：吉林省嘉鹏硅藻土研发有限责任公司。

资料来源：自然资源部《矿产资源节约和综合利用先进适用技术目录（2019年版）》。

9.37 霞石矿除铁及高效利用技术

9.37.1 适用范围

长石类等非金属矿。

9.37.2 基本原理

在选矿过程中，根据霞石矿物特性，原矿经破碎磨矿制粉后，通过强磁选工艺和尾矿浓缩工艺对物料和水分进行分离。将霞石原矿破碎制粉为 $150 \sim 550\mu m$（$100 \sim 30$ 目）、$75 \sim 180\mu m$（$200 \sim 80$ 目）、$-45\mu m$（-325 目）的半成品进入湿法强磁选流程选矿，利用霞石矿物自身重力作用，不同粒级霞石产品采用不同选矿

设备和黑色（白色）尾矿工艺流程除去有害成分后，实现物料和水分有效分离，脱水后的尾矿变废为宝全部回收利用，用作陶瓷釉料、水泥填料、建筑材料和生产免烧砖的底料等。

9.37.3 工艺技术或装备

（1）产品合理分级技术；
（2）强磁选除铁、除杂质技术；
（3）尾矿浓缩回收新技术。

9.37.4 推广前景

该技术增加了霞石尾矿废水回收循环利用工艺，提高资源利用率，实现了尾矿全部回收利用，避免尾矿废水排放造成环境污染，有效提升了霞石资源利用率，对同类矿山具有示范效果。

推荐单位：四川省矿业协会。
申报单位：四川南江新兴矿业有限公司。
资料来源：自然资源部《矿产资源节约和综合利用先进适用技术目录（2019年版）》。

9.38 四象限中压变频器下运胶带机势能发电节能技术

9.38.1 适用范围

建筑石料及其他非金属矿。

9.38.2 基本原理

四象限中压变频器具有调整输入功率因数，消除对电网的谐波污染，可以将电动机回馈产生的能量反送到电网，达到节能的效果。该技术利用下料皮带空载时，电机是耗电状态，消耗电能；带料运行时，在物料势能作用下，皮带由于惯性作用向下运行，电机处于制动发电状态，电能通过四象限变频器回馈到矿山用电设备中，从而实现下料皮带发电功能。

9.38.3 工艺技术或装备

（1）四象限中压变频器势能回收发电技术；
（2）中压变频器 PF7000。

9.38.4 推广前景

该技术在能源节约方面成效显著，可以减少车辆进入矿区带来的不必要风险，缩短了销售距离，治霾、减排效果明显。可推广应用到全国同类砂石矿山。

推荐单位：中国砂石协会。

申报单位：西安瑞德宝尔建材有限公司。

资料来源：自然资源部《矿产资源节约和综合利用先进适用技术目录（2019年版）》。

9.39 综合利用石灰石矿山白云质灰岩生产高镁熟料技术

9.39.1 适用范围

白云质灰岩综合利用。

9.39.2 基本原理

通过水泥熟料率值、煅烧制度以及微量元素控制，达到减少高镁熟料中方镁石对于熟料、水泥质量的影响。

9.39.3 工艺技术或装备

（1）配料优化调整技术；

（2）中控煅烧操作优化调整技术。

9.39.4 推广前景

该技术有利于提升高镁石灰石综合利用，节约矿产资源，经济效益显著，制成的水泥具有良好性能，在抵御侵蚀介质稳定性方面超过低镁水泥，在生产中低热水泥、抗硫酸盐水泥、核电水泥以及大体积混凝土工程等方面具有独特优势。

推荐单位：山东省自然资源厅。

申报单位：安丘山水水泥有限公司。

资料来源：自然资源部《矿产资源节约和综合利用先进适用技术目录（2019年版）》。

10 固体废弃物处置与综合利用技术及装备

10.1 大型铁尾矿高浓度排放技术

10.1.1 适用范围

矿山尾矿浓缩及排放堆存。

10.1.2 基本原理

依据两相流理论，对尾矿流变特性、剪切变稀、粒度分布等进行了综合研究，确定尾矿满足输送、排放要求各项工艺参数，采用浓缩机，通过两级浓缩，将铁选矿厂的尾矿深度浓缩至70%以上，经剪切变稀后，实现了尾矿高浓度堆存。

10.1.3 工艺技术或装备

(1) 大型深锥浓缩机高浓度排放技术；
(2) 深锥浓缩机。

10.1.4 推广前景

该技术实现了大型铁矿尾矿库高浓度堆存，节水效果好，解决了常规尾矿排放带来的占地面积大、安全系数低等突出问题，提高了尾矿库安全系数。

推荐单位：中国冶金矿山企业协会。

申报单位：内蒙古包钢钢联股份有限公司巴润矿业分公司。

资料来源：自然资源部《矿产资源节约和综合利用先进适用技术目录（2019年版）》。

10.2 中细粒级尾矿脱水干排技术

10.2.1 适用范围

金属矿山中细粒级尾矿干排。

10.2.2 基本原理

将选矿厂浓度为15%~25%的中细粒尾矿泵送至旋流器+振动脱水筛系统，

通过多锥旋流器浓缩分级，旋流器底流给入脱水筛，筛上物料干排堆存，采用铲运外销，旋流器溢流和筛下物料混合返回选矿厂尾矿浓缩大井，形成闭路循环，并实现干料和水的最大化分离。

10.2.3 工艺技术或装备

（1）高效浓缩-脱水工艺；
（2）中细粒级湿尾矿高效浓缩分级旋流器；
（3）高频直线振动筛。

10.2.4 推广前景

该技术实现了选矿厂尾矿综合利用，矿山无尾排放，具有推广价值。
推荐单位：中国冶金矿山企业协会。
申报单位：安徽马钢张庄矿业有限责任公司。
资料来源：自然资源部《矿产资源节约和综合利用先进适用技术目录（2019年版)》。

10.3 微细粒尾矿膏体浓缩及充填技术

10.3.1 适用范围

微细粒尾矿处置。

10.3.2 基本原理

采用尾矿旋流器分级-粗粒振动筛脱水技术，实现粗粒尾矿的回收；通过微细粒分级尾矿膏体浓缩技术获得膏体尾矿，与矿渣基胶凝材料混合制备胶结充填料浆，实现细粒尾矿充填；膏体浓缩溢流水作为回水自流返回生产系统使用。

10.3.3 工艺技术或装备

（1）粗粒尾矿分级回收技术；
（2）微细粒分级尾矿膏体浓缩技术；
（3）微细粒膏体尾矿胶结及胶结机理；
（4）微细粒膏体尾矿及胶结料浆流变特性。

10.3.4 推广前景

该技术解决了极细尾砂难处理的技术难题，实现了尾矿资源的全利用，环境效益和经济效益明显，具有推广价值。
推荐单位：中国中钢集团有限公司。

申报单位：中国中钢集团有限公司。

资料来源：自然资源部《矿产资源节约和综合利用先进适用技术目录（2019年版）》。

10.4 微细粒尾矿堆存与筑坝技术

10.4.1 适用范围

高浓度、高含泥、微细粒尾矿高效脱泥，粗细颗粒分离筑坝。

10.4.2 基本原理

（1）利用水力分级作用，粗矿粒下沉到分级设备的底部，作为沉砂或底流排出；细粒级产物从上端溢出，成为溢流。利用水力旋流器内回转流产生的惯性离心力，提高颗粒的运动速度，强化分级和脱泥作业。

（2）在旋流器底部加设稀释装置，对旋流器分选后的高浓度底流进行稀释，实现底流水力冲积分选放矿；坝前分选稀释后的粗尾砂直接进行子坝堆筑。

（3）基于多孔介质条件下的地下水运动规律，提出一种降低尾矿库浸润线埋深的排渗系统布设方法，降低浸润线埋深，尾矿库干滩长度满足设计要求。

10.4.3 工艺技术或装备

（1）旋流器高效浓缩技术；

（2）高浓度尾矿筑坝技术；

（3）尾矿库排渗系统布设技术。

10.4.4 推广前景

该技术解决了尾矿库运行中高浓度、微细粒放矿存在的干滩短、调洪高度不足的技术难题，环境效益显著。

推荐单位：中国冶金矿山企业协会。

申报单位：南京宝地梅山产城发展有限公司矿业分公司。

资料来源：自然资源部《矿产资源节约和综合利用先进适用技术目录（2019年版）》。

10.5 金属矿山高浓度及膏体细尾砂充填技术

10.5.1 适用范围

矿山开采，尾矿综合利用、回填与干堆等。

10.5.2　基本原理

将不同粒度和性质的尾砂分离出来，分别采取不同的脱水方式，选用不同的脱水设备，以提高整体的脱水效果和降低生产成本；深锥浓密机脱水工艺技术在传统的深锥浓密机基础上进行合理化改造，增加了底流浓度的稳定性和可靠性；充填料均匀搅拌设备及控制技术采用专用的高效和节能搅拌设备进行搅拌，通过软件模拟批量生产工艺过程控制，达到各种充填物料的高度均匀和连续制备的目的，减少了充填灰砂比。

10.5.3　工艺技术或装备

（1）低成本细尾砂脱水及控压助流技术；

（2）尾砂分级脱水技术；深锥浓密机脱水工艺技术；

（3）充填料均匀搅拌设备及控制技术；

（4）充填料满管输送技术；充填采场工艺技术。

10.5.4　推广前景

该技术作为一种新型高效的充填方法或干堆技术，能最大限度地利用尾矿资源，以减少对环境的污染。目前，我国经济增长保持稳定，矿产资源需求旺盛，矿山充填/尾矿排放具有很好的市场前景和极大的推广价值，经济效益和社会效益十分显著。

推荐单位：安徽省自然资源厅。

申报单位：安徽铜陵有色集团冬瓜山铜矿。

资料来源：自然资源部《矿产资源节约和综合利用先进适用技术目录（2019年版）》。

10.6　矿山采空区尾砂膏体充填技术

10.6.1　适用范围

金属矿山采空区回填。

10.6.2　基本原理

采用深锥膏体浓密机将尾矿浆浓缩至 $65\% \sim 75\%$，浓缩过程中添加絮凝剂，以提高尾矿浆的沉降速度、降低溢流水含固量。尾矿浆浓密沉降后排出的溢流水回选矿厂使用，浓密后的膏体料浆与水泥和水在搅拌桶中充分搅拌制备成膏体充填料浆，通过充填工业泵加压经管道输送至待充采空区。

10.6.3 工艺技术或装备

深锥膏体浓密机 NGT16 日处理尾砂量 2500t；充填工业泵 HGBS150.15.500S，最大排量 150m³/h，最大泵送压力 15MPa；强力搅拌桶，φ2500mm×2500mm，生产能力 120m³/h；水泥筒仓，200t；控制阀组：DN150 节流阀、DN150 截止阀、DN150 换向阀。

充填能力 110m³/h，日处理尾砂量 2500t；设计充填料浆质量浓度 70%~72%；溢流水固含量<0.03%，返回选厂循环利用；最远输送距离 3334m；充填配比：高强度充填 1:8；低强度充填 1:20。

10.6.4 典型案例

云南金沙矿业因民公司全尾砂膏体充填项目。

工程规模：充填能力 110m³/h，尾砂处理量 2500t/d。项目投运时间：2015 年 12 月。

污染防治效果和达标情况：经深锥浓密机浓密后的尾矿浆溢流水含固率小于 0.03%，充填体终凝强度大于等于 1.5MPa。

二次污染治理情况。尾矿充填过程中对地下水水量及水位的影响分析：充填料浆泌水和管道冲洗水大部分（约 92%）都能通过渗透滤水管和溢流排水管排出，渗入周围岩体的量很少。料浆泌水对地下水水质的影响分析：尾矿渣不属于危险废物，尾矿砂属于一般工业固体废物中第 I 类一般工业固体废物。浸出试验检测结果中除 pH 值略微超出《地下水质量标准》（GB/T 14848—93）中的 III 类标准外，其余指标均不超出 III 类标准。料浆泌水中重金属污染物对地下水水质的影响分析：根据充填尾矿砂的浸出试验检测结果可知，在尾矿充填过程中产生的料浆泌水中重金属离子浓度都很低，基本都低于检出限，因此即使有小部分料浆泌水渗入充填区周围的地下水环境中，其重金属离子对地下水环境的影响也较小。

投资费用。项目总投资 2522 万元，其中建筑工程 259.7 万元，设备购置 1926 万元，安装工程 96 万元，调试费用 136 万元，其他费用 122.3 万元。

运行费用。最大充填成本 51.46 元/m³，其中材料费（水泥）46.2 元/m³、电费 4.43 元/m³、人工费 0.68 元/m³、絮凝剂 0.15 元/m³。

经深锥浓密机浓密后的尾矿浆溢流水含固率<0.03%，充填体终凝强度≥1.5MPa。

10.6.5 推广前景

实施以全尾砂膏体充填为主的充填项目，将采选工程产生的废弃物（尾矿）作为充填原料回填井下采空区，减少地表堆存量，减轻尾矿库容压力，具有较大的经济效益和社会环境效益。实现全尾砂膏体充填，充填体对采空区形成有效支撑，增加采矿回收率，提高了采矿作业的安全性。

资料来源：《国家先进污染防治技术目录（固体废物处理处置领域）》（2017年）第29项。

10.7 金属、非金属粗颗粒原矿浆无外力管道输送技术

10.7.1 适用范围

金属、非金属矿山原矿浆输送。

10.7.2 基本原理

利用自然高差，优化设计合理的管道坡度，控制管道中矿浆流速、矿浆浓度、粒度等相关工艺参数，使粗颗粒矿粒不致在管道中沉积而自流到山下选厂选别，从而大量节约矿石的运输能耗成本，减少扬尘。

10.7.3 工艺技术或装备

管道坡度、矿浆流速、矿浆流量、矿浆粒度、管道压力、管道防爆、管道消能、管道材质等核心参数。

10.7.4 推广前景

该技术提高了矿石运输能力，极大改善了矿山公路沿线环境，使得雨季不再停产，有效降低了运矿成本，促进了矿产资源的综合利用，为矿石的运输提供了一种新的选择。

推荐单位：四川省自然资源厅。
申报单位：四川安宁铁钛股份有限公司。
资料来源：自然资源部《矿产资源节约和综合利用先进适用技术目录（2019年版）》。

10.8 重介质尾矿充填料低流速输送技术

10.8.1 适用范围

大颗粒尾矿充填料输送。

10.8.2 基本原理

将重介质尾矿破碎至5mm以下，加入水泥、粉煤灰和充填改性剂，制成高稳态充填料浆，实现低流速无缝钢管输送，将传统的管道流速降至0.5m/s以下，从而降低因流速过快造成的管道磨损，降低能耗和充填成本。

10.8.3 工艺技术或装备

（1）充填料制备技术；
（2）低流速管道输送技术；
（3）智能化控制技术。

10.8.4 推广前景

该技术可大幅降低充填管道磨损，延长管道使用寿命，降低运营成本。同时，能有效解决因磷矿资源开采导致的尾渣地表堆放、重金属污染、尾矿库扬尘等问题，大幅减少土地占用，显著提升矿区生态环境质量，综合效益显著。

推荐单位：湖北省自然资源厅。

申报单位：湖北三宁矿业有限公司。

资料来源：自然资源部《矿产资源节约和综合利用先进适用技术目录（2019年版)》。

10.9 中线式尾矿筑坝技术

10.9.1 适用范围

金属矿山尾矿处置。

10.9.2 基本原理

全尾砂中的粗粒部分具有稳定的物理力学性质，通过分级设备把尾矿粗粒部分分选出来用来筑坝，筑坝过程坝轴线保持不变。

10.9.3 工艺技术或装备

（1）中线式尾矿筑坝法分级技术；
（2）中线式尾矿筑坝法砂量平衡技术；
（3）中线式尾矿筑坝尾砂实时控制技术；
（4）机械分期修筑围堰；
（5）二段粗砂连续充填筑坝技术；
（6）暴雨地区下游坝坡防冲刷技术。

10.9.4 推广前景

该技术安全性高，基建投资小，节约土地，充分利用了尾矿。适用于金属矿山尾矿处置，可推广应用到国内金属矿山。

推荐单位：中国矿业联合会。

申报单位：中国恩菲工程技术有限公司。

资料来源：自然资源部《矿产资源节约和综合利用先进适用技术目录（2019年版）》。

10.10 磁铁矿山排土场矿石综合利用技术

10.10.1 适用范围

磁铁矿山排土场废石的综合利用。

10.10.2 基本原理

采用破碎—筛分—湿筛脱泥和干磁选—湿磁选联合提铁工艺，生产合格建材产品、复垦材料，回收铁矿石，同时腾出占用土地进行复垦。

10.10.3 工艺技术或装备

（1）三段破碎——三次筛分工艺；

（2）四段干选回收和一段湿选回收方式；

（3）尾矿浓缩脱水；

（4）雨水、循环水综合利用技术；

（5）高效脉冲布袋除尘装置。

10.10.4 推广前景

该技术有益于实现磁铁矿山排土场废石资源综合利用，经济效益、环境效益显著，可适用于国内磁铁矿山资源综合利用。

推荐单位：中国冶金矿山企业协会。

申报单位：首钢集团有限公司矿业公司。

资料来源：自然资源部《矿产资源节约和综合利用先进适用技术目录（2019年版）》。

10.11 磁铁矿尾砂综合利用技术及尾矿库恢复使用技术

10.11.1 适用范围

冶金矿山磁铁矿尾矿库尾砂综合利用领域。

10.11.2 基本原理

通过尾矿库尾砂性质的分析与研究，确定尾砂再选回收铁金属的可行性；针对尾砂综合利用的工艺特点、尾矿库尾砂堆存现状，确定合理的尾砂综合利用生产规模、尾砂开采方案，实现尾砂综合利用工程安全稳定生产；尾矿库开采完毕后，开展尾矿库恢复使用可行性研究，确定尾矿库恢复使用工程技术方案；通过对尾矿库实施局部回填，对尾矿坝进行加固处理，对原排洪系统进行封堵，使其具备恢复使用的条件。

10.11.3　工艺技术或装备

（1）尾矿库露天开采和"尾砂粗选—磨矿—精选"联合工艺；
（2）尾矿库尾砂开采后恢复使用技术。

10.11.4　推广前景

该技术对老尾矿库尾砂进行再选回收，实现矿石资源的循环利用，提高了企业的经济效益，减少了尾矿量，延长了尾矿库的服务年限，缓解尾矿排放对环境的影响，符合国家资源高效利用和循环利用经济政策。在全国冶金矿山磁铁矿尾矿库尾砂综合利用领域具有广泛的推广价值。

推荐单位：中国矿业联合会。
申报单位：首钢集团有限公司矿业公司。
资料来源：自然资源部《矿产资源节约和综合利用先进适用技术目录（2019年版）》。

10.12　钢铁行业固体废弃物资源化利用技术

10.12.1　适用范围

钢渣、矿渣、尾矿等固体废弃物综合利用。

10.12.2　基本原理

根据不同种类工业固体废弃物的物理化学特性，以及不同矿物相间的赋存形式，充分运用与颗粒特性相匹配的机械粉磨功逐级递减颗粒表面能，通过干选技术有效分离和提取有价金属矿物组分，结合物理及化学共激发技术实现对物料的深度活化处置，最终将工业固体废弃物转化为适用于建材矿物原料的再生资源，使矿产资源得到高效高值综合利用。

10.12.3　工艺技术或装备

（1）共性集成粉磨新工艺；
（2）在线干燥系统；
（3）高效分级式选粉系统。

10.12.4 推广前景

该技术针对大宗工业固体废弃物的高效资源化处置及循环利用，可大规模应用于建筑材料领域，推广范围广。

推荐单位：湖北省自然资源厅。

申报单位：湖北大学。

资料来源：自然资源部《矿产资源节约和综合利用先进适用技术目录（2019年版）》。

10.13 赤铁矿浮选尾矿回收利用技术

10.13.1 适用范围

赤铁矿浮选尾矿。

10.13.2 基本原理

品位18%的浮选尾矿，经半逆流磁选机及立环脉动高梯度磁选机粗选，得到的粗精矿由渣浆泵给入水力旋流器分级，沉砂给入节能磨机，磨机排矿与水力旋流器溢流混合后再经半逆流磁选机及立环脉动高梯度磁选机精选，得到的混合磁选精矿给入浮选作业除硅，可获得品位66%的铁精矿。

10.13.3 工艺技术或装备

（1）高梯度磁选机；

（2）预选分级、磨矿、检查分级保证单体解离，实现提铁降硅。

10.13.4 推广前景

该技术较大限度地回收了有用矿物，避免了资源浪费，提高了资源利用率，每年减排5万多吨尾矿，延长了尾矿库的使用年限。应用范围可遍及所有铁矿物浮选尾矿回收，具有广阔的推广前景。

推荐单位：中国冶金矿山企业协会。

申报单位：河北钢铁集团矿业有限公司。

资料来源：自然资源部《矿产资源节约和综合利用先进适用技术目录（2019年版）》。

10.14 超贫钒钛磁铁矿尾矿磷钛资源回收利用技术

10.14.1 适用范围

超贫磁铁矿、超贫钒钛磁铁矿的尾矿磷、钛回收。

10.14.2　基本原理

利用磁选机将矿物中的磁性铁选出，利用矿物的表面亲疏水性来将不同矿物分离开，加入适当的药剂使有用矿物疏水，以便随气泡浮出，选出磷精矿和钛精矿。

10.14.3　工艺技术或装备

（1）新型选磷浮选捕收剂；
（2）新型 MOH 捕收剂。

10.14.4　推广前景

该技术能够有效回收铁尾矿中的磷、钛资源，提高资源利用率，经济效益显著，对充分利用低品位钒钛磁铁矿具有重要意义。

推荐单位：河北省自然资源厅。

申报单位：河北承德市双滦建龙矿业有限公司。

资料来源：自然资源部《矿产资源节约和综合利用先进适用技术目录（2019年版)》。

10.15　尾矿中铁矿物回收利用技术

10.15.1　适用范围

含铁尾矿综合利用。

10.15.2　基本原理

采用高频细筛隔渣，强磁选别提高品位，大井浓缩，旋流器和陶瓷过滤机组合脱水。

10.15.3　工艺技术或装备

混合尾矿经过浓缩机浓缩后底流由矿浆泵输送到矿浆分配箱，再自流进入2台高频细筛隔渣，筛上矿物直接进入矿仓；筛下矿物自流到筛下矿浆泵池，由矿浆泵输送到矿浆分配箱，自流到浓缩机浓缩，浓缩机底流通过矿浆泵给入旋流器组，旋流器沉砂自流到过滤机过滤，滤饼卸入矿仓。筛上矿物、筛下矿物合并为最终产品——低品位铁精矿。过滤机溢流和旋流器溢流自流到矿浆泵池，由泵送入浓缩机浓缩，强磁选尾矿自流到尾矿泵池，由泵送入浓选矿厂尾矿系统。

10.15.4   推广前景

该技术从尾矿中回收铁矿物，做到矿山资源的二次开发，变废为宝，不仅节省大量的生产成本，而且能给企业带来一定的经济收入，保护环境，提升资源利用率，可广泛应用到铁资源矿山企业，特别适用于资源为混合型的矿石企业。

推荐单位：中国宝武钢铁集团有限公司。

申报单位：南京宝地梅山产城发展有限公司矿业分公司。

资料来源：自然资源部《矿产资源节约和综合利用先进适用技术目录（2019年版)》。

10.16   矽卡岩型铜尾矿活化浮选硫精矿技术

10.16.1   适用范围

矽卡岩型含硫浮选尾矿硫的浮选回收。

10.16.2   基本原理

利用矿山酸性废水活化铜浮选尾矿中被抑制的硫，把需要处理的有害废水发挥作用。利用强化浮选机充气、自然曝气、延长浆气作用时间的技术，明显提高了铜尾矿硫浮选的回收率。

10.16.3   工艺技术或装备

（1）使用矿山酸性废水活化铜尾矿中失活硫技术；

（2）弱氧化法活化浮选硫的工艺技术；

（3）多控制因素的精准化在线自动控制技术；

（4）铜尾矿活化选硫产出优质硫精矿技术。

10.16.4   推广前景

该技术在矽卡岩型铜尾矿中回收硫效果明显，我国铜约70%产自矽卡岩型铜矿或伴生铜的多金属矿床，推广意义重大。

推荐单位：江西省自然资源厅。

申报单位：江西铜业股份有限公司永平铜矿。

资料来源：自然资源部《矿产资源节约和综合利用先进适用技术目录（2019年版)》。

10.17 铜尾矿中磁铁矿物回收利用技术

10.17.1 适用范围

铜尾矿中低品位磁性铁回收利用。

10.17.2 基本原理

对铜尾矿中超低品位磁性铁矿物，采用不同磁场强度分级进行双闭路循环回收利用。粗精矿分级后经超细磨，使磁铁矿物充分解离，提升精选品位和产量。

10.17.3 工艺技术或装备

（1）PC1.8-1.0圆盘式磁选机；
（2）分段式稳流给矿设施；
（3）立式螺旋搅拌磨。

10.17.4 推广前景

该技术实现了稳流给矿，实现了单一铜尾矿低品位磁性铁的高效回收，具有一定经济效益。

推荐单位：中国有色金属工业协会。

申报单位：北方铜业股份有限公司铜矿峪矿。

资料来源：自然资源部《矿产资源节约和综合利用先进适用技术目录（2019年版)》。

10.18 高硫低硅铁尾矿的梯级利用技术

10.18.1 适用范围

各种矿山企业的尾矿综合处理及资源化利用。

10.18.2 基本原理

采取分粒级提取铁尾矿中的有价组分，再将不同粒级的铁尾矿，分别用于生产绿色建材和高附加值材料。

10.18.3 工艺技术或装备

（1）铁尾矿高效分选回收有价组分技术；
（2）铁尾矿制备加气混凝土砌块技术；
（3）铁尾矿制备预拌干混砂浆技术。

10.18.4　推广前景

该技术以解决南山地区面临的尾矿处理为前提，以尾矿资源化整体综合利用以及矿区环境保护为目标，符合循环经济的理念和国家的产业政策要求，对提高我国矿山相关行业的整体技术水平和尾矿的综合利用水平具有重要意义。

推荐单位：中国中钢集团有限公司。

申报单位：中钢集团武汉安全环保研究院有限公司。

资料来源：自然资源部《矿产资源节约和综合利用先进适用技术目录（2019年版）》。

10.19　含铜钴尾矿低温焙烧利用技术

10.19.1　适用范围

普通选矿方法不能有效回收的低品位共伴生金属矿产资源的综合利用。

10.19.2　基本原理

利用铁矿石中低品位铜、钴、镍矿物通过浮选后富集在副产硫精矿中的相对条件，采用浆式给料、硫酸化低温焙烧技术，使硫精矿经焙烧后铜、钴、镍矿物在烧渣中得到进一步富集，烧渣经过浸出、萃取、电积、沉钴工艺，分别提取回收有价金属铜、钴、镍，生产出阴极铜、粗碳酸钴（含镍）产品，实现矿产资源综合利用最大化。

10.19.3　工艺技术或装备

（1）浆式给料技术；

（2）低温焙烧技术。

10.19.4　推广前景

该技术将硫酸废渣中有价金属充分回收利用，是同类型矿山实施矿产资源节约与综合利用的有效途径，具有较好的推广前景。

推荐单位：江苏省自然资源厅。

申报单位：镇江韦岗铁矿有限公司。

资料来源：自然资源部《矿产资源节约和综合利用先进适用技术目录（2019年版）》。

10.20 金尾矿有价金属综合回收技术

10.20.1 适用范围

黄金矿山。

10.20.2 基本原理

在重选富集，合理增加单体解离度的基础上，利用浮游工艺实现浮选尾矿中有价金属的回收利用；合理利用氰化尾渣中氰化物对铜、铅、锌等矿物抑制作用的不同，对氰化尾渣中的铜、铅、锌、硫矿物进行综合回收。

10.20.3 工艺技术或装备

（1）利用重选—活化—浮选流程，再选回收含金浮选尾矿技术；

（2）利用优先混合浮选铅锌、硫酸脱氰活化-铜硫分离技术，对氰化尾渣中有价金属进行综合回收。

10.20.4 推广前景

该技术可回收氰化尾渣中铜、铅、锌等有价金属，生产过程无有毒有害废水、废渣、废气等污染物排放，环境效益和社会效益显著，可在全国黄金矿山推广应用。

推荐单位：山东省自然资源厅。

申报单位：山东中矿集团有限公司。

资料来源：自然资源部《矿产资源节约和综合利用先进适用技术目录（2019年版)》。

10.21 尾矿中伴生低品位白钨矿资源回收技术

10.21.1 适用范围

伴生低品位白钨矿资源回收。

10.21.2 基本原理

采用白钨粗选、粗精矿加温脱药后精选、浮选白钨精矿经酸浸洗涤脱磷后，得出白钨精矿。

10.21.3 工艺技术或装备

（1）新型常温白钨粗选捕收剂；

（2）新型白钨矿精选捕收剂；

（3）低水玻璃组合药剂替代水玻璃加温精选；

（4）新型浮选柱用于白钨矿的粗选、扫选。

10.21.4　推广前景

通过技术的应用，栾川钼业集团年均处理矿石约 1000 万吨，年产白钨矿约 1.23 万吨，回收率大于 70%，实现了浮钼尾矿低品位白钨资源的高效综合利用。该技术实现了对贫、细、杂难选白钨资源进行较好的回收利用，可为类似矿山企业提供白钨回收及产业化的经验，实现了浮钼尾矿低品位白钨资源的高效综合利用，具有很高的推广价值。

推荐单位：河南省自然资源厅。

申报单位：洛阳栾川钼业集团股份有限公司。

资料来源：自然资源部《矿产资源节约和综合利用先进适用技术目录（2019年版）》。

10.22　尾矿资源细粒级金属矿物清洁高效回收新技术

10.22.1　适用范围

回收细粒级（19~100μm）金属矿物。

10.22.2　基本原理

（1）分选面上矿层的分布符合层流矿浆流膜结构，最上面的表流层主要是粒度小且密度小的轻矿物，该层的脉动速度不大，其值大致决定了回收矿物粒度的下限，大部分悬浮矿物在粗选区即被排入尾矿槽。

（2）中间的流变层主要由粒度小而密度大的重矿物或粒度大而密度小的轻矿物组成，该层厚度最大，拜格诺力也最强，由于该层矿粒群的密集程度较高，又没有大的垂直介质流速干扰，故能够接近按静态条件进行分层，所以流变层是按密度分层的较有效区域，随着分选面的转动，部分矿物在中矿区渐开线洗涤水的分选作用下，被排入中矿槽。

（3）最下面的沉积层主要是密度大的重矿物，越靠近分选面锥顶矿物粒度越小，越靠近接矿槽矿物粒度越大，随着分选面的转动，该层与分选面附着较紧的细粒、微细粒重矿物，在精矿区精矿冲洗水的分选作用下，被排入精矿槽。

10.22.3　工艺技术或装备

采用复合力场作用下的锥面铺展流膜重选技术，开发了具有专利技术的悬振锥面选矿机。

10.22.4 推广前景

该技术在节约集约利用矿产资源方面取得显著效益，可大幅度提高矿产资源节约与综合利用水平，在选矿厂节能降耗方面，也具有推广的意义。同时该技术应用范围广，在全细粒级金属矿物回收领域应用前景广阔。

推荐单位：云南省自然资源厅。

申报单位：云南德商矿业股份有限公司。

资料来源：自然资源部《矿产资源节约和综合利用先进适用技术目录（2019年版）》。

10.23 有色金属尾矿萤石综合回收利用关键技术

10.23.1 适用范围

含有萤石的有色金属尾矿回收，下游氟化工产品生产应用。

10.23.2 基本原理

针对湖南柿竹园有色金属有限责任公司钨钼铋多金属浮选尾矿中萤石，按高效浓缩脱药、高梯度磁选去除磁性矿物，常温下新型选矿药剂浮选萤石，浮选柱浮选机连选结合，中矿合理返回，强磁脱硅，产品分流等新的技术思路解决柿竹园尾矿中萤石的回收问题。

10.23.3 工艺技术或装备

（1）有色金属尾矿萤石活化技术；

（2）有色金属尾矿萤石分选技术；

（3）反应炉产生的氟化氢气体净化技术；

（4）超细萤石粉成球技术。

10.23.4 推广前景

该技术实现了萤石、氢氟酸、氟化铝、萤石球团等产品生产，建成了萤石采选冶产业链，为我国伴生萤石资源高效利用提供了技术支撑，技术推广应用前景广阔。

推荐单位：湖南省自然资源厅。

申报单位：湖南有色郴州氟化学有限公司、湖南有色湘乡氟化学有限公司、湖南有色郴州萤石球团有限公司。

资料来源：自然资源部《矿产资源节约和综合利用先进适用技术目录（2019年版）》。

10.24　高硫型金铜尾矿资源无害化处理与综合回收利用技术

10.24.1　适用范围

黑色金属、有色金属选矿。

10.24.2　基本原理

对浮选尾矿进行分级，粗颗粒未单体解离矿物，返回球磨机再磨、再选，提高了矿物单体解离度，减少了泥化。对浮选过程中抑制的硫进行重选，利用黄铁矿与脉石比重的不同，通过重选对硫进行回收，尾矿用于生产水泥和加气混凝土砌块砖，在实现尾矿中的有价值元素回收的同时，实现固废资源无害处理。

10.24.3　工艺技术或装备

（1）高捕收能力、高选择性的浮选捕收剂。

（2）尾砂选矿工艺改进。水力旋流器分级–粗颗粒再磨—重选回收硫，提高回收率。

（3）利用尾砂替代生产水泥所用的原料。

10.24.4　推广前景

我国处在工业化、城市化加速发展阶段，能源及资源消耗量巨大，合理开发利用尾矿资源，是保障矿产资源来源的较好途径，该技术应用推广，可有效缓解资源和环境的双重压力，产生良好的行业带动示范效应，对实现资源与环境和谐发展具有重要的意义。

推荐单位：山东省自然资源厅。

申报单位：山东黄金矿业（沂南）有限公司选厂。

资料来源：自然资源部《矿产资源节约和综合利用先进适用技术目录（2019年版）》。

10.25　硫铁矿尾砂中残硫回收技术

10.25.1　适用范围

硫铁矿尾矿中硫的综合回收。

10.25.2　基本原理

利用新型浮选柱适用于微细粒级矿物选别的特点，根据入选矿量有效控制微泡生成量，利用微泡逆流法，使微细粒级有用矿物富集于气泡，实现选硫尾矿综合回收。

10.25.3 工艺技术或装备

(1) 磨矿工艺技术改进；
(2) 混合药剂研发技术；
(3) 浮选工艺流程设计；
(4) 微泡生成量控制。

10.25.4 推广前景

该技术投入生产近一年来，有效回收硫铁矿尾砂中微细粒级硫精矿约 5.7 万吨（品位为 45.0%），按每吨矿 470 元计算，产生经济效益约 2679 万元，对提高资源综合利用、降低环保压力、实现绿色生产具有重要意义。

推荐单位：广东省自然资源厅。

申报单位：广东广业云硫矿业有限公司。

资料来源：自然资源部《矿产资源节约和综合利用先进适用技术目录（2019年版）》。

10.26 钼精矿焙烧尾气铼回收技术

10.26.1 适用范围

钼精矿焙烧尾气淋洗液中回收铼。

10.26.2 基本原理

根据火法钼冶炼淋洗液中铼及其他杂质离子的存在状态，比对不同回收方法对铼回收效果的影响，确定直接离子交法回收淋洗液中的铼；进一步系统研究了树脂类型、淋洗液中杂质离子、淋洗液流速、解吸剂类型对铼回收率的影响，得到了优化的淋洗液中铼回收工艺参数；研究确定了蒸发结晶制备高纯度高铼酸铵产品的工艺。

10.26.3 工艺技术或装备

(1) 弱碱性树脂直接吸附铼技术。

(2) 杂质离子分离技术，高效吸附主要杂质。

(3) 蒸发结晶技术。利用高铼酸铵与杂质离子溶解度差异，采用蒸发结晶法制备高铼酸铵。

10.26.4 推广前景

中国是钼资源储量大国，而作为钼生产副产品的铼同样储量丰富，仅栾川地区钼矿中铼储量就在 135t 左右，若能将此项技术推广应用，栾川地区铼综合回收就可创造 20 亿元以上的经济效益。本工艺主要对火法钼冶炼淋洗液中的铼进行高效回收，针对目前工业应用中铼回收工艺存在的问题，采用直接离子交换法回收淋洗液中的铼，具有成本低、工艺简单、回收率高、环保性好等特点，适宜在火法钼冶炼厂进行技术推广。

推荐单位：河南省自然资源厅。

申报单位：洛阳栾川钼业集团股份有限公司。

资料来源：自然资源部《矿产资源节约和综合利用先进适用技术目录（2019年版）》。

10.27 铜冶炼渣资源综合利用

10.27.1 适用范围

各种铜冶炼工艺生产的炉渣。

10.27.2 基本原理

利用渣包缓冷技术，增加金属铜的结晶粒度，提高选铜回收率。采用的半自磨+球磨工艺代替了传统的碎磨流程，该工艺碎磨成本低；采用浮选工艺回收炉渣中的铜矿物。

10.27.3 工艺技术或装备

（1）渣包车+渣包缓冷工艺；

（2）半自磨+球磨工艺；

（3）浮选工艺；

（4）新型高效环保捕收起泡剂酯-22。

10.27.4 推广前景

该技术促进了资源节约与综合利用，使废弃物最大资源化、排放最小化和无害化，铜冶炼企业循环经济得到进一步发展，经济社会效益显著，在全国铜冶炼厂推广，具有非常广阔的应用前景。

推荐单位：甘肃省自然资源厅、江西省自然资源厅。

申报单位：白银有色集团股份有限公司、江西铜业贵溪冶炼厂。

资料来源：自然资源部《矿产资源节约和综合利用先进适用技术目录（2019年版）》。

10.28　工业硅渣重选分离循环利用技术

10.28.1　适用范围

含硅 15%以上工业硅硅渣。

10.28.2　基本原理

根据硅渣形成机理及硅渣中硅金属与杂质的物理化学特性不同的原理，自主研发应用了人工分选（>15mm）和粒级细分控制–重选技术，实现比重差为 $0.37\sim0.79g/cm^3$ 的硅金属与杂质的有效分离，减少硅渣中工业硅的夹带损失。提质后的硅渣进行内部循环回收利用，生产出高价格的优质工业硅产品，实现硅渣资源的高效回收利用，提取硅金属后的尾渣销售给水泥厂做原料。

10.28.3　工艺技术或装备

通过硅渣粒级细分控制–重选分离技术，实现硅金属与工业硅硅渣的分离，得到 421 级以上的工业硅产品。

10.28.4　推广前景

该技术处理硅金属与渣的分离效果好，硅金属元素回收率达 70.18%，能实现比重差为 $0.37\sim0.79g/cm^3$ 的硅金属与杂质的有效分离，回收的金属硅采用返包重融技术，生产出含铁小于 0.398% 的 421 级以上工业硅产品，对同类资源的高效利用具有现实意义。

推荐单位：云南省自然资源厅。

申报单位：云南永昌硅业股份有限公司。

资料来源：自然资源部《矿产资源节约和综合利用先进适用技术目录（2019年版）》。

10.29　磷石膏转化制硫酸铵技术

10.29.1　适用范围

磷矿及磷化工企业。

10.29.2　基本原理

磷石膏经过预处理后，与碳酸铵进行碳化反应，反应料浆经过滤后，滤液在沉淀澄清室进一步澄清。澄清后的硫酸铵溶液与硫酸在中和工段进行中和反应，中和溶液中残余碳酸铵和部分游离氨，提高氨的收率和硫酸铵溶液的浓度，随后将溶液送至蒸发浓缩工段，通过三效蒸发浓缩，得到粒状的结晶体，经过离心机将晶体同母液分离，进行干燥、冷却、送至料仓，再经过计量、包装后得到产品硫酸铵。

10.29.3 工艺技术或装备

（1）磷石膏法生产硫酸铵技术；
（2）三效蒸发浓缩技术；
（3）蒸汽冷凝水和工艺冷凝液循环利用技术；
（4）DCS 集散控制技术；
（5）硫酸铵晶体料浆造粒技术。

10.29.4 推广前景

该技术利用磷石膏转化生产硫酸铵，生产成本低，能耗低，无"三废"排放，可以在磷化工行业推广应用，可以大量地消耗磷石膏，减少磷石膏的堆存压力。

推荐单位：贵州省自然资源厅。
申报单位：瓮福（集团）有限责任公司。
资料来源：自然资源部《矿产资源节约和综合利用先进适用技术目录（2019年版）》。

10.30 尾矿全流程一体化处置新工艺

10.30.1 适用范围

冶金矿山尾矿处置。

10.30.2 基本原理

按照减量化、再利用、资源化原则，以高值化、规模化、集约化利用为核心，从减少尾矿排放、降低尾矿输送消耗和尾矿综合再利用角度出发，设计研发集尾矿高效浓缩、尾矿二次回收、尾矿干排及建筑砂提取于一体的规模化的全流程一体化尾矿处置工艺系统。

10.30.3 工艺技术或装备

（1）高效浓密机；
（2）隔膜泵高效输送技术；
（3）隔渣工序除渣与建筑砂生产综合利用技术；
（4）尾矿干排以及尾矿高浓度一级泵站输送技术。

10.30.4 推广前景

利用该技术提取部分建筑用砂作为建材产品，实现固废资源再利用。并提取干排砂用于土地复垦绿化，实现矿区防风固沙，减少水土流失，改善土地利用状况的目的。该技术在行业内成功推广应用后，可大幅度降低企业尾矿处理成本，减少尾矿堆存造成的土地资源浪费，有效缓解矿山企业新建或扩建尾矿库的经济压力，改善矿区生态环境，具有较大的社会效益和经济效益。

推荐单位：中国冶金矿山企业协会。

申报单位：首钢集团有限公司矿业公司。

资料来源：自然资源部《矿产资源节约和综合利用先进适用技术目录（2019年版）》。

10.31 金精矿氰渣全组分无害化利用

10.31.1 适用范围

氰化尾渣无害化、资源化利用。

10.31.2 基本原理

通过分析氰化尾渣化学组成，其中具有回收价值的有金、银、硫、铁等组分。为了综合回收其中有价元素，提高资源利用率，增加经济效益，同时解决氰化尾渣堆存带来的环保及社会问题，提出本项目工艺路线，分为两大部分：一是有价组分综合回收利用；二是氰化尾渣选硫后尾渣综合利用。

10.31.3 工艺技术或装备

（1）氰化尾渣高效富集选硫系统；

（2）高硫精矿制酸；

（3）氯化挥发及有价金属回收系统；

（4）选硫尾渣制备欧式连锁瓦系统。

10.31.4 推广前景

该技术可应用于黄金冶炼产生的氰化尾渣处置利用，既可以解决氰化尾渣堆存产生的环境问题；又能回收其中的有价组分，增加经济效益，解决了制约上游黄金生产企业尾渣无法利用的困境，延长了黄金行业产业链。

推荐单位：中国黄金协会。

申报单位：招远市招金金合科技有限公司。

资料来源：自然资源部《矿产资源节约和综合利用先进适用技术目录（2019年版）》。

10.32 黄金冶炼氰化渣除氰和金属回收技术（一）

10.32.1 适用范围

黄金行业金品位≥2g/t、处理规模≥200t/d 氰化渣的资源化和无害化。

10.32.2 基本原理

将生物氧化氰化浸渣浮选脱泥预处理后（脱泥后的矿物称为预处理产品），加入活化剂进行化学活化并除去氰化物，然后用磨矿进行物理活化，采用一次粗选—四次扫选—三次精选流程，通过浮选柱和浮选机联合应用高效回收氰化浸渣中的金，并实现氰化尾渣无害化。

10.32.3 工艺技术或装备

球磨机 XQY1845、38m³ 圆形浮选机、CCF 系列浮选柱、压滤机 XMZ400/1500、高效搅拌槽 φ4000mm×4500mm 等。

10.32.4 典型案例

江西一元再生资源有限公司八十源 306 选厂日处理 300t 干矿尾矿项目。

工程规模 300t/d，项目投运时间 2015 年 1 月。技术主要指标：治理前总氰化物含量约 400mg/L，治理后总氰化物含量低于 0.006mg/L。

投资费用。工程基础设施建设中尾矿库投资 1800 万元，原料堆场、精矿堆场共投资 1200 万元，生产车间、设备基础等共投资 1000 万元，基础设施费用合计约 4000 万元，设备投资合计约 2000 万元，共计 6000 万元。

运行费用。工程物耗原料 300t/d，原料成本（运至厂区）50.80 元/t；药剂、钢球费用合计 45.60 元/t；装机容量 800kW，实际负荷率 70%左右，当地工业用电价格 0.70 元/度，每小时处理矿量为 12.5t 干矿，则电费 31.36 元/t；选厂工人 50 人，平均工资 4000 元/人，实际生产天数按 330d/a 计算，人员工资 24.24 元/t；设备投资 2000 万元，按 10 年折旧，折旧费用 20.20 元/t；维修、管理费及其他费用 32.80 元/t；运行成本合计为 205 元/t。

10.32.5 推广前景

工程应用中，氰化浸渣金品位平均 3.1g/t，回收率可达 75%，产品金精矿中金品位达 20g/t，销售系数为 76%。每年处理氰化渣 99000t，生产金精矿约 10000t，折合黄金约 230kg。

资料来源：《国家先进污染防治技术目录（固体废物处理处置领域)》（2017年）第 21 项应用案例（二）。

10.33　黄金冶炼氰化渣除氰和金属回收技术（二）

10.33.1　适用范围

黄金冶炼氰化渣处理。

10.33.2　基本原理

采用蒸压的方法水解氰化渣中的氰化物。将氰化渣装进特制蒸压釜，在温度 170~190℃、压力 0.8~1MPa 条件下保温反应 12h，用吸收水塔吸收蒸汽中的氨，采用磷酸铵镁沉淀法沉淀吸收液中的氨氮，处理后的氰化渣浮选得到高品质硫精矿，无废水排放。

10.33.3　工艺技术或装备

特制蒸压釜 2 台（直径 2m、长 6m、耐压 2.5MPa）、生物质锅炉 1 台（2t/h，1.6MPa）、装卸系统各 1 台、球磨机（溢流型 $\phi1200mm \times 2400mm$）、浮选机（SF 型 SF-0.37)。

脱氰工艺：密闭后开始抽真空半小时，然后开始通入蒸汽，在压力 0.8~1MPa、温度 170~190℃下保温 12h 以上；脱氰冷凝水药剂配比（摩尔比）为 $n(NH_4^+) : n(Mg^{2+}) : n(PO_4^{3-}) = 1 : 1.1 : 1$；脱氰后渣浮选工艺：通过一空一粗两精一扫的流程，捕收剂黄药用量 120g/t。

10.33.4　典型案例

福建省双旗山矿业有限责任公司黄金冶炼厂氰渣无害化处理项目。

工程规模。年处理 1 万吨（日处理 40t）氰渣。项目投运时间：2016 年 7 月投运。技术主要指标：处理后氰化渣浸出液中氰化物浓度<1mg/L，一次性除氰率达 99.5%以上；浮选渣含硫量>48%。

投资费用。工程基础设施建设费用：地基与基础配套设施、雨棚钢架结构累加投资额约为 160 万元；设备投资等费用 100 万元；水处理设备 25 万元；浮选工艺系统（利用原有的选矿设备）费用 180 万元。

运行费用。氰化尾渣处理吨矿成本 154.88 元，其中，蒸压除氰能耗（电+生物质颗粒燃料）成本 33.25 元/t，沉淀药剂成本 34.63 元/t，人工成本 24 元/t，折旧成本 31.7 元/t，浮选成本 26.3 元/t，其他支出 5 元/t。

10.33.5　推广前景

该工艺简单，除氰效果好，工业投资和运行费用低，一次性解决危险固废，不带来二次污染，并且进行了资源的二次利用，有效地将危险固废清洁转化成二次资源进行综合回收利用，可实现黄金氰化冶炼的清洁生产目标。通过多次精选能得到硫品位 52.87% 的硫精矿，硫回收率 78.65%。按每年产生的氰化尾渣约 1 万吨，处理前硫品位 22%，浮选后硫品位 48%、金 6g/t 计算，每年可生产 3244t 高品位硫精矿，同时约可回收 19.5kg 黄金，80kg 金属银，可达到减量排放、减少污染的目的，又可节约资金。

资料来源：《国家先进污染防治技术目录（固体废物处理处置领域)》（2017年）第 21 项应用案例（二）。

10.34   氰化尾渣制铁精矿联产硫酸、提取金银技术

10.34.1   适用范围

黄金行业氰化尾渣资源化利用。

10.34.2   主要技术内容

针对黄金冶炼过程产生的氰化尾渣污染严重的问题，采用氰化渣活化脱氰富集硫铁技术分离出高品位硫精矿，金银在硫精矿中一次富集，然后采用流态化焙烧制酸技术焙烧硫精矿制得硫酸和铁精粉，金银在铁精粉中二次富集，通过选择性分离提取金、银等金属，减少含重金属污染物排放。实现氰化尾渣的资源化、高值化利用。

10.34.3   主要指标

氰化渣中有价组分富集后硫精矿硫品位 ≥48%；硫回收率 ≥92%；铁精粉铁品位 ≥64.5%；金回收率 ≥90%；银回收率 ≥80%；外排总氰浓度达标。

资料来源：国家发展和改革委员会《国家重点节能低碳技术推广目录（2017年本，节能部分)》。

10.35   铜尾矿沸腾焙烧制取硫酸技术及设备

10.35.1   适用范围

铜尾矿资源化利用。

10.35.2   主要技术内容

针对铜尾矿的综合利用，通过大型沸腾焙烧装置生成 SO_2，同时回收沸腾焙烧高温余热用于发电，采用动力波洗涤净化、两转两吸工艺制取硫酸，焙烧后的铁焙砂用作炼铁优质原料。实现铜尾矿的资源化利用。

10.35.3 主要指标

硫烧出率≥98.7%；烟气 SO_2 净化率≥98%；SO_2 总转化率≥99.8%；水循环率≥96.7%；S 回收率≥97%；铁焙砂（烧渣）中 Fe≥65%、S≤0.3%。

资料来源：国家发展和改革委员会《国家重点节能低碳技术推广目录（2017年本，节能部分）》。

10.36 铜尾矿制备建筑陶瓷技术

10.36.1 适用范围

铜尾矿综合利用制备建筑陶瓷。

10.36.2 基本原理

经物相分析，铜尾矿矿物成分主要有方解石、斜长石、透辉石、角闪石、石榴子石、石英、绿泥石等，属于硅铝酸盐型尾矿。可以部分取代陶瓷配方中的瘠性原料，适合于建筑陶瓷生产。

10.36.3 工艺技术或装备

（1）尾矿浆预处理技术；
（2）连续球磨制浆技术；
（3）宽体节能辊道窑低温快速烧成技术。

10.36.4 推广前景

该技术可将大量铜尾矿做成建筑内墙、釉面砖等高附加值产品，实现废物利用，达到固废减排的目的。

推荐单位：中国有色金属工业协会。
申报单位：山西中条山集团陶瓷科技有限公司。
资料来源：自然资源部《矿产资源节约和综合利用先进适用技术目录（2019年版）》。

10.37 利用黄金尾矿制备陶瓷釉料和加气混凝土材料

10.37.1 适用范围

国内矿山和陶瓷企业。

10.37.2 基本原理

（1）黄金尾矿色釉工艺陶瓷关键技术：采用黄金尾矿中的有效矿物成分替

代长石、色料作为原材料；并添加适量显色矿物或直接以矿物原有的氧化铁、锰钛铁矿、金银、钨等微量元素作为着色原料；采用物理选矿法分级去除大部分粗粒矿物和单铁质，降低 SiO_2 含量以富集黄金尾矿中的有效矿物成分；将所选原料陈腐，分级提取 400 目以下矿物搅拌均匀制成初级原料，调整显色矿物成分含量，进行球磨混炼，使得矿浓度为 40%～60%；采用氧化气氛进行烧成，烧成温度为 1100～1280℃，进行脱水烘干。

（2）蒸压加气混凝土砌块关键技术：充分利用黄金尾矿、瓷土尾矿中硅元素，根据有效硅含量确定尾矿添加比例，常规添加量达到 70% 左右，利用低品位石灰石生产碳酸钙所产生的大量废渣中的钙硅元素，三者混合磨细至 200～300 目后，以黄金尾矿、瓷土尾矿、石灰石废弃物等为主料，利用生产碳酸钙排出的大量废水，再辅助添加部分增强剂、发泡剂、热反应剂后。经混合、定型、静养、切割、蒸压、养护后，制备出蒸压加气混凝土砌块产品。

10.37.3　工艺技术或装备

（1）黄金尾矿色釉工艺陶瓷关键技术；
（2）蒸压加气混凝土砌块关键技术。

10.37.4　推广前景

该项技术能够解决生产企业尾矿随意排放等生产难题，减少耕地、林地占用，减少大量人力、物力的投入，降低生产成本，提高其矿产资源的利用率，实现经济、社会和环境效益的和谐统一，推广应用前景广阔。

推荐单位：福建省自然资源厅。

申报单位：福建省双旗山矿业有限责任公司、福建师范大学环境科学与工程学院。

资料来源：自然资源部《矿产资源节约和综合利用先进适用技术目录（2019年版）》。

10.38　铁矿尾矿生产新型墙材技术

10.38.1　适用范围

铁矿尾矿综合利用。

10.38.2　基本原理

将部分尾矿预烧制品破碎处理后掺入脱水后的尾矿，并根据脱水尾矿的颗粒级配调整掺入比例，使其达到制备新型墙材的要求，再针对原料的干燥敏感性及化学成分分析，制定出相应的成型、干燥及烧成制度。

10.38.3 工艺技术或装备

（1）合理确定粒级配比及燃料、骨料掺入比例；
（2）二次码烧。

10.38.4 推广前景

该技术应用后可消耗掉大量铁矿尾矿，变排为用，对铁矿山的扩产有很好的补充作用；减少了尾矿排放，节省了尾矿库扩建和维护费用，每年产生的间接经济效益是直接经济效益的数倍。

推荐单位：中国中材集团有限公司。

申报单位：山东中材工程有限公司。

资料来源：自然资源部《矿产资源节约和综合利用先进适用技术目录（2019年版）》。

10.39 电解锰渣高温可控脱硫生产活性微粉关键技术

10.39.1 适用范围

电解锰行业采用湿法酸浸电解工艺生产金属锰过程中产生的电解锰渣的资源化综合利用。

10.39.2 基本原理

利用回转窑高温焙烧处置电解锰渣，高温焙烧脱硫后的烧成渣制成具有高胶凝活性的锰渣活性微粉，焙烧产生的烟气中的 SO_2 经回收制成工业硫酸副产品，烟气经过冷凝后富集回收电解锰渣中的硒。

10.39.3 工艺技术或装备

（1）电解锰渣的胶凝活性激发技术；
（2）电解锰渣的脱硫回收技术；
（3）电解锰渣中硒的回收技术。

10.39.4 推广前景

该技术有利于实现电解锰渣的综合治理，获得的锰渣活性微粉、硫酸、富硒产品具有广阔的市场前景及巨大的经济价值，对完善我国矿物开采及加工产业链有重要作用。

推荐单位：中国冶金地质总局。

申报单位：三川德青科技有限公司、湖南花垣县强桦矿业有限责任公司。

资料来源：自然资源部《矿产资源节约和综合利用先进适用技术目录（2019年版）》。

10.40 铁尾矿全量资源化综合利用技术

10.40.1 适用范围

铁尾矿回收。

10.40.2 基本原理

经过对破碎洗矿溢流和捞砂系统改造，将铁尾矿中粗砂预先分离，解决了粗粒尾矿对过滤效果的影响。对细粒部分，先通过 2 次浓缩，然后给入过滤机过滤，过滤出的细粒尾矿直接运往水泥厂作为其生产原料使用。

10.40.3 工艺技术或装备

采用螺旋分级、陶瓷过滤、隔膜压滤等脱水工艺技术及设备，开发出尾矿水泥材料新型配方和系列技术。

10.40.4 推广前景

该技术用尾砂作为水泥铁质校正原料，与铁粉相比，尾砂易于烘干，且烘干损失小，污染小；尾矿在烘干、输送过程中不结团、不堵料，使得生产过程顺畅，具有经济和环保的双重效益，应用潜力巨大。

推荐单位：安徽省自然资源厅。

申报单位：马钢（集团）控股有限公司桃冲矿业公司。

资料来源：自然资源部《矿产资源节约和综合利用先进适用技术目录（2019年版）》。

10.41 冶镁白云岩尾矿综合利用新技术

10.41.1 适用范围

冶镁用白云岩矿山。

10.41.2 基本原理

将矿山选矿后产生的 10mm 以下的白云岩尾矿用于烧造陶瓷、玻璃等制品，冶金工业上还可以用作炉衬，另外还可以作为各种耐火材料、陶粒、铸石、型砂的原料，经过再细碎筛分成不同的粒级，可以满足不同的要求。

10.41.3 工艺技术或装备

（1）非金属矿石超细碎技术；
（2）稳定给矿技术；
（3）高效筛分技术。

10.41.4 推广前景

该技术实现了堆存尾矿资源回收再利用，增加了企业效益，降低了企业安全风险，增加了社会就业岗位，类似矿山具有借鉴意义。

推荐单位：宁夏回族自治区自然资源厅。

申报单位：宁夏瑞兴矿业有限公司。

资料来源：自然资源部《矿产资源节约和综合利用先进适用技术目录（2019年版)》。

10.42 利用陶瓷原料尾矿生产生态环保透水砖项目

10.42.1 适用范围

陶瓷原料尾矿、黄金尾矿、赤泥、石材锯泥等固废利用。

10.42.2 基本原理

以陶瓷原料尾矿为主要原料，添加少量自主研制的促进烧结和提高使用性能的助剂，采用压制成型、低温快烧工艺制备环保透水砖。

10.42.3 工艺技术或装备

（1）低温快烧工艺烧结助剂、玻化助剂；
（2）合格骨料预制技术；
（3）功能性透水砖开发技术；
（4）赤泥透水砖生产线专用关键设备；
（5）双层宽体节能型辊道窑；
（6）陶瓷尾矿环保透水砖的质量评价标准体系。

10.42.4 推广前景

该技术有利于消化无机非金属矿产的尾矿和固废堆积，节约土地资源，解决固体废物堆积污染问题。生产的新型生态透水砖具有良好性能，可应用于路面的铺设，提高路面透水性。

推荐单位：山东省自然资源厅。

申报单位：高密金坤诺矿业有限公司。

资料来源：自然资源部《矿产资源节约和综合利用先进适用技术目录（2019年版)》。

10.43　利用工业副产石膏水热法生产高强石膏技术

10.43.1　适用范围

氯碱工业副产石膏、脱硫石膏、磷石膏、钛石膏等。

10.43.2　基本原理

将工业副产石膏进行预处理后与水和转晶剂均匀混合输送至密封的反应装置，在一定温度、压力条件下使 $CaSO_4 \cdot 2H_2O$ 逐渐转化为 α 型半水石膏，转晶完成后石膏浆液进入离心固液分离系统，分离后半水石膏湿料经闪蒸干燥、气固分离、收集后最终获得 α 型高强石膏成品。废气治理达标排放。

10.43.3　工艺技术或装备

（1）反应釜：内部带有挡板，配备搅拌桨叶；

（2）石膏分离机：低转鼓长径比，转鼓轴向长度和圆柱端面直径的比较小，石膏固液分离快，避免水化结块；

（3）石膏闪蒸干燥系统：配备搅拌驱动机构、引风系统、热风送风系统，物料停留时间短、受热均匀，出料温度较气流干燥机低，能耗低。工艺温度为 120~150℃，工作压力为 0.2~0.4MPa。

10.43.4　典型案例

江苏金石阳光环保科技有限公司 15000t/a 盐石膏资源化利用项目。每年消耗近 3 万吨盐石膏废弃物，所得 α 型高强石膏产品 2h 抗折强度基本维持在 6.5~9.0MPa 之间，烘干抗压强度基本维持在 45.0~70.0MPa 之间，达到《α 型高强石膏》（JC/T 2038—2010）中最高 α50 等级。

工艺循环利用后的废水中主要成分为 NaCl，正是氯碱厂生产 NaOH 所需的原料，可以进行循环利用，废水中其他杂质含量微乎其微，能够达标排放；生产线能源来源于天然气，生产线装备完善的除尘设备，废气达标排放；生产线各个环节均配备隔音措施，满足相关标准要求。

基础设施建设费用 434 万元，设备投资费用 1373 万元，主要材料费 378 万元，安装费 135 万元，工程费用总计 2320 万元。

年总运行成本 1288 万元，包括外购原材料费用 50 万元，外购燃料及动力费用 485 万元，工资及福利费 80 万元，制造费用 248 万元，摊销费 40 万元，其他费用 335 万元，财务费用 50 万元。

10.43.5 推广前景

每年消耗近 3 万吨盐石膏废弃物，所得 α 型高强石膏产品 2h 抗折强度基本维持在 6.5~9.0MPa 之间，烘干抗压强度基本维持在 45.0~70.0MPa 之间，达到《α 型高强石膏》（JC/T 2038—2010）中最高 α50 等级。

采用先进生产工艺，生产稳定，便于控制，使产品质量得到提高，环境污染程度大大降低，从而大大降低了生产消耗。使用热空气可以起到节约能源的作用。

资料来源：《国家先进污染防治技术目录（固体废物处理处置领域)》（2017年）第 13 项。

10.44 工业副产石膏和废硫酸协同处理技术

10.44.1 适用范围

工业副产石膏和废硫酸。

10.44.2 基本原理

按石膏制硫酸和水泥的配料要求配制生料，然后将生料和燃料加入煅烧窑煅烧，煅烧同时利用 0.35~0.95MPa 压缩空气将废硫酸按一定比例通过酸枪雾化喷入煅烧窑内。煅烧分解生成的含 SO_2 窑气经窑尾换热回收余热降温至不低于 400℃后进入硫酸生产系统制取硫酸，熟料由窑头经冷却机冷却后进入熟料库磨制水泥，烟气治理达标排放。窑内烧成温度 1200~1450℃，生料配制 C/SO_2 摩尔比 0.57~0.72，1t 生料配 0.4~0.5t 废硫酸。

10.44.3 工艺技术或装备

石膏锤式烘干机 ϕ2.4m×2.24m；回转窑 ϕ4m×75m（2 套，配套预热装置）；冷却机 ϕ2.8m×28m（2 台）；干燥、吸收塔 ϕ5.2m×18m（3 套）；转化器 ϕ9.8m×18.6m；水泥磨 ϕ3m×11m。

10.44.4 典型案例

山东鲁北化工股份有限公司废硫酸-石膏资源化综合利用工程。

工程规模：年产 40 万吨硫酸联产 60 万吨水泥。

项目投运时间：2007 年 7 月。

生料配制中 C/SO_2 摩尔比为 0.57~0.72；通过控制燃料用量、喷枪伸入点，控制煤粉燃烧的过剩空气系数<1.06、一次风中煤枪风量<12%、酸枪风量<6%，

窑头熟料冷却后的二次风量>88%；控制窑内烧成温度 1200~1450℃，保持窑内气氛 O_2 为 0.4%~1.6%、CO≤0.6%；窑气中 SO_2 浓度 14%~15%；废硫酸分解率≥99.95%、石膏分解率≥98.5%。

废硫酸分解率≥99.95%，工业副产石膏分解率≥98.5%。硫酸产品符合《工业硫酸》（GB/T 534）、水泥产品符合《通用硅酸盐水泥》（GB 175）标准。

以年产 40 万吨磷石膏制硫酸联产 60 万吨水泥项目（在鲁北当地建设）为例，项目估算总投资约 22464 万元（不含土地和技术费用），其中建设投资 21842 万元（设备购置费 12332 万元，占建设投资的 56%；安装工程费 2996 万元，占建设投资的 14%；建筑工程费 5366 万元，占建设投资的 25%；其他建设费 1148 万元，占建设投资的 5%），流动资金 622 万元。

10.44.5 推广前景

项目达产年可向社会供应 40 万吨硫酸、30 万吨水泥产品，年可处理 24 万吨废硫酸、50 万吨工业副产石膏废渣。建立的废硫酸-石膏联合制硫酸新工艺，同传统硫铁矿制酸工艺相比，年节约硫铁矿约 40 万吨；同传统石灰石煅烧制水泥工艺相比，年节约石灰石 24 万吨，减排 CO_2 4.5 万吨。

资料来源：《国家先进污染防治技术目录（固体废物处理处置领域)》（2017年）第 13 项。

10.45 建筑固废轻物质分离带式水浮选技术

10.45.1 适用范围

建筑固废处理中的轻重物质分离。

10.45.2 基本原理

利用加热装置保证浮选槽体内水的流动性，采用水浮选技术，实现物料中的轻物质与骨料分离。

10.45.3 工艺技术或装备

（1）建筑固废中轻重物质分离水洗浮选技术；
（2）BHF 系列带式浮选机。

10.45.4 推广前景

该设备延长轻物质沉降时间，有效降低沉降速度，提高轻重物质分离效率和效果，降低砂石生产成本，可以广泛推广应用到砂石企业。

推荐单位：中国砂石协会。

申报单位：上海山美环保装备股份有限公司。

资料来源：自然资源部《矿产资源节约和综合利用先进适用技术目录（2019年版)》。

11 矿山用水处置与综合利用技术及装备

11.1 铅锌浮选厂废水处理与循环利用技术

11.1.1 适用范围

含悬浮物、铅离子的选矿废水。

11.1.2 基本原理

通过对铅锌选矿废水进行部分分质循环利用、预处理软化、反调酸作业、混凝沉降及臭氧曝气处理，使处理后水体符合铅锌选矿浮选用水要求，实现选矿废水的全流程循环利用选矿，杜绝外排废水。

11.1.3 工艺技术或装备

（1）一体式调节池预处理、软化除钙技术；
（2）反调酸、絮凝沉降除钙技术；
（3）臭氧氧化高效去除 COD 技术；
（4）回形臭氧氧化池。

11.1.4 推广前景

该技术具有占地面积小、应用流程简短、实际操作简单、处理效率高、运行维护成本低等优点，可在类似矿山推广应用。

推荐单位：云南省自然资源厅。

申报单位：云南驰宏锌锗股份有限公司会泽矿业分公司。

资料来源：自然资源部《矿产资源节约和综合利用先进适用技术目录（2019年版）》。

11.2 含悬浮物选矿废水高效絮凝处理及回收用技术

11.2.1 适用范围

含悬浮物选矿废水循环利用。

11.2.2 基本原理

受污染的水浮游微粒子的表面带负电荷，受污粒子相互排斥分散，悬浮在水中。该技术通过加入带正电荷的物质，并使用各种技术使之有效分布于受污水体，并与水中的浮游微粒子结合，使浮游微粒子间相互排斥的作用力消减，在粒子间的相互引力的作用下凝集并且沉淀（或上浮）。

11.2.3 工艺技术或装备

（1）JCSS 高效中性絮凝剂；
（2）选矿废水分类内外循环技术；
（3）JCWW 高效水处理机。

11.2.4 推广前景

该技术以具有吸附能力的天然材料为原料，具有极强的絮凝效果，可除去水中的重金属等有害物质。主要药剂为粉体形状，易于运输和保存，并能长期保存不影响质量。同时，具有絮凝和沉降速度极快、投入量微小、处理成本低等特点，可用于处理从生活废水到工业废水的各种污水（处理效果有差异）。为企业带来的环境、经济和社会效益显著，具有一定的推广前景和应用价值。

推荐单位：福建省自然资源厅。
申报单位：福建金东矿业股份有限公司。
资料来源：自然资源部《矿产资源节约和综合利用先进适用技术目录（2019年版）》。

11.3 酸性水低浓度铜资源的硫化提取技术

11.3.1 适用范围

处理低浓度金属资源废水。

11.3.2 基本原理

（1）低 pH 值环境中复杂酸性废水中金属离子分离原理；
（2）硫化沉淀机理；
（3）硫化过程电位控制原理；
（4）结晶成长、加速沉降机理；
（5）硫化氢产生的控制与循环利用理论。

11.3.3　工艺技术或装备

(1) 复杂酸性废水中金属离子分离技术；

(2) 硫化反应电位控制与低 pH 值条件下的硫化物结晶技术；

(3) 硫化氢的循环利用技术。

11.3.4　推广前景

该技术能够有效回收矿山酸性水中低浓度铜、镍、钴、锌等金属资源，大幅度降低处理成本，为矿山企业开辟了新的利润增长点，有良好的推广价值。

推荐单位：江西省自然资源厅。

申报单位：江西铜业股份有限公司德兴铜矿。

资料来源：自然资源部《矿产资源节约和综合利用先进适用技术目录（2019年版)》。

11.4　矿山低浓度酸性废水低成本无害化处理技术

11.4.1　适用范围

矿山含铜酸性硐坑水无害化处理及有价金属回收。

11.4.2　基本原理

通过对含铜酸性硐坑水（$Cu^{2+}=120\sim1000mg/L$，$pH\leqslant2.5$）进行分类收集引流，采用"萃取-电积"湿法提铜、微生物法和硫化法回收铜等工艺，对废水资源进行回收利用后再进入环保处理系统。旱季时含铜废水全部进入铜矿生物堆浸场循环利用，雨季时则根据不同含铜浓度进行分类收集引流，$Cu^{2+}\geqslant500mg/L$ 部分进入萃取系统，$500mg/L\geqslant Cu^{2+}\geqslant120mg/L$ 则进入硫化系统，其余进入环保处理系统进行低成本无害化处理。

11.4.3　工艺技术或装备

(1) 高硫铜比铜矿生物堆浸技术；

(2) 矿山高浓度酸性废水选择性回收 Cu 技术（萃取-电积，调 pH 值沉铜）；

(3) 酸性废水（低浓度）生物无害化处理技术。

11.4.4　推广前景

该技术采用"萃取-电积"湿法提铜等工艺，是国家重点推广的绿色环保冶炼技术，属清洁型生产工艺，具有成本低、短流程、易操作、反应温和、对环境友好、能耗低，能获得高纯金属铜，可适应成分更贫、更难提取的非传统矿产资源开发利用等特点，具有广泛的推广前景。

推荐单位：中国黄金协会。

申报单位：紫金矿业集团股份有限公司。

资料来源：自然资源部《矿产资源节约和综合利用先进适用技术目录（2019年版)》。

11.5 黄金矿山含氰尾液处理技术

11.5.1 适用范围

对黄金矿山干堆尾矿库淋溶低浓度含氰、硫氰酸盐外排废液进行处理。

11.5.2 基本原理

臭氧在水中分解产生的强氧化性，OH 自由基作为氧化的中间产物，引发自由基链式氧化反应，同时在水溶液中可释放出原子氧参加反应，表现出很强的氧化性，能彻底氧化游离状态的氰化物，利用臭氧氧化法转化硫氰酸盐为氰化物。

11.5.3 工艺技术或装备

稳定络合氰化物处理技术。

11.5.4 推广前景

该技术不仅可应用于黄金矿山低浓度含氰、硫氰酸盐废液体系的深度处理，以及高浓度含氰、硫氰酸盐废液体系回收氰化物后的二次处理工段，还可应用于非黄金行业含氰废水（如电镀、炼焦等）的深度无害化处理工段，生产运营成本低，具有良好的推广应用前景。

推荐单位：中国黄金集团有限公司。

申报单位：中国黄金集团夹皮沟金矿尾矿。

资料来源：自然资源部《矿产资源节约和综合利用先进适用技术目录（2019年版)》。

11.6 极高浓度氰化尾液 3R-O 新技术及成套装备

11.6.1 适用范围

适用于需对高浓度或极高浓度含氰、重金属、硫氰酸盐、二氧化硫等污染物的废水、废气、矿浆等进行综合治理的行业，如黄金行业、电镀行业等。

11.6.2　基本原理

向氰化尾液（浆）中加入硫酸，使废水呈酸性，废水中的氰化物转变为HCN。由于HCN蒸汽压较高，向废水（浆）中充入气体时，HCN就会从液相逸入气相而被气流带走，载有HCN的气体与吸收液中的NaOH接触并反应生成NaCN，NaCN重新用于氰化浸出。

11.6.3　工艺技术或装备

（1）四维负压先吹脱后沉淀技术为核心的3R-O新技术；
（2）四维负压吹脱反应器。

11.6.4　推广前景

该技术实现了黄金矿山氰化浸出-锌粉置换工艺产生的高浓度氰化尾液的综合利用，促进了矿山生态化建设，减少了矿山新鲜水用量，优化了选矿工艺生产指标，为矿山带来了较好的经济、环境等效益，推广应用前景广泛。

推荐单位：中国黄金集团有限公司、辽宁省自然资源厅。

申报单位：长春黄金研究院有限公司、辽宁天利金业有限责任公司。

资料来源：自然资源部《矿产资源节约和综合利用先进适用技术目录（2019年版）》。

11.7　炭浆尾矿深度净化与综合利用工程化技术及装备

11.7.1　适用范围

黄金行业和电镀行业产生的含有氰化物、硫氰化物、氨氮和重金属等污染物的废水治理。

11.7.2　基本原理

将化学氧化、物化方法和生物法相结合，深度净化炭浆尾液。臭氧-因科复合高级氧化技术是将因科法及臭氧法有机结合起来，利用臭氧法的强氧化性和因科法对氰化物的专一氧化性，共同降解氰化物和硫氰酸盐。高效混凝除铜及铜回收技术包括混合、凝聚和絮凝三个主要过程，极大降低水中极细沉淀物，通过螯合作用使铜离子形成沉淀并通过"吸附架桥"作用使其絮凝沉淀下来。高级催化氧化法技术是利用活性炭的巨大表面积对空气中的氧（或臭氧化空气中的臭氧）和废水中的氰化物的强烈吸附性能，在金属离子的催化作用下将氰化物反应生成无毒的氮气和碳酸氢盐。改进型曝气生物滤池技术主要是利用微生物的硝化作用去除水中剩余的氨氮，工程菌以填料为载体，并以水中有机物和氨氮为食物，通过强有力的新陈代谢净化水质，该技术将传统曝气生物滤池的单级运行改为多级串联运行、单一介质改为多种介质，以提高其抗冲击负荷，增大处理量。

11.7.3 工艺技术或装备

（1）臭氧-因科复合高级氧化技术；
（2）高效絮凝技术；
（3）高级臭氧催化氧化协同贵金属回收技术；
（4）新型曝气生物滤池技术。

11.7.4 推广前景

氰化浸出广泛应用于黄金矿山提金工艺，该工艺产生大量的含氰废水，并含有多种污染物。该技术为我国黄金行业氰化工艺中产生炭浆尾液净化与综合利用提供了有力的技术保障。推广后可以减少企业新鲜用水量，减少环境风险。

推荐单位：中国黄金协会。

申报单位：长春黄金研究院有限公司。

资料来源：自然资源部《矿产资源节约和综合利用先进适用技术目录（2019年版）》。

11.8 磷肥厂酸性废水回收磷制取饲料级磷酸氢钙技术

11.8.1 适用范围

含磷废水处理及资源化利用。

11.8.2 基本原理

磷肥厂废水经预处理除去部分有害杂质，过滤后采用石灰中和，通过控制结晶条件，得到饲料级磷酸氢钙晶体，过滤干燥得到产品。

11.8.3 工艺技术或装备

（1）一步脱氟、脱砷去除有害杂质；
（2）沉降槽和新型表面过滤设备；
（3）新型气流干燥技术。

11.8.4 推广前景

该技术解决了大型磷化工厂含磷废水的资源化再利用问题，实现了酸性废水处理和磷资源有效回收的双重效果，提高了磷矿资源的回收率，降低企业废水处理成本，在磷化工企业以及磷化工下游企业均有较好的推广应用价值。

推荐单位：贵州省自然资源厅。

申报单位：瓮福（集团）有限责任公司。

资料来源：自然资源部《矿产资源节约和综合利用先进适用技术目录（2019年版）》。